O SEMINÁRIO
DE JACQUES LACAN

Campo Freudiano no Brasil

Coleção dirigida por Judith (*in memoriam*) e Jacques-Alain Miller

Assessoria brasileira: Angelina Harari

Jacques Lacan

O SEMINÁRIO

livro 19

...ou pior

Texto estabelecido por
Jacques-Alain Miller

5ª reimpressão

ZAHAR

Tradução autorizada da primeira edição francesa,
publicada em 2011 por Seuil, de Paris, França

Grafia atualizada segundo o Acordo Ortográfico da Língua Portuguesa de 1990, que entrou em vigor no Brasil em 2009.

Título original
Le Séminaire de Jacques Lacan
Livre XIX: ...ou pire (1971-1972)

Revisão
Eduardo Farias
Sandra Mager

CIP-Brasil. Catalogação na fonte
Sindicato Nacional dos Editores de Livros, RJ

Lacan, Jacques, 1901-1981
L129s O Seminário, livro 19: ...ou pior / Jacques Lacan; texto estabelecido por Jacques-Alain Miller; [tradução Vera Ribeiro]. — 1ª ed. — Rio de Janeiro: Zahar, 2012.

(Campo freudiano no Brasil)

Tradução de: Le Séminaire de Jacques Lacan, livre XIX: ...ou pire..
Inclui índice e bibliografia
ISBN 978-85-378-0863-4

1. Sexo – Discursos, conferências, etc. 2. Relações homem-mulher – Discursos, conferências, etc. 3. Psicanálise e linguística – Discursos, conferências, etc. 4. Psicanálise – Discursos, conferências, etc. I. Miller, Jacques-Alain, 1944-. II. Título. I III. Título: ...ou pior. IV. Série.

CDD: 150.195
12-2435 CDU: 159.964.2

EDITORA SCHWARCZ S.A.
Praça Floriano, 19, sala 3001 – Cinelândia
20031-050 – Rio de Janeiro – RJ
Telefone: (21) 3993-7510
www.companhiadasletras.com.br
www.blogdacompanhia.com.br
facebook.com/editorazahar
instagram.com/editorazahar
twitter.com/editorazahar

livro 19

...ou pior

1971-1972

Tradução:
VERA RIBEIRO

Versão final:
MARCUS ANDRÉ VIEIRA

Preparação de texto:
ANDRÉ TELLES

Sumário

De Um e Outro Sexos

O Outro: da Fala à Sexualidade

O Um: Que Ele Não Acesse o Dois

Coda

Anexos

De Um e Outro Sexos

I

A Pequena Diferença

O lugar vazio
Os prosdiorismos
Natureza e discurso
Eles que se virem!
A modalidade e a negação

Eu poderia deixar de lado o meu título, que daqui a pouco vocês verão o que quer dizer. Mas, por uma questão de gentileza, já que ele foi feito para atrair, vou introduzi-lo por um comentário. Talvez alguns de vocês tenham compreendido: ...*ou pior* é, em suma, o que sempre posso fazer. Basta eu lhes mostrar isto para entrar no âmago do assunto.

Mas, para não ficar no sentido, que, como todo sentido, é uma opacidade, comentarei textualmente este título. Ocorreu a alguns lerem-nos mal. Acharam que era ...*ou o pior*. Não é a mesma coisa, de modo algum. *Pior* é o que chamamos um advérbio, como *bem* ou *melhor*. Dizemos *eu vou bem*, dizemos *eu vou pior*.

É um advérbio, mas disjunto. Disjunto de algo que é chamado a ocupar um lugar – o verbo, justamente, que aqui é substituído por três pontos. Esses três pontos se referem ao uso comum dos textos impressos – o que é curioso – para marcar ou criar um lugar vazio.

Meu título enfatiza a importância desse lugar vazio, e demonstra igualmente que essa é a única maneira de dizer alguma coisa com a ajuda da linguagem.

1

A observação de que o vazio é a única maneira de agarrar algo com a linguagem permite-nos, justamente, penetrar na natureza desta última.

Vocês sabem que, a partir do momento em que a lógica veio a confrontar-se com algo que sustenta uma referência de verdade, ela produziu a ideia da variável.

Estou falando da variável aparente. A variável aparente *x* constitui-se de que o *x* marca um lugar vazio naquilo de que se trata. A condição para isso funcionar é que coloquemos exatamente o mesmo significante em todos os lugares reservados vazios. Essa é a única maneira de a linguagem chegar a alguma coisa, e foi por isso que me expressei nesta formulação – *não existe metalinguagem.*

O que significa isso? Dizendo-o, eu pareceria estar apenas formulando um paradoxo, pois de que lugar eu diria? Como o digo na linguagem, já seria suficiente afirmar que há um no qual posso dizê-lo. Nada feito. Todas as vezes que se trata de lógica, é necessário que a metalinguagem seja elaborada como uma ficção. Ou seja, que forjemos no interior do discurso aquilo a que se chama uma linguagem-objeto, mediante a qual é a linguagem que se torna *meta.* Estou falando do discurso comum, sem o qual sequer existe meio de estabelecer essa divisão. *Não existe metalinguagem* nega que essa divisão seja sustentável. A formulação foraclui na linguagem que exista discordância.

Então, o que ocupa esse lugar vazio no título que produzi para prender vocês? Eu disse que era forçosamente um verbo, já que há um advérbio. Só que elidir um verbo com os três pontos é a única coisa que não se pode fazer na linguagem, a partir do momento em que a interrogamos como lógica.

No caso, o verbo não é difícil de encontrar: basta trocar a letra que começa a palavra *pior* [*pire*], o que dá *dizer* [*dire*]. Só que, na lógica, o verbo é precisamente o único termo do qual não se pode fazer um lugar vazio. Com efeito, quando de uma proposição vocês tentam fazer uma função, é o verbo que cria a função, e é daquilo que o cerca que vocês podem fazer um argumento. Logo, ao esvaziar esse verbo, faço dele um argumento, isto é, uma substância. Não é *dizer*, mas *um* dizer.

Esse dizer, que retomo do meu Seminário do ano passado, exprime-se, como todo dizer, numa proposição completa – *não existe relação sexual.* O que o meu título deste ano propõe é que não há ambiguidade – ao sair disso, vocês só farão dizer pior.

Não existe relação sexual propõe-se como verdade, portanto. Mas da verdade eu já disse que ela só pode meio-dizer-se. Logo, o que estou dizendo é que se trata, em suma, de que a outra metade diz pior. Se não houvesse pior, como isso simplificaria as coisas!

A questão é saber se isto já não as simplifica. Uma vez que parti daquilo que posso fazer, e que é justamente o que não faço, isto não basta para simplificá-las? Só que, vejam, não é possível que eu não possa fazê-lo, esse pior, exatamente como todo o mundo.

Quando digo que *não há relação sexual*, formulo, muito precisamente, esta verdade: que o sexo não define relação alguma no ser falante.

Não é que eu negue a diferença que existe, desde a mais tenra idade, entre o que chamamos de uma menina e um menino. É inclusive daí que parto. Captem desde já, que quando parto daí vocês não sabem do que estou falando.

Não estou falando da famosa pequena diferença, que é aquela a respeito da qual parecerá a um dos dois, quando estiver sexualmente maduro, que soltar vivas é absolutamente da ordem do dito espirituoso, do chiste. Viva a pequena diferença! O simples fato de isso ser engraçado bastaria para nos indicar que denota, que faz referência à relação complexual com esse órgão, uma relação toda inscrita na experiência analítica e à qual fomos levados pela experiência do inconsciente, sem o qual não haveria o chiste.

A pequena diferença já é destacada desde muito cedo como órgão, o que já é dizer tudo – *organon*, instrumento. Será que um animal tem ideia de que possui órgãos? Desde quando já se viu isso? E para quê? Por acaso bastaria enunciar que *todo animal* – falei disso noutro lugar, aqui vou dizê-lo de outra maneira, é uma maneira de retomar o que enunciei recentemente a propósito da suposição do chamado gozo sexual como instrumental no animal –, *todo animal que tem pinças não se masturba?* Essa é a diferença entre o homem [*homme*] e a lagosta [*homard*]. Aí está. Isso sempre faz seu efeitozinho.

E assim lhes escapa o que esta frase tem de histórico. Não é, em absoluto, por causa do que ela assevera – não digo nada além disto, ela assevera –, mas da questão que ela introduz no nível da lógica. Fica escondido, não é? A coisa que vocês não viram é que ela contém o *não-todo*, que, de maneira muito precisa e muito curiosa, é aquilo que escapa à lógica aristotélica, na medida em que ela produziu e destacou a função de prosdiorismos, que não são outra coisa senão o que vocês já sabem, isto é, o uso de *tudo/todo*, πάν, e de *algum(ns)*, τί, em torno do qual Aristóteles dá os primeiros passos da lógica formal.

Esses passos são prenhes de consequências. Foram eles que permitiram elaborar o que chamamos de função dos quantificadores. É com o *todo* que se estabelece o lugar vazio de que falei há pouco. Ao comentar a função da asserção em relação a uma função *f(x)* verdadeira ou falsa, alguém como Frege não deixa, para que o *x* tenha existência de argumento – aqui colocado neste espacinho côncavo, imagem do lugar vazio –, de colocar na frente algo que é chamado de *todo x*, que convém à função.

$$\vdash\!\!\!-\!\!\!-\!\!\!\underset{}{\overset{x}{\smile}}\!\!-\; \Phi(x)$$

Begriffschrift

A introdução do *não-todo* é essencial aqui. O *não-todo* não é essa universal negativada. O *não-todo* não é *nenhum* [*nul*], ou seja, não se trata de que *nenhum animal que tem pinças* se masturba, é um *não todo animal que tem pinças* que é exigido pelo que vem em seguida. Há órgãos e órgãos, assim como uma coisa é uma coisa e outra coisa é outra coisa, aquele que bate e aquele que apanha. E isso nos leva ao cerne de nosso problema.

De fato, vocês estão vendo que, ao simplesmente esboçarmos o primeiro passo, vamos deslizando assim, sem sequer termos tido tempo de nos virarmos, para o centro de alguma coisa a que uma máquina nos leva. É a máquina que eu desmonto. Mas – faço esta observação para uso de alguns – não é para demonstrar que se trata de uma máquina, muito menos para que um discurso seja tomado por uma máquina de discursos, como fazem alguns quando querem, justamente, discorrer sobre o meu. Nisso, o que demonstram é que não discorrem sobre o que faz um discurso, ou seja, o real que nele se esgueira. Desmontar a máquina não é, de modo algum, o mesmo que acabamos de fazer, isto é, ir sem maior cerimônia ao furo do sistema, ou seja, ao real que nele passa – e como passa!, já que ele os achata.

Naturalmente, eu, por mim, gostaria, gostaria muito, gostaria muito mais, gostaria de salvar a canalhice natural de vocês, que é justamente o que há de mais simpático, mas que, infelizmente, infelizmente, sempre recomeçando, como diz o outro, acaba por se reduzir à burrice, pelo próprio efeito desse discurso que é o que eu demonstro. No que vocês devem sentir num instante que há pelo menos duas maneiras de demonstrá-lo, esse discurso – permanecendo em aberto que a minha, como maneira, seja ainda uma terceira.

Não convém me forçarem a insistir nessa energética da canalhice e da burrice, às quais nunca faço senão alusões distantes. Do ponto de vista da energética, é claro, ela não se sustenta. É puramente metafórica. Mas é daquele veio de metáforas com que o ser falante subsiste, ou seja, constitui para ele o pão e o fermento.

Eu lhes pedi perdão, portanto, quanto à questão da insistência. É na esperança de que a teoria venha supri-la. Vocês compreendem a ênfase do subjuntivo. Eu o isolei porque ele poderia ter sido encoberto pela ênfase interrogativa. Pensem nisto tudo no momento em que acontece, e especialmente para não deixarem escapar o que vem aí, ou seja, a relação do inconsciente com a verdade.

A boa teoria é aquela que desbrava o mesmo caminho em que o inconsciente ficou reduzido a insistir. Ele já não teria que fazê-lo, se o caminho estivesse bem aberto, mas nem assim isso quer dizer que tudo estaria resolvido, muito pelo contrário. Uma vez que a teoria daria esse bem-estar, ela mesma deveria ser leve, leve a ponto de nem parecer ter algo a ver com isso. Deveria ter a naturalidade que, até hoje, somente os erros têm. Nem todos, é claro, mais uma vez. Mas será que isso torna mais certo haver alguns que sustentam essa naturalidade que em tantos outros é de fachada?

Afirmo que, para que estes, os outros, adotem fachada [*semblant*], proponho ser preciso que desses erros, para sustentar a naturalidade, haja ao menos um, *aomenozum*. Reconheçam o que já escrevi no ano passado, com uma terminação diferente, a propósito da histérica e do *aomenozum* que ela exige.* Esse *aomenozum*, seu papel não pode ser mais bem-sustentado senão pela própria naturalidade.

Foi nisso que neguei, no começo, a diferença que existe, claramente perceptível já desde a mais tenra idade, entre a menina e o menino. Essa diferença que se impõe como inata é, com efeito, muito natural. Corresponde ao que há de real no fato de que, na espécie que se autodenomina *homo sapiens* – filha de suas obras, nisso como em muitas outras coisas –, os sexos parecem dividir-se em dois números mais ou menos iguais de indivíduos. Bem cedo, mais cedo do que se espera, esses indivíduos se distinguem, isso é certo.

* Nesta passagem e no que segue, Lacan aborda o "ao menos um" da exceção a partir da noção de "erro", vertendo-o como "ao menos uma", pois o termo em francês é de gênero feminino. A aproximação que o termo sugere entre a exceção e a mulher perde-se na tradução. (N.T.)

Só que, como assinalei, isso não faz parte de uma lógica. Eles só se reconhecem como seres falantes ao rejeitarem essa distinção através de toda sorte de identificações, as quais é moeda corrente da psicanálise perceber que constituem a mola mestra das fases de cada infância. Mas isto é um simples parêntese.

Dentro da lógica, o importante é que eles se distinguem. Eu não o negava, mas isso é um deslizamento. O que eu não negava, justamente, não é isso. *Nós* os distinguimos, não são *eles* que se distinguem.

É assim que dizem: – *Ah, um verdadeiro homenzinho!, logo se vê que é completamente diferente da menina, é inquieto, indagador, já carente de gloríolas.* A menina está longe de se parecer com ele. Já não pensa senão em brincar com essa espécie de leque que consiste em enfiar a cara num buraco e se recusar a dizer bom-dia. Só que, vejam, ninguém se deslumbra com isso senão por ser exatamente assim que será mais tarde, isto é, conforme ao tipo característico do homem e da mulher, tais como eles se constituirão a partir de algo completamente diferente, a saber, da consequência, do preço que terá adquirido, na continuação, a pequena diferença.

Desnecessário acrescentar que a pequena diferença – viva! – já está presente para os pais há um bom tempo, e pode já ter surtido efeitos na maneira como foram tratados o rapazinho e a mocinha. Isto não é certeza, nem sempre é assim, mas não é preciso isso para que o juízo de reconhecimento dos adultos circundantes se apoie num erro. Esse erro consiste em identificá-los, sem nenhuma dúvida, por aquilo pelo qual eles se distinguem, mas em reconhecê-los somente em função de critérios formados na dependência da linguagem, se admitirmos que, como proponho, é justamente porque o ser é falante que existe o complexo de castração. Acrescento isto para insistir, para que vocês compreendam bem o que quero dizer.

É aí que o *aumenozum*, por engano, torna consistente a naturalidade, aliás incontestável, da vocação prematura, se assim posso me expressar, que cada um sente para o seu sexo. Aliás, convém acrescentar que, nos casos em que essa vocação não é patente, isso não abala o erro, já que este pode facilmente completar-se ao ser atribuído à natureza como tal, e não menos naturalmente. Quando isso não funciona, diz-se da menina que é um "quase menino" [*garçon manqué*], que faltou pouco para ser menino,* não é?, e, nesse caso, a falta, o quase, tem toda a

* A expressão francesa é "*c'est un garçon manqué*", que corresponde a "um menino malogrado" ou, ao pé da letra, a "um menino a quem falta algo". É a essa falta [*manqué*] que Lacan se refere a seguir. (N.T.)

facilidade para ser considerada bem-sucedida, na medida em que nada impede que lhe imputemos, a essa falta, um suplemento de feminilidade. A mulher, a verdadeira, a mulherzinha, esconde-se justamente atrás dessa falta. Esse, aliás, é um requinte em plena conformidade com o que nos ensina o inconsciente, que nunca acerta tanto quanto ao errar [*rater*].

Nessas condições, para ter acesso ao outro sexo, realmente é preciso pagar o preço, o da pequena diferença, que passa enganosamente para o real por intermédio do órgão, justamente no que ele deixa de ser tomado como tal e, ao mesmo tempo, revela o que significa ser órgão. Um órgão só é instrumento por meio disto em que todo instrumento se baseia: é que ele é um significante.

É como significante que o transexual não o quer mais, e não como órgão. No que ele padece de um erro, que é justamente o erro comum. Sua paixão, a do transexual, é a loucura de querer livrar-se desse erro, o erro comum que não vê que o significante é o gozo e que o falo é apenas o significado. O transexual não quer mais ser significado como falo pelo discurso sexual, o qual, como enuncio, é impossível. Existe apenas um erro, que é querer forçar pela cirurgia o discurso sexual, que, na medida em que é impossível, é a passagem do real.

Isto é a mesma coisa que enunciei, não faz muito tempo, num certo programa para um congresso sobre a sexualidade feminina. Somente – disse eu, para os que sabem ler, é claro –, somente a homossexual, escrevam no feminino, sustenta o discurso sexual com toda a segurança.

Foi por isso que invoquei a liberação das Preciosas, que, como vocês sabem, continuam a ser um modelo para mim. As Preciosas, digamos, definem admiravelmente o *excesso homo* – permitam-me deter aí a palavra –, o *Ecce homo* do amor. É que elas não correm o risco de tomar o falo por um significante. *Fi-donc! φ-donc!** Ora, signi-φ-que! Só quebrando o significante em sua letra damos conta dele.

Mas é uma pena que isso ampute para ela, a homossexual, o discurso psicanalítico. É que esse discurso, isto é fato, coloca-as, as queridíssimas, numa cegueira total quanto ao que vem a ser o gozo feminino.

Ao contrário do que se pode ler num célebre drama de Apollinaire, aquele que introduziu a palavra *surrealista*, Teresa corresponde

---

* Lacan joga com a locução francesa *fi donc!*, usada interjetivamente para expressar desdém, nojo ou reprovação (como "arre", "eca" e similares em português), e o nome da letra grega Φ (fi). (N.T.)

a Tirésias – acabei de falar em cegueira, não se esqueçam – não por soltar, mas por recuperar os chamados *dois pássaros* de *sua fraqueza* – cito Apollinaire, para os que não o tiverem lido –, ou seja, os pequenos e grandes balões que os representam no teatro e que são, talvez – digo *talvez* porque não quero desviar sua atenção, contento-me com um talvez –, aquilo graças a que a mulher só saiba gozar numa ausência.

A homossexual não está ausente, em absoluto, no que lhe resta de gozo. Repito: isso lhe facilita o discurso do amor. Mas é claro que a exclui do discurso psicanalítico, que ela mal pode balbuciar.

2

Tentemos ir adiante.

Em vista da hora, só poderei indicar rapidamente, no tocante a tudo o que se coloca como relação sexual, instituindo-a por uma espécie de ficção chamada casamento, que seria uma boa regra o psicanalista dizer-se, quanto a esse ponto – eles que se virem como puderem.

Essa é a regra que ele segue na prática. Ele não o diz, nem sequer *a si mesmo*, numa espécie de falsa vergonha, por se acreditar no dever de amenizar todos os dramas. É uma herança de pura superstição. Ele banca o médico. O médico nunca se arvorou a assegurar a felicidade conjugal. Mas, como o psicanalista ainda não se apercebeu de que não existe relação sexual, o papel de protetor dos casais o obceca.

Tudo isso – o falso pudor, a superstição, a incapacidade de formular uma regra precisa sobre esse ponto, esta que acabo de enunciar ao dizer *eles que se virem* – decorre do desconhecimento disto que sua experiência lhe repete, lhe repisa, eu até poderia dizer: que não existe relação sexual.

Convém dizer que a etimologia de repisar [*seriner*] nos conduz diretamente a *sereia* [*sirène*].* Isso é textual, está no *Dicionário etimológico*, não sou eu que me entrego aqui a um canto análogo.

Sem dúvida é por essa razão que o psicanalista, como fez Ulisses em tal conjectura, fica preso a um mastro. Naturalmente, para que

* Nosso vocábulo mais próximo para traduzir *seriner* seria o verbo *seringar*, em sua acepção de apoquentar, importunar, enfadar, sobretudo com a fala, mas sua origem etimológica em português não é a mesma de *sereia*. (N.T.)

dure esse canto das sereias, enquanto o analista permanece enfeitiçado, isto é, ouvindo tudo da maneira errada, ele precisa continuar preso ao mastro, no qual vocês não podem deixar de reconhecer o falo, ou seja, o significado maior, global. Isso só convém a todo o mundo na medida em que não tem nenhuma consequência incômoda, já que foi feito para isso, para o próprio futuro psicanalítico, isto é, para todos os que estão no mesmo barco.

Nem por isso ele deixa de entender mal esse repisar da experiência, razão por que, até agora, esse continua a ser um domínio privado – quer dizer, para os que estão no mesmo barco. O que se passa nesse barco, onde há também seres dos dois sexos, é notável, entretanto. É que me sucede ouvir da boca de pessoas que às vezes me vêm visitar desses barcos, a mim, meu Deus, que estou em outro, que nele não imperam as mesmas regras. O que, no entanto, seria realmente exemplar, se a maneira pela qual sou informado disso não fosse tão particular.

Deveríamos estudar o que se destaca de certo modo de desconhecimento do que o discurso psicanalítico faz: as consequências que isso tem sobre o que chamarei de estilo do que se relaciona com a ligação amorosa – já que, afinal, a ausência da relação sexual obviamente não impede, muito longe disso, tal ligação, mas lhe dá suas condições. Talvez isso permitisse vislumbrar o que poderia resultar do fato de o discurso psicanalítico permanecer instalado nesses barcos em que atualmente navega, e que alguma coisa permite temer que continue a ser um privilégio deles.

Pode ser que algo desse estilo venha a dominar o registro das ligações amorosas no que é impropriamente chamado de vasto campo do mundo, e, na verdade, isso não é tranquilizador. Certamente, seria ainda mais incômodo que o estado atual. Este é tal que é do desconhecimento que acabo de apontar que decorre o que vemos com frequência na entrada em psicanálise, e que, no fim das contas, não é injustificado, ou seja, os temores às vezes manifestados pelos sujeitos quanto a tudo o que possa restringir, afetar as relações interessantes, os atos apaixonantes ou até as perturbações criadoras exigidos pela ausência de relação.

Eles não sabem que o que evoca tais temores neles é, em suma, confiarem no silêncio psicanalítico institucionalizado sobre a questão de que não existe relação sexual.

3

Eu gostaria, antes de deixá-los, de introduzir uma coisa. Trata-se, aqui, de explorar o que chamei de uma nova lógica.

Esta deve ser construída a partir daquilo que não é – ou seja, a partir disto que deve ser formulado em primeiro lugar: nada do que acontece em decorrência da instância da linguagem pode desembocar, de modo algum, na formulação satisfatória da relação.

Esta exploração lógica não é apenas o questionamento daquilo que impõe limites à linguagem em sua apreensão do real. Na própria estrutura desse esforço de abordá-lo, em seu próprio manejo dele, ela demonstra o que pode haver de real na determinação da linguagem. Será que não há nisso alguma coisa a ser apreendida?

Se é no ponto de uma certa falha do real – indizível, propriamente falando, já que seria ela que determinaria todo discurso – que residem as linhas desse campo, que são as que descobrimos na experiência psicanalítica, não será conveniente, provável, próprio para se induzir, que o que a lógica desenhou, ao relacionar a linguagem com o que é postulado de real, possa nos permitir situar certas linhas, inventá-las? Eis o esforço teórico que designo por esta leveza que encontraria uma insistência. Não será possível encontrar aí uma orientação?

Antes de deixá-los hoje, farei apenas apontar que existem três registros que já emergiram, propriamente falando, da elaboração lógica, três registros em torno dos quais irá girar este ano meu esforço de desenvolver o que se refere às consequências disto, colocado em primeiro lugar: que não existe relação sexual.

Primeiramente, o que vocês já viram despontar no meu discurso, os prosdiorismos.

Hoje, no decorrer desta primeira abordagem, encontrei apenas o enunciado do *não-todo*. Este, creio já tê-lo isolado para vocês no ano passado, ao escrever, muito precisamente, $\overline{\forall(x)}$ ao lado da função Φx, que deixo aqui totalmente enigmática. Não é a função da relação sexual, mas a que torna impossível o acesso a ela. Será definida este ano. Por que não seria possível imaginar e escrever uma função do gozo? É ao testá-lo que veremos, se assim posso dizer, se ela tem sustentabilidade ou não.

A função do *não-todo*, já pude formulá-la no ano passado, e certamente de um ponto mais próximo quanto àquilo de que se tratava. Hoje faço apenas abordar nossa escrita. Eu a propus no ano passado com uma barra negativa colocada acima do termo $\forall x$, que designa, na teoria dos quantificadores, o equivalente do *todo*. É apenas o equivalente dele. Direi mais até: é uma depuração, em relação ao uso ingênuo feito em Aristóteles do prosdiorismo *todo*.

O importante é ter formulado hoje, diante de vocês, a função do *não-todo*.

Todos sabem que o que surge, digamos, ingenuamente, da chamada proposição particular em Aristóteles é que existe alguma coisa que lhe seria correspondente. Com efeito, quando vocês empregam o *alguns*, isso parece evidente. Mas não é evidente, porque não basta negar o *não-todo* para que, de cada um dos dois pedaços, se me posso exprimir desta maneira, seja afirmada a existência. É claro que, se a existência é afirmada, produz-se o *não-todo*. É em torno desse *existe* que deve girar nosso avanço.

Nesse aspecto, as ambiguidades perpetuam-se há tanto tempo que se chegou a confundir essência com existência, e de maneira ainda mais espantosa, acreditando que existir é mais do que ser. Todo o problema talvez esteja, justamente, em que decerto *existem* homens e mulheres, e em que, para resumir, eles não fazem nada além de existir. Não vemos muito bem o que é designado por um *existe* qualquer, no uso correto que se deve fazer dele, senão a partir do momento em que a lógica se permite descolar-se um pouco do real, na verdade a única maneira que ela tem, em relação a ele, de poder situar-se, isto é, a partir do momento em que ela só se certifica daquela parte do real – que é a matemática – em que é possível uma verdade. Esse *existe* não é, por exemplo, nada além de um número para satisfazer uma equação.

Não decido sobre saber se o número deve ou não ser considerado como real. Mas, para não deixá-los na ambiguidade, decido: o número faz parte do real. Mas é o real privilegiado a propósito do qual o manejo da verdade faz progredir a lógica. Seja como for, o modo de existência de um número não é, propriamente falando, o que pode nos manter seguros sobre o que vem a ser a existência, toda vez que se formula o prosdiorismo *alguns*.

Há um segundo plano, que só faço destacar aqui como referencial do campo no qual teremos que avançar por uma lógica que nos seja propícia. É o campo da modalidade.

Como todos sabem, também ao abrir Aristóteles, a modalidade é aquilo que vem a ser o possível, o que pode ocorrer. Também só apontarei sua entrada aqui.

Aristóteles joga com quatro categorias: a do impossível, que ele opõe ao possível, e a do necessário, que opõe ao contingente. Veremos que não há nada de sustentável nessas oposições. Por hoje, simplesmente lhes aponto o que concerne à formulação do *necessário*, que é, propriamente, *não poder não (ser)*. Aí está, propriamente, o que para nós define a necessidade. Isso vai para onde? Vai do impossível, *não poder*, para *poder não (ser)*. Será que isto é o possível ou o contingente? Mas o certo é que, se vocês quiserem fazer o caminho inverso, o que encontrarão é *poder não poder*, que conjuga o improvável, o ultrapassado daquilo que pode acontecer, ou seja, não o impossível ao qual se retornaria ao fechar o circuito, mas simplesmente a impotência. Isto é apenas para indicar no frontispício o segundo campo das questões a abrir.

O terceiro termo é a negação.

Considerando o que escrevi aqui e o que o completa nas fórmulas anotadas no quadro no ano passado, $\exists x.\ \overline{\Phi x}$, já não lhes parece que há duas formas totalmente diferentes de negação possíveis?

Elas já tinham sido pressentidas pelos gramáticos, mas, na verdade, foi numa gramática que pretendia ir das palavras ao pensamento, o que já diz tudo. O embarque na semântica é o naufrágio certeiro. No entanto, a distinção feita entre a foraclusão e a discordância deve ser lembrada logo no início do que faremos este ano. Também é preciso eu esclarecer – e dar a cada um desses registros o desenvolvimento que convém será objeto das conversas que se seguirão – que a foraclusão não pode, como dizem Damourette e Pichon, ser ligada, em si, ao *passo*, ao *ponto*, à *gota*, à *migalha* ou a alguns outros desses acessórios que parecem sustentá-la no francês.* No entanto, cabe assinalar que o que vai contra isso é, precisamente, o nosso *não-todo*. Nosso *não-todo* é a discordância.

Mas o que é a foraclusão? Seguramente, ela deve ser posta num registro diferente do da discordância. Deve ser posta no ponto em que escrevemos o chamado termo da função. Aqui se formula a importância do dizer. *Só há foraclusão do dizer*, do fato de alguma coisa que existe poder ser dita ou não – já estando a existência promovida ao que decerto nos convém dar-lhe de estatuto. E do fato de

---

* No francês antigo, a negação era feita com a partícula *ne* e uma palavra que significasse algo de pequena dimensão ou extensão, em frases como "ele não dá um passo", "ele não costura um ponto", "ele não bebe uma gota", "ele não come uma migalha" etc. Algumas dessas formas persistem em expressões idiomáticas, porém a negação em geral passou a ser feita com *ne … pas* e, menos comumente, *ne … point*. (N.T.)

alguma coisa não poder ser dita só se pode concluir uma indagação sobre o real.

Por ora, a função Φx, tal como a escrevi, quer dizer apenas isto: que, quanto a tudo o que concerne ao ser falante, a relação sexual levanta uma questão. Está justamente nisso toda a nossa experiência, quer dizer, o mínimo que podemos extrair dela. Essa questão, como toda questão – não haveria questão se não houvesse resposta –, nos modos pelos quais essa questão se coloca, isto é, nas respostas, é precisamente isso que se trata de escrever nessa função.

É isso que nos permitirá, sem nenhuma dúvida, fazer uma junção entre o que foi elaborado da lógica e o que pode fundamentar-se no princípio, considerado como efeito do real, de que não é possível escrever a relação sexual, ou seja, a função que regula tudo o que se dá com nossa experiência.

Ao levantar uma questão, a relação sexual, *que não existe* – no sentido de que não se pode escrevê-la –, essa relação sexual determina tudo o que se elabora a partir de um discurso cuja natureza é ser um discurso rompido.

8 de dezembro de 1971

II

A Função Φx

O escrito, retorno do recalcado
O matema da estupidez
Aristóteles, o Um e o Ser
Castração e existência
O não-todo

Hoje de manhã me deram de presente uma canetinha. Se vocês soubessem como é difícil encontrar uma esferográfica que me agrade, sentiriam o quanto isso me deu prazer. À pessoa que me trouxe a caneta, e que talvez esteja presente, eu agradeço. É uma pessoa que me admira, como dizem. Para mim, pouco se me dá que me admirem. O que gosto é que me tratem bem. Só que, mesmo entre essas pessoas, é raro isso acontecer.

De qualquer modo, logo me servi dela para escrever, e é daí que partem minhas reflexões. É quando escrevo que descubro alguma coisa. Isto é fato, pelo menos para mim. O que não quer dizer que, se eu não escrevesse, não descobriria nada. Mas, enfim, talvez eu não percebesse.

1

Sobre essa função do escrito, que está na ordem do dia graças a uns espertinhos, talvez eu não quisesse tomar muito partido, mas andam me forçando a mão. Por que não?

A ideia que faço dela – e talvez, em alguns casos, tenha sido isso que se prestou à confusão –, vou dizê-la assim, às claras e sem rodeios. Com efeito, hoje eu disse a mim mesmo, justamente, que o escrito pode ser muito útil para eu descobrir alguma coisa, mas que escrever alguma coisa para me poupar aqui, digamos, do cansaço, ou do risco, ou de uma porção de outras coisas, bem, afinal, isto não dá muito bons resultados. Mais vale eu não ter nada a ler para vocês. O escrito em que faço algumas descobertas, de tempos em tempos, aquele em que posso preparar o que tenho a dizer aqui, não é o mesmo tipo de escrito.

Há também o escrito para impressão, que é mais uma coisa inteiramente diferente, que não tem nenhuma relação com isto. Mais exatamente, seria aborrecido achar que o que eu possa ter escrito um dia, para falar com vocês, constitua um escrito absolutamente aceitável e que eu guardaria.

Portanto, arrisco-me a dizer uma coisa que é decisiva. A ideia que faço do escrito – para situá-lo, para partir daí, depois poderíamos discuti-lo, bom, enfim, digamos, dois pontos – é o retorno do recalcado.

É isto, nesta forma, que pode ter-se prestado à confusão em alguns de meus *Escritos*. Se em alguns momentos pude parecer que me prestava a que acreditassem que identifico o significante com a letra, foi justamente porque é como letra que ele me toca mais, talvez, a mim, como analista.* É como letra que, na maioria das vezes, vejo retornar o significante, justamente o significante recalcado. Então, que a esse significante eu dê a imagem de uma letra, em *A instância da letra*, é ainda mais legítimo, na medida em que todo o mundo age assim.

A primeira vez que se entra na lógica propriamente dita, com Aristóteles e os *Analíticos*, também se recorre à letra, mas não, em absoluto, da mesma forma que quando a letra vem no lugar do significante que retorna. Ela surge ali para marcar um lugar, o lugar de um significante que, por sua vez, é um significante que se espalha, que, pelo menos, pode espalhar-se por toda parte. Mas, afinal, vê-se que a letra foi feita para isso. E de tal maneira que é assim que se manifesta inicialmente.

Não sei se vocês percebem bem, mas espero que pensem nisto, porque isto pressupõe, em todo caso, algo que não é dito naquilo que formulo. É preciso haver uma espécie de transmutação que se opera do significante à letra, quando o significante não está presente, está à

* Nunca é demais lembrar que em francês *lettre* tanto significa carta quanto letra. Optamos, nesta passagem, por privilegiar este último, mas é preciso não esquecer que "carta", especialmente se nos referimos ao texto "A carta roubada", também deve estar em mente. (N.T.)

deriva, cai fora. Conviria nos perguntarmos como isso pode ocorrer. Mas não é nisso que tenciono me engajar hoje. Talvez volte ao assunto em outro dia.

Ainda assim, a propósito dessa letra, não é possível deixarmos de lidar com um campo chamado matemático, e no qual não se pode escrever qualquer coisa. Também não vou me dedicar a ele. Vou simplesmente assinalar que é nisso que esse domínio se distingue e que, provavelmente, é inclusive isso que constitui algo a que ainda não fiz alusão aqui, digo, no Seminário, mas que introduzi em algumas colocações feitas no Sainte-Anne, às quais sem dúvida assistiram alguns dos que aqui se encontram. Trata-se do que poderíamos chamar de *matema*, que afirmei ser o ponto pivô de todo ensino. Em outras palavras, não há ensino senão matemático, o resto é brincadeira.

Isso se prende, é claro, a um estatuto do escrito diferente daquele que indiquei de início. Tentarei fazer a junção ao longo deste ano.

Entrementes, minha dificuldade – aquela em que continuo, apesar de tudo, não sei se ela vem de mim ou se não seria mais pelo concurso de vocês – é que meu próprio matema, em vista do campo do discurso que tenho que estabelecer, pois bem, ele sempre confina com a burrice [*bêtise*].

Isso fica evidente com o que eu lhes disse, não é, já que, em suma, aquilo de que se trata é que a relação sexual, *ela não existe* [*il y en a pas*]. Conviria escrever isso como *hi! han!* e *appât*, com dois pês, acento circunflexo no segundo *a* e um *t* no final.* Não convém confundir – as relações sexuais, naturalmente, são só o que existe. Foi justamente esse ponto que me suscitou um comentário.

Mas os encontros sexuais, isso é sempre falho, mesmo e sobretudo quando é um ato. Enfim, deixemos para lá.

2

Enquanto ainda há tempo, eu gostaria que vocês lessem uma ótima introdução a algo de essencial – a *Metafísica* de Aristóteles.

---

* As duas interjeições usadas por Lacan expressam o riso (como em hi! hi! hi! ou quá-quá-quá) e a exclamação surda e breve de quem faz um esforço violento. O *appât* traduz-se por engodo, isca, chamariz etc. e a sequência é homônima do *y en a pas* referente à relação sexual. (N.T.)

Quando eu chegar a esse algo de essencial, talvez no começo do mês de março, conviria vocês já terem lido bem isso, para ver a relação que há com o que nos concerne. Naturalmente, não é dessa *Metafísica* que lhes falarei. Não é que eu não admire a estupidez [*connerie*]. Direi mais, eu me prosterno diante dela.

Quanto a vocês, vocês não se prosternam. São eleitores conscientes e organizados. Não votam nos estúpidos [*cons*]. É aí que saem perdendo. Um sistema político bem-sucedido deve permitir que a estupidez tenha seu lugar. E, aliás, as coisas só correm bem quando é a estupidez que impera. Dito isto, não há aí uma razão para nos prosternarmos.

Logo, o texto que tomarei é uma façanha [*exploit*], e uma façanha como há muitas que são, digamos, inexploradas [*inexploités*]. É o *Parmênides* de Platão, que nos prestará serviços. Mas, para compreender bem o relevo desse texto que não é estúpido, é preciso ter lido a *Metafísica* de Aristóteles.

Quando aconselho a leitura da *Crítica da razão prática* como um romance, como uma coisa cheia de humor, não sei se alguém seguiu este conselho, algum dia, e conseguiu lê-la como eu. Pelo menos, não me participaram. Este convite está em algum lugar do meu *Kant com Sade*, que não sei se alguém jamais leu. Então, vou fazer uma coisa parecida, vou lhes dizer: leiam a *Metafísica* de Aristóteles, e espero que, como eu, vocês sintam que a coisa é extremamente estúpida [*c'est vachement con*]. Eu não gostaria de me estender longamente nisso, embora me venham umas pequenas observações laterais. Esse caráter de estupidez não pode deixar de impressionar, quando se lê o texto.

Não se trata da *Metafísica* de Aristóteles em sua essência, no significado, em tudo o que lhes foi explicado a partir desse texto magnífico, ou seja, tudo o que fez a metafísica por esta parte do mundo em que nos encontramos. Porque tudo saiu dali. É absolutamente fabuloso. Fala-se do fim da metafísica, em nome de quê? Enquanto existir esse livro, sempre poderemos fazê-la.

Esse livro, porque se trata de um livro, é muito diferente da metafísica. Foi de um livro escrito que falei agora há pouco. Foi-lhe dado um sentido que é chamado de metafísica, mas, ainda assim, é preciso distinguir o sentido e o livro. Naturalmente, uma vez que lhe tenhamos dado todo esse sentido, não é fácil reencontrar o livro. Se vocês o reencontrarem de verdade, verão o que viram, afinal, pessoas que têm uma disciplina que é chamada de método histórico, crítico, exegético, o que vocês quiserem. Elas são capazes de ler o texto com um certo jeito de cair fora do sentido. Quando se examina o texto, é evidente que ocorrem dúvidas.

Esse obstáculo de tudo o que se compreendeu disso só pode existir no nível universitário, e a Universidade não existiu desde sempre. Mas, enfim, desde a Antiguidade, três ou quatro séculos depois de Aristóteles, começaram a ser emitidas as dúvidas mais sérias sobre esse texto, porque ainda se sabia ler. Emitiram-se dúvidas, foi dito que aquilo era uma série de anotações, ou então que um discípulo é que tinha feito aquilo, juntado as coisas. Devo dizer que não estou inteiramente convencido. Talvez seja porque acabo de ler um livro de um tal de Michelet – não o nosso, não o nosso poeta, com o que quero dizer que o ponho num lugar muito alto, o nosso, mas um professor da Universidade de Berlim que também se chamava Michelet, Karl Ludwig. Ele fez um livro sobre a *Metafísica* de Aristóteles, publicado em 1836, e precisamente a esse respeito, porque o método histórico que florescia na época o havia contrariado um pouco com as dúvidas emitidas, não sem fundamento, já que elas remontam à mais alta Antiguidade. Devo dizer que Michelet não é dessa opinião, nem eu tampouco.

Com efeito, na verdade – como vou dizer isto? –, a estupidez serve de prova quanto à autenticidade. O que predomina é a autenticidade da estupidez. Talvez esse termo, *autêntico*, seja sempre meio complicado entre nós, pelas ressonâncias etimológicas gregas. Há línguas em que ele é mais bem representado, por *echt*. Com isso se faz um substantivo que deve ser *Echtheit*. Não vem ao caso. Não há nada mais autêntico, aliás, do que a estupidez. Então, talvez essa autenticidade não seja a de Aristóteles, mas a *Metafísica* – refiro-me ao texto –, ela é autêntica. Isso não pode ser feito de pedaços nem fragmentos. Está sempre à altura da estupidez.

O que justifica chamá-la dessa maneira? A estupidez é aquilo em que se entra quando as perguntas são formuladas num certo nível, que é determinado, precisamente, pela realidade da linguagem, ou seja, quando se aborda sua função essencial, que é a de preencher tudo o que deixa de hiante a impossibilidade de existir relação sexual, o que quer dizer que nenhum escrito, como produto da linguagem, pode dar conta disso de maneira satisfatória.

É claro que, desde que vimos os gametas, podemos escrever no quadro *homem = portador de espermatozoides*. Seria uma definição meio engraçada, porque não é só ele o portador destes entre os animais, desses tais espermatozoides. Então, comecemos a falar de biologia. Por que os espermatozoides de homem são justamente os que o homem carrega? Porque são os espermatozoides de homem que fazem o homem. Será que, nisso, estamos girando em círculos? Não vem ao caso, isso pode ser escrito.

Só que não tem nenhuma relação com seja lá o que for que se possa escrever, digamos, de sensato, isto é, que tenha uma relação com o real. Não é pelo fato de ser biológico que isso é mais real. Isso é fruto da ciência chamada biologia. O real é outra coisa.

O real é o que comanda toda a função da significância. O real é aquilo com que vocês deparam, justamente por não poderem escrever em matemática seja o que for. O real é o que concerne a que, no que é a função mais comum, vocês se banham na significância, mas não podem segurá-los todos ao mesmo tempo, os significantes. Isso é proibido pela própria estrutura deles. Quando vocês têm alguns, um embrulho deles, não têm os outros. Eles são recalcados. Isso não significa que vocês não os digam, *ainda assim*. Justamente, vocês os dizem *inter*, eles são interditos. O que não os impede de dizê-los. Mas vocês os dizem censurados. Ou tudo o que é a psicanálise não tem nenhum sentido, deve ser jogado no lixo, ou o que estou lhes dizendo com isto deve ser a sua verdade primeira.

É disso, pois, que se tratará este ano. Quando nos colocamos num certo nível, o de Aristóteles, ou não – em todo caso, o texto está aí, autêntico –, isso não se dá sozinho. É apaixonante ver alguém tão agudo, tão sábio, tão alerta, tão lúcido, pôr-se a patinhar dessa maneira, e por quê? Porque ele se interroga sobre o princípio. Naturalmente, ele não faz a menor ideia de que o princípio é que não existe relação sexual. Mas vê-se que é unicamente nesse nível que ele se formula todas as perguntas.

Então, o que é que lhe sai como um pássaro voando da cartola onde ele simplesmente pôs uma pergunta cuja natureza não conhece? É como o mágico que acredita ter posto na cartola o coelho que deve sair de lá, e depois sai um rinoceronte. É exatamente assim para Aristóteles. Onde está o princípio? Se é o gênero, ele fica enfurecido, porque será que é o gênero geral ou o gênero mais específico? É evidente que o mais geral é o mais essencial, porém, o mais específico é justamente o que dá aquilo que existe de único em cada um.

Ora, ele nem se dá conta disso, não é?, mas, graças a Deus, graças a isso, ele não as confunde, essa história de essencialidade e essa história de unicidade. É a mesma coisa que o que ele interroga, ou, mais exatamente, é o homônimo. Graças a Deus, ele não as confunde. Não é daí que as faz saírem. Ele diz a si mesmo: será que o princípio é o Um, ou será que o princípio é o Ser? Nesse momento, a coisa fica numa embrulhada terrível. É preciso, a qualquer preço, que o Um seja, e que o Ser seja Um. Enfim, aí nós perdemos o fio da meada, porque, justamente, o meio de não fazer besteira é separá-los severamente. É isso que tentaremos fazer na sequência.

Chega de Aristóteles.

3

Já tomei a decisão, no ano passado, de lhes anunciar que essa não relação, se assim posso me exprimir, é preciso escrevê-la. A todo custo, é preciso escrevê-la. Refiro-me a escrever a outra relação, a que tampona, a que barra a possibilidade de escrever a primeira.

Pus no quadro, no ano passado, uma coisa que não acho ruim enunciar desde já.

Naturalmente, há nisso algo de arbitrário. Não vou me desculpar, refugiando-me com os matemáticos. Eles fazem o que querem, e eu também, aliás. De qualquer modo, simplesmente para aqueles que têm necessidade de me dar desculpas, posso assinalar que, nos *Elementos* de Bourbaki, começa-se por botar as letras sem dizer absolutamente nada sobre aquilo para o qual elas podem servir. Chamemos isso de símbolos escritos, porque nem se parecem com letra nenhuma. Esses símbolos representam uma coisa que podemos chamar de operações. Não se diz absolutamente de quais se trata, só vinte páginas adiante é que começamos a poder deduzi-las retroativamente, conforme o modo como nos servimos delas.

Não chegarei a tanto. Tentarei interrogar desde logo o que querem dizer as letras que eu tiver escrito. Mas, como penso que seria muito mais complicado para vocês eu as trazer uma a uma, à medida que elas se animarem e adquirirem valor de função, prefiro escrever essas letras como aquilo em torno do qual girarei em seguida.

Visto que vocês param de me ouvir quando me viro para o quadro, há duas opções – ou eu escrevo me calando, e depois falo, ou continuo a falar um pouquinho, se as pessoas conseguirem ficar ao alcance da minha voz. E então, será que estão me ouvindo?

Já no ano passado, e por razões que são de tentativa, julguei poder enunciar e escrever, como na matemática, a função que se constitui por existir o gozo chamado gozo sexual, que é propriamente o que constitui um obstáculo à relação sexual. É a função Φx.

O gozo sexual abre, para o ser falante, a porta do gozo. Nesse ponto, apurem um pouco o ouvido e percebam que o gozo, quando o chamamos assim, puro e simples, talvez possa ser o gozo para alguns, não o elimino, mas, na verdade, não é o gozo sexual.

Esse é o mérito que podemos dar ao texto de Sade, o de ter chamado as coisas pelo nome. Gozar é usufruir de um corpo. Gozar é abraçá-lo, é estreitá-lo, é picá-lo em pedaços. No direito, ter o usufruto de algo é justamente isso, é poder tratar alguma coisa como um corpo, ou seja, demoli-la, não é? Essa é a modalidade mais regular de fruição, e é por isso que esses enunciados têm sempre uma ressonância sadiana. Não se deve confundir *sadiana* com *sádica*. Dizem-se tantas besteiras sobre o sadismo, precisamente, que o termo ficou desvalorizado. Não me estenderei mais neste ponto.

O que expresso com esta notação, Φx, é o que a relação do significante com o gozo produz. Isso quer dizer que x designa apenas um significante. Um significante pode ser cada um de vocês, precisamente no nível fino em que vocês existem como sexuados. Ele é de espessura muito fina, por assim dizer, porém é muito mais largo na superfície que entre os animais, nos quais, quando eles não estão no cio, vocês não distinguem aquilo que chamei, durante o último seminário, de o menino e a menina. Os filhotes de leão, por exemplo, são absolutamente semelhantes em seu comportamento. Vocês, não, porque é justamente como significantes que vocês se tornam sexuados.

Não se trata de marcar o significante-homem como distinto do significante-mulher e de chamar um de x e o outro de y, porque a questão é justamente essa – é como nos distinguimos. É por essa razão que coloco o x no lugar do furo que faço no significante. Coloco o x aí como variável aparente. O que quer dizer que, toda vez que eu lidar com esse significante sexual, isto é, com esse algo que se relaciona com o gozo, estarei lidando com Φx. Há entre esses x alguns, específicos, que são tais que podemos escrever: para todo x, seja ele qual for, Φx. Ou seja, aí funciona o que, na matemática, é chamado de função. O que pode se escrever como $\forall x . \Phi x$.

Vou esclarecê-lo num instante. Enfim, esclarecer... Apenas vocês serão esclarecidos. Serão esclarecidos por um momentinho. Como diziam os estoicos, quando o dia clareia, fica claro. Por mim, como escrevi na quarta capa de meus *Escritos*, sou evidentemente partidário do Iluminismo. Esclareço na esperança do dia D, é claro. Só que é justamente ele que está em questão. O dia D não é para amanhã. O primeiro passo a ser dado na filosofia das Luzes é saber que o dia não clareou, e que o dia de que se trata é apenas aquele de umas luzinhas num campo completamente escuro. Com o que vocês acreditarão que clareou quando eu lhes disser que Φ significa a função que é chamada castração.

Como vocês acreditam saber o que é a castração, penso que ficarão contentes, ao menos por um momento. Mas creiam que, se escrevo tudo isto no quadro – e vou continuar –, é justamente porque eu, de minha parte, absolutamente não sei o que é a castração, e espero, com a ajuda deste jogo de palavras, chegar a que finalmente o dia clareie, isto é, que saibamos que a castração é algo por que é preciso passar. Enquanto não soubermos disso, não haverá discurso sadio, ou seja, que não deixe na sombra metade de seu status e de seu condicionamento. E só o saberemos depois de pôr em jogo, em diferentes níveis de relações topológicas, uma certa maneira de mudar as letras e ver como isso se distribui.

Até lá, vocês ficam reduzidos a futriquinhas – ou seja, *o papai disse que vão te cortar isso fora* –, como se essa não fosse a típica idiotice. Mas há em algum lugar um ponto em que se pode dizer que tudo que se articula de significante enquadra-se no âmbito de Φx, da função de castração.

Formular as coisas desta maneira tem uma pequena vantagem. Talvez lhes ocorra que, se agora há pouco eu lhes trouxe, não sem querer – sou muito mais astuto do que pareço –, aquela observação a propósito do interdito, ou seja, que todos os significantes não podem estar presentes ao mesmo tempo, nunca, é que talvez isto se relacione com a castração. Eu não disse *inconsciente = castração*. Disse que isso tem muita relação. Evidentemente, escrever esse Φx é escrever uma função de um alcance, diria Aristóteles, incrivelmente geral.

Ainda não falei nada sobre a relação dessa função com um certo significante, mas, enfim, vamos lá. Esse significante é, por exemplo, *um homem*. É de matar, porque há muita coisa para remexer e, como nunca ninguém fez isso antes de mim, corre o risco, a todo momento, de desabar na nossa cabeça.

Um homem, disse eu, não *o homem*. É engraçado o uso do significante *homem*. Dizemos aos garotos: *seja homem*; não dizemos *seja o homem*, e por quê? O curioso é que *seja mulher* não se diz muito. Em contrapartida, fala-se *da* mulher, *a mulher*, artigo definido. Muito já se especulou sobre o artigo definido, que reencontraremos quando for preciso. O que quero dizer, simplesmente, é que aquilo que o Φx escreve tem como efeito não mais podermos dispor do conjunto dos significantes. Não digo nem sequer desses dois significantes, precisamente, mas deles e de um certo número de outros que com eles se articulam. E talvez esteja justamente aí uma primeira abordagem do que ocorre com a castração, do ponto de vista dessa função matemática que meu escrito imita.

Num primeiro momento, peço-lhes apenas que reconheçam que isto é imitado. O que não quer dizer que, para mim que já refleti sobre o assunto, a coisa não vá muito mais longe. Enfim, há meios de escrever que para todo x isso funciona.

Isto é produção de uma forma de escrita que brotou desse primeiro trabalho lógico, pelo qual Aristóteles foi o responsável. O que lhe deu tamanho prestígio decorre do fato de que isso é fantasticamente gozoso, a lógica, justamente porque se atém ao campo da castração.

Enfim, vejamos, se não fosse assim, como vocês poderiam justificar que um período de tempo tão longo, tão exuberante de inteligência, tão pululante em termos de produção quanto foi a nossa Idade Média, tenha podido excitar-se com essas questões de lógica, e de lógica aristotélica, a ponto de isso as haver deixado nesse estado? Pois isso acabou levantando as massas. Por intermédio dos lógicos, com efeito, teve consequências teológicas, nas quais a lógica dominou em muito o *teo*, o que não é como entre nós, quando já não resta senão o *teo*, sempre presente, bem sólido na sua estupidez, e no qual a lógica se evaporou ligeiramente. De modo que é gozosa essa história.

Foi daí que veio todo o prestígio da construção de Aristóteles, que repercutiu nessa famosa *Metafísica* em que ele destrambelha a todo vapor.

Hoje não lhes darei um curso de história da lógica; direi simplesmente para vocês procurarem os *Analíticos primeiros*, ou o que é chamado, mais exatamente, de *Analíticos anteriores*. Mesmo àqueles, os mais numerosos, é claro, que jamais terão coragem para ler isso, ainda que seja fascinante, recomendo, de qualquer modo, que leiam no chamado livro I, no capítulo 46, o que Aristóteles produz sobre o que vem a ser a negação, ou seja, sobre a diferença que há em dizer se o contrário de *o homem é branco* é, realmente, *o homem não é branco*, ou se, como acreditava muita gente, já na sua época – porque nem por isso ele se deteve –, o contrário é *o homem é não branco*.

Isso não é a mesma coisa, em absoluto. Creio que, ao simplesmente enunciá-la assim, a diferença já é perceptível. É muito importante ler esse capítulo, porque já lhes contaram tantas coisas sobre a lógica dos predicados, pelo menos àqueles que já tentaram entrar em contato com os lugares onde se fala dessas coisas, que vocês poderiam imaginar que o silogismo inclui-se inteiramente na lógica dos predicados. Esta é uma pequena indicação que faço lateralmente. Como eu não quis me deter nisso, talvez tenha tempo de retomá-lo, um dia.

Quero apenas dizer que, para que eu tenha podido escrever Φx, houve, no começo do século XIX, uma mudança essencial, qual seja, a tentativa de aplicar essa lógica ao significante matemático, que há pouco já lhes indiquei ter um status especial. Isso resultou nessa modalidade de escrita da qual, mais adiante, creio que terei tempo de fazê-los perceber o destaque e a originalidade, isto é, que isso já não expressa, em absoluto, a mesma coisa que as proposições que funcionam no silogismo. Como já escrevi no ano passado, $\overline{\forall x}.\Phi x$, o sinal da negação colocado no nível do $\forall$ é uma possibilidade que nos é aberta, justamente, pelo uso desses quantores. Em geral, eles são chamados de *quantificadores*, mas prefiro chamá-los de *quantores* – não sou o único nem o primeiro –, porque o importante é vocês saberem que isso não tem absolutamente nada a ver com a quantidade, o que é evidente. Nós os chamamos assim por não se haver encontrado termo melhor, o que já é um sinal.

Esta articulação dos quantores nos permite postular a função do *não-todo* – o que nunca foi feito na lógica dos quantores, e que eu faço, por considerar que pode ser muito fecundo para nós. Há um conjunto desses significantes que faz as vezes da função do sexuado no que concerne ao gozo, num lugar em que é o *não todos* que funciona na função da castração.

Continuo a me servir dos quantores. Uma forma que temos de articulá-los é escrever $\exists x$, que quer dizer *existe*. Existe o quê? Um significante.

Quando vocês tratam dos significantes matemáticos, que têm um estatuto diferente do de nossos pequenos significantes sexuados e invadem de outra maneira o real, talvez convenha, enfim, tentar ressaltar no espírito de vocês que existe ao menos uma coisa real, a única de que temos certeza – é o número. Quanta coisa se faz com ele!

Não foi pouco o que se fez. Para chegar a construir os números reais, isto é, justamente aqueles que não o são, é preciso que o número seja algo de real. Dirijo isto de passagem aos matemáticos, que talvez me atirem tomates, porém não faz mal, porque eles o farão em particular, já que aqui eu os intimido.

Voltemos ao que temos a dizer. *Existe*. Esta referência que acabo de fazer não é uma simples digressão: é para lhes dizer que é aí que *existe* um sentido. É um sentido precário.

É como significantes que todos vocês existem. Vocês existem, com certeza, mas isso não vai longe. Vocês existem como significantes. Tentem imaginar-se, digamos, esvaziados dessa história toda, e depois me contem o que acharam. Após a guerra, incitaram-nos a existir de maneira fortemente contemporânea. Pois bem, vejam o que restou disso e vocês entenderão. Eu ousaria dizer que, apesar dos pesares, as pessoas tinham um pouquinho mais de ideias na cabeça quando demonstravam a existência de Deus. É evidente que Deus existe, porém não mais que vocês. Isso não vai muito longe. Enfim, isto é para destacar o que vem a ser a existência.

E o que pode nos interessar com respeito a esse *existe*, em matéria de significante? Seria que existe *pelo menos um* para quem isso não funciona, essa história de castração. Foi justamente por isso que ela foi inventada. É o chamado Pai, e é por isso que o Pai existe pelo menos tanto quanto Deus, ou seja, não muito.

Ora, naturalmente, existem uns espertinhos – estou cercado de espertinhos que transformam o que formulo em poluição intelectual, como dizia uma de minhas pacientes, a quem agradeço por ter-me fornecido isso, que ela descobriu sozinha, por ser uma pessoa sensível; aliás, em geral, só as mulheres compreendem o que eu digo –, há uns espertinhos que descobriram que eu dizia que o Pai é um mito, porque salta aos olhos, com efeito, que o Φx não funciona no nível de *Totem e tabu*. O Pai não é castrado, caso contrário, como poderia possuí-las todas, vocês se dão conta? Aliás, é só ali que elas existem como *todas*, porque é às mulheres que isso convém, o *não-todo*, o que comentarei proximamente.

Portanto, é a partir desse *existe um*, é com referência a essa exceção, que todos os outros podem funcionar. Só que, vejam, compreendendo muito bem que podemos escrever a rejeição da função, Φx negada, ou seja, não é verdade que isso se castre. É esse o mito. Mas o que os espertinhos não perceberam foi que isso é correlato à existência, e que formula o *existe* desse *não é verdade* da castração.

São duas horas, e vou simplesmente indicar-lhes a quarta maneira de nos servirmos do que vem a ser a negação baseada nos quantores, que é escrever Φx, *ele não existe*.

Não existe quem? O quê? Por que não seria verdade que a função Φx é o que domina o que concerne ao uso do significante? Será isto que isso quer dizer? A existência, há pouco eu a distingui para vocês da exceção. Se a negação quisesse dizer aqui $\overline{\exists x}.\overline{\Phi x}$, ou seja, sem a exceção dessa posição significante, ela poderia inscrever-se na negação da castração, na rejeição, no *não é verdade* que a castração domine tudo.

É com este enigmazinho que os deixarei hoje, porque, na verdade, ele é muito esclarecedor para o assunto. Não podemos nos servir da negação de um modo tão simplesmente unívoco quanto fazemos na lógica das proposições, na qual tudo que não é verdadeiro é falso, e na qual, que coisa incrível, tudo que não é falso torna-se verdadeiro.

Deixo as coisas no momento em que é a hora que me cinde, como convém. Retomarei as coisas no ponto exato em que as deixei hoje.

15 de dezembro de 1971

III

Da Anedota à Lógica

Privilegiar o real lógico
Uma relação perturbada com o corpo
Função e argumento
O não-todo e ao menos um
O possível e o contingente

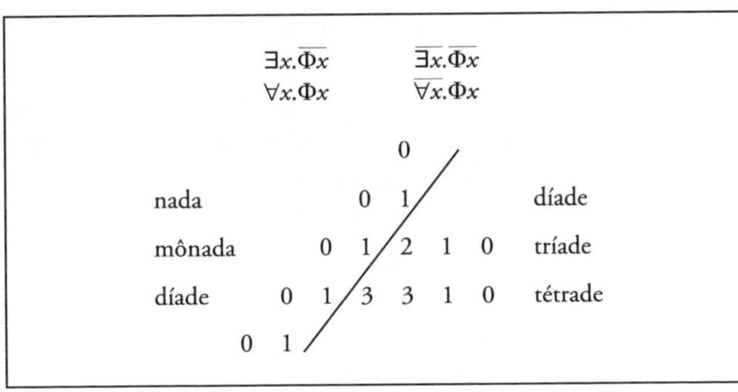

Escrito no quadro

Se encontrássemos na lógica um meio de articular o que o inconsciente demonstra de valores sexuais, isto não nos surpreenderia.

Não nos surpreenderia, quero dizer, aqui mesmo, no meu Seminário, ou seja, bem perto desta experiência, a análise, instituída por Freud, e da qual se instaura uma estrutura de discurso que eu defini.

1

Retomemos o que eu disse na densidade da minha primeira frase.

Falei de valores sexuais. Observo que esses valores são valores aceitos – aceitos em toda língua. O homem, a mulher, isto é o que chamamos de valores sexuais. Que haja desde o início o homem e a mulher é, para começar, uma questão de linguagem. É desta tese que parto hoje.

A linguagem é tal que, quanto a todo sujeito falante, ou é *ele*, ou é *ela*. Isso existe em todas as línguas do mundo. É o princípio do funcionamento do gênero, feminino ou masculino. Existir o hermafrodita é apenas uma oportunidade para brincar, com maior ou menor espirituosidade, de introduzir na mesma frase o *ele* e o *ela*. Em nenhum caso o chamaremos de *isso*, a não ser para manifestar por esse meio algum horror do tipo sagrado. Ele não será posto no neutro.

Dito isto, o homem e a mulher, não sabemos do que se trata. Durante algum tempo, essa bipolaridade de valores foi tomada como algo que sustentava, suturava suficientemente o que concerne ao sexo. Foi justamente daí que resultou uma metáfora surda que durante séculos esteve subjacente à teoria do conhecimento. Como observei noutro lugar, o mundo era o percebido ou vislumbrado como estando no lugar do outro valor sexual. O que concernia ao *nous*, à capacidade de conhecer, era posto do lado positivo, do lado ativo, disto que interrogarei hoje, indagando qual é sua relação com o Um.

Em todo estudo rigoroso da abordagem sexual, o passo que a análise nos levou a dar revela-nos o desvio, a barreira, a chicana, o desfilamento da castração. Isso só pode articular-se de maneira apropriada a partir do discurso analítico, conforme a estrutura que forneci dele, o que nos conduz a pensar que a castração de modo algum pode reduzir-se à anedota, ao acidente, à intervenção desajeitada de um dito de ameaça, ou mesmo de censura. A estrutura é lógica.

Qual é o objeto da lógica?

Pelo simples fato de haverem aberto um tratado de lógica, vocês sabem por experiência própria como pode ser frágil, inseguro e esquivo o primeiro tempo de todo tratado que se intitula como sendo dessa ordem. Será que essa é a arte de bem conduzir o pensamento? Mas conduzi-lo para onde? E tomando-o por que parte? Ou ainda, será que convém recorrer a uma normalidade pela qual se definiria o racional independentemente do real? Em contrapartida, o que se desenvolve num livro assim intitulado, após essas tentativas de definir o objeto da lógica, é de outra ordem e tem outra coerência. Eu poderia, muito simplesmente, deixar aí um vazio, mas não o deixo, e proponho definir o objeto da lógica como aquilo que se produz pela necessidade de um discurso.

Isto é ambíguo, sem dúvida, mas não é bobo, pois comporta a implicação de que a lógica pode mudar completamente de sentido, conforme o lugar onde todo discurso adquire sentido. Ora, todo discurso adquire sentido a partir de outro discurso.

Proponho com bastante clareza, já há tempo longo o bastante para que baste recordá-lo aqui, que o real – categoria da tríade da qual partiu meu ensino: o simbólico, o imaginário e o real – se afirma nos impasses da lógica.

Explico-me. O que a lógica se propunha tratar, inicialmente, em sua ambição de conquista, não era nada menos do que a rede do discurso na medida em que ela se articula. Ao se articular, essa rede deveria fechar-se num universo que supostamente encerraria e cobriria como uma malha fina o que era oferecido ao conhecimento. A experiência lógica mostrou que isso acontecia de outra maneira.

Não tenho que entrar em detalhes aqui, porque este público, de qualquer modo, está suficientemente prevenido sobre de onde pode ter tornado a partir o esforço lógico, em nossa época, para saber que, ao abordar algo em princípio tão simplificado como real quanto é a aritmética, pôde-se demonstrar que alguma coisa sempre pode enunciar-se, oferecida ou não à dedução lógica, que se articula, como que de antemão, com o que as premissas, os axiomas, os termos fundadores em que pode basear-se a dita aritmética permitem presumir como demonstrável ou refutável. Nesse ponto, num campo que é aparentemente o mais seguro, pomos o dedo no que se opõe à captura completa do discurso no esgotamento lógico, o que introduz nela uma hiância irredutível. É aí que designamos o real.

Antes de chegar a esse campo de prova, que pode aparecer no horizonte, ou até incerto, para os que não acompanharam de perto suas últimas provas, bastará recordar o que é o discurso ingênuo.

O discurso ingênuo como tal inscreve-se de imediato como verdade. Ora, desde sempre pareceu fácil demonstrar a esse discurso que ele não sabe o que diz. Não estou falando do sujeito, falo do discurso. Esse é o começo da crítica do sofista. A qualquer um que enuncie o que é sempre postulado como verdade, o sofista demonstra que ele não sabe o que diz. Essa é a origem de toda dialética. Ademais, isso está sempre pronto a renascer. Se alguém vai prestar depoimento num tribunal, é da infância da arte do advogado mostrar-lhe que ele não sabe o que está dizendo. Aí, porém, caímos no nível do sujeito, da testemunha que se trata de confundir. No nível da ação sofística, é o próprio discurso que o sofista ataca. Já que anunciei que teria de levar em conta o *Parmênides*, talvez este ano tenhamos que mostrar o que se dá na ação sofística.

No desenvolvimento da enunciação lógica ao qual me referi há pouco, alguns talvez tenham percebido que não se trata de outra coisa senão do teorema de Gödel concernente à aritmética. Gödel procede à demonstração de que, no campo da aritmética, sempre haverá algo, enunciável nos próprios termos que ela comporta, que não estará ao alcance do que ela postula para si mesma como modo da demonstração a se considerar aceito. O notável é que Gödel não procede a partir dos valores da verdade, da ideia de verdade, mas a partir da ideia de derivação. É ao deixar em suspenso os valores *verdadeiro* ou *falso*, como tais, que o teorema é demonstrável. Esse ponto vital ilustra o que digo sobre a hiância lógica.

O real pode se definir como o impossível, é como ele se revela no assentamento do discurso lógico. Esse impossível, esse real, deve ser privilegiado por nós. Nós quem? Os analistas. Isto porque ele é o paradigma do que questiona o que pode sair da linguagem. Da linguagem saem certos tipos de discursos que defini respectivamente como instauradores de um tipo de vínculo social bem preciso. Mas, quando interrogamos a linguagem sobre o que ela funda como discurso, é impressionante que só possamos fazê-lo fomentando a sombra de uma linguagem que ultrapassaria a si mesma, que seria uma metalinguagem, e, como assinalei muitas vezes, ela só pode sê-lo ao se reduzir em sua função, isto é, ao gerar um discurso já particularizado. Proponho encontrar nesse real que se afirma pela interrogação lógica da linguagem o modelo do que nos interessa, ou seja, do que a exploração do inconsciente revela.

O que a exploração do inconsciente revela está longe de ser um simbolismo sexual universal, como pensou poder retomá-lo alguém como Jung, voltando ao mais antigo ramerrão. É, muito precisamente, o que lembrei há pouco da castração, sublinhando apenas que é exigível que ela não se reduza à anedota de uma fala ouvida. Sem isso, por que isolá-la e lhe dar o privilégio de sabe-se lá que trauma ou eficácia de hiância? Está muito claro que ela nada tem de anedótica, que é rigorosamente fundamental naquilo que não instaura, mas impossibilita o enunciado da bipolaridade sexual como tal.

Coisa curiosa, continuamos a imaginar a bipolaridade sexual no nível animal, como se cada ilustração do que constitui o tropismo de um sexo pelo outro não fosse tão variável, em cada espécie, quanto é a sua constituição corporal. Além disso, já não aprendemos há algum tempo que, não no nível do real, mas no interior de cada ciência, uma vez definido seu objeto, há pelo menos dois ou três estágios do que constitui o sexo, desde o genótipo até o fenótipo? Depois dos últimos passos da biologia – será preciso evocar quais? –, é certo que o sexo é apenas uma modalidade particular daquilo que permite a reprodução do corpo vivo. Longe de ser seu instrumento típico, o sexo é apenas uma de suas formas. Embora Freud tenha dado uma indicação quanto a isso, se bem que aproximativa, ainda se confunde demais a função do sexo com a da reprodução.

As coisas estão longe de ser tais que exista, de um lado, a rede da gônada, aquilo que Weismann chamava de *germe*, e de outro, o *soma*, a ramificação do corpo. O genótipo do corpo veicula algo que determina o sexo, porém isso não basta. De sua produção de corpo, de sua estática corporal, ele destaca hormônios que podem interferir nessa determinação.

Não há, portanto, de um lado, o sexo, irresistivelmente associado à vida, por estar dentro do corpo – o sexo imaginado como a imagem daquilo que, na reprodução da vida, seria o amor –, e, de outro lado, o corpo como aquilo que tem que se defender da morte. Tal como chegamos a interrogá-la, no nível do aparecimento de suas primeiras formas, a reprodução da vida emerge de alguma coisa que não é vida nem morte, e que intervém de maneira muito independente do sexo e até por ocasião de algo já vivente, ou seja, aquilo que chamaremos de programa, ou ainda códon, como se diz a propósito desse ou daquele ponto localizado de cromossomos.

O diálogo entre vida e morte produz-se no nível do que é reproduzido. Isso só assume um caráter de drama a partir do momento em que, no equilíbrio vida e morte, o gozo intervém. O ponto essencial, o ponto de emergência de algo de que todos nós aqui acreditamos mais ou menos fazer parte – o ser falante, por assim dizer –, é essa relação perturbada com o próprio corpo que se chama gozo.

O discurso analítico nos demonstra que isso tem como centro, como ponto de partida, uma relação privilegiada com o gozo sexual.

Se o valor do parceiro diferente, aquele que designei, respectivamente, por *o homem* e por *a mulher*, é inabordável na linguagem, é, muito precisamente, porque a linguagem funciona, desde a origem, como suplente do gozo sexual. Através disso ela ordena a intromissão do gozo na repetição corporal.

Hoje começarei a lhes mostrar como é possível dar ao que concerne à castração outra articulação que não a anedótica, fazendo uso de funções lógicas.

2

Na linha da exploração lógica do real, o lógico começou pelas proposições. A lógica só começou por ter sabido isolar na linguagem a função do que chamamos de prosdiorismos, que não são nada além do *um*, do *alguns*, do *todos* e da negação dessas proposições.

Aristóteles define, para contrastá-las, as universais e as particulares, e, no interior de cada uma, as afirmativas e as negativas. Quero destacar a diferença que existe entre esse uso dos prosdiorismos e o que ocorreu de completamente diferente na abordagem lógica do real que é chamado de número.

A análise lógica do que chamamos de função proposicional articula-se a partir do isolamento do argumento na proposição, ou, mais exatamente, da falta, do vazio, do buraco, da cavidade oca que é feita daquilo que deve funcionar como argumento. Nomeadamente, diremos que todo argumento de um campo que chamaremos como vocês quiserem, *x* ou *x* gótico, todo argumento desse campo, colocado no lugar deixado vazio numa proposição, satisfará essa proposição, isto é, lhe dará valor de verdade. É o que está inscrito a partir do que vemos ali embaixo, à esquerda, esse $\forall x.\Phi x$. Não importa qual seja aqui a proposição, a função assume um valor verdadeiro para todo *x* do campo.

O que é esse *x*? Disse que ele se define como sendo de um campo. Mas será que isto significa que saibamos qual é ele? Acaso sabemos o que é um homem, ao dizermos que *todo homem é mortal*? Aprendemos alguma coisa pelo fato de dizer que ele é mortal e de saber que, para todo homem, isso é verdade. Mas, antes de introduzir o *todo homem*, só sabemos dele os traços mais aproximativos, e que podem ser definidos da maneira mais variável. É a história que Platão relata do frango depenado. Suponho que vocês conheçam. Quer dizer que é preciso nos interrogarmos sobre os tempos da articulação lógica.

Com efeito, o que o prosdiorismo detém não tem nenhum sentido antes de funcionar como argumento. Só adquire um sentido a partir de sua entrada na função. Assume o sentido de verdadeiro ou de falso. Isso me parece feito para nos fazer perceber a hiância que há entre o significante e sua denotação, já que o sentido, se está em algum lugar, é na função, e já que a denotação só começa a partir do momento em que o argumento vem inscrever-se nela.

Ao mesmo tempo, isso equivale a questionar o seguinte, que é diferente: o uso da letra E, igualmente invertida, $\exists$, que quer dizer *existe*. Existe alguma coisa que pode servir na função como argumento, e assumir ou não assumir valor de verdade. Eu gostaria de destacar a diferença que há entre, de um lado, esta introdução do *existe* como problemática, isto é, questionando a própria função da existência, e, de outro lado, o que implicava o uso das particulares em Aristóteles, ou seja, que o uso do *alguns* parecia trazer consigo a *existência*. Como o *todos* era tido como abarcando esse *alguns*, o próprio *todos* assumia o valor do que ele não é, ou seja, de uma afirmação de existência.

Só existe estatuto do *todos*, ou seja, do universal, no nível do possível. Dada a hora, só poderemos chegar a isto da próxima vez. É possível dizer, entre outras coisas, que *todos os humanos são mortais*. Entretanto, bem longe de decidir a questão da existência do ser humano, primeiro é preciso, curiosamente, que nos certifiquemos de que ele existe.

3

Agora quero indicar-lhes o caminho em que entraremos da próxima vez.

O campo a partir do qual cada um desses x adquire valor só pode ser definido a partir da articulação das quatro conjunções *argumento-função*, sob o signo dos quantores. É possível propor a seguinte função de verdade: todo homem se define pela função fálica, sendo esta, propriamente, o que obtura a relação sexual.

O quantor universal se definirá de outra maneira, quando a letra A invertida for munida, como faço eu, da barra que o nega, $\overline{\forall}$. Propus o traço essencial do *não-todo*, $\overline{\forall x}.\Phi x$, como sendo aquilo a partir do qual se pode articular um enunciado fundamental quanto à possibilidade de denotação assumida por uma variável em função do argumento.

A mulher se situa a partir de que *não-todas* podem ser ditas com verdade em função do argumento no que se enuncia da função fálica. O que é esse *não-todas*? É isto que merece ser interrogado como estrutura. Com efeito, ao contrário da função da particular negativa, ou seja, que há *algumas* que não o são, é impossível extrair tal afirmação do *não-todas*. Fica reservado ao *não-todas* indicar que a mulher tem, em algum lugar, relação com a função fálica, e nada mais.

Será preciso pôr os pingos nos is para vocês? *Totem e tabu* foi o que se pôde fazer para dar ideia dessa condição lógica, da abordagem indireta que a mulher pode fazer do homem. Por si só, já é extraordinário que o enunciado desse mito não pareça ridículo, ou seja, a história do homem original que usufruiria precisamente daquilo que não existe, isto é, de todas as mulheres, o que não é possível, não simplesmente por estar claro que temos nossos limites, mas porque não existe um *todo* das mulheres.

Nada nesse *não-todas* pode apropriar o *todos*. É daí que partem os valores a dar a meus outros símbolos. Entre o que funda simbolicamente a função argumental dos termos *o homem* e *a mulher*, persiste a hiância da indeterminação de sua relação comum com o gozo. Não é a partir da mesma ordem que eles se definem em relação a ela.

A denotação do homem prende-se ao *todos* da função fálica. Mas, apesar desse *todos*, existe – e, nesse ponto, *existe* quer dizer exatamente *existe*, como na solução de uma equação matemática –, existe *ao menos um* para quem a verdade de sua denotação não cabe na função fálica. Esta expressão, *ao menos um*, desempenhará um grande papel no que teremos a dizer na sequência. No nível do *ao menos um*, é possível que seja subvertida, que não mais seja verdadeira a prevalência da função fálica.

Não é por eu ter dito que o gozo sexual é o eixo de todo gozo, no entanto, que defini suficientemente o que vem a ser função fálica. Admitamos, provisoriamente, que seja a mesma coisa.

É no nível do *ao menos um* do Pai que se introduz o *ao menos um*, o que significa que isso pode funcionar sem ele. Como demonstra o mito – e ele é feito unicamente para isso –, isto quer dizer que o gozo sexual será possível, mas será limitado. O que supõe para cada homem, em sua relação com a mulher, algum domínio, pelo menos, desse gozo. Cabe à mulher ao menos isto, que isso seja possível, a castração. É sua abordagem do homem. No que concerne a fazê-la passar ao ato, a dita castração, ela se encarrega disso.

Eu não gostaria de deixá-los sem antes articular o que se passa com o quarto termo. Precisarei voltar a isto, já que hoje nos atrasamos um pouco. Eu esperava cobrir, como sempre, aliás, um campo muito mais vasto, mas, como vocês são pacientes, voltarão da próxima vez.

O *existe*, como dissemos, é problemático. Ele nos dará ensejo a interrogar, este ano, o que vem a ser a existência. Afinal, o que existe? Será que algum dia perceberemos que, ao lado do frágil, do fútil, do inessencial que constitui o *existe*, o *não existe*, ele sim, quer dizer alguma coisa? O que significa afirmar que *não existe* x tal que possa satisfazer a função Φx, provida da barra que a institui como não sendo verdadeira? Ou seja, $\overline{\exists x}.\Phi x$.

Foi precisamente isso que levantei agora há pouco. Se *não todas as mulheres* lidam com a função fálica, será que isso implica que há as que lidam com a castração? Pois bem, é precisamente por esse ponto que o homem tem acesso à mulher.

Digo isto para todos os analistas, para aqueles que se arrastam, que dão voltas, atrapalhados com as relações edipianas do lado do Pai. Quando eles não saem daí, não saem do que se passa do lado do Pai, isso tem uma causa muito precisa: é que seria preciso o sujeito admitir que a essência da mulher não está na castração.

Em suma, a partir do real, isto é, deixando de lado um nadinha insignificante – não digo isto por acaso –, elas não são castráveis. Porque o falo, que sublinho ainda não ter dito o que é, pois bem, elas não o possuem. É a partir do momento em que é pelo impossível como causa que a mulher não está essencialmente ligada à castração, é a partir daí que o acesso à mulher é possível, em sua indeterminação.

Será que isto não lhes sugere – eu o semeio para que isto possa ter sua ressonância aqui, da próxima vez – que o que está ali no alto, à esquerda, $\overline{\exists x}.\Phi x$, o *ao menos um* em questão, resulta de uma necessidade, e que é nisso que ele é da esfera do discurso? Não há necessidade senão a que é dita, e essa necessidade é o que possibilita a existência do homem como valor sexual. O possível, contrariamente ao que afirma Aristóteles, é o contrário do necessário. O motor do possível está na oposição entre $\exists x$ e $\forall x$.

Como lhes disse, o *não existe* afirma-se por um dito, por um dito do homem, pelo dito do impossível, ou seja, que é do real que a mulher tira sua relação com a castração. E é isso que nos dá o sentido do $\overline{\forall x}$, isto é, do *não-todas*. O *não-todas* quer dizer, como estava agora há pouco na coluna da esquerda, quer dizer o *não impossível.* Não é impossível que a mulher conheça a função fálica.

O *não impossível,* que vem a ser ele? Isso tem um nome que nos é sugerido pela tétrade aristotélica, mas disposta de outra maneira. Assim como é ao necessário que se opõe o possível, ao impossível se opõe o contingente. O que concerne ao valor sexual *mulher* articula-se na medida em que é na contingência que a mulher se apresenta, à maneira de argumento, na função fálica.

São duas horas e dezesseis minutos, não irei mais longe hoje. O corte é feito num ponto que não é, de modo algum, especialmente desejável.

Penso ter formulado a introdução do funcionamento destes termos o bastante para vocês sentirem que o uso da lógica não deixa de se relacionar com o conteúdo do inconsciente. Não basta Freud ter dito que o inconsciente não conhecia a contradição para que ele não seja uma terra prometida para a conquista da lógica. Será que chegamos a este século sem saber que uma lógica pode perfeitamente prescindir do princípio de contradição?

Quanto a dizer que, em tudo o que Freud escreveu sobre o inconsciente, a lógica não existe, que o inconsciente não é explorável pelas vias de uma lógica, seria preciso nunca ter lido o uso que ele fez desse ou daquele termo, por exemplo, *é ela que eu amo, não ele,* todas as maneiras que existem de negar o *é ele que eu amo* pelas vias gramaticais.

12 de janeiro de 1972

IV

Da Necessidade à Inexistência

O sintoma, entre verdade e gozo
O gozo fálico
O surgimento do número 1
Leibniz, Frege, Pascal
Os dois Uns

A arte de produzir uma necessidade de discurso

$\overline{\exists x}.\Phi x$ $\quad$ $\forall x.\Phi x$ $\quad$ a significação do falo
$\overline{\exists x}.\overline{\Phi x}$ $\quad$ $\overline{\forall x}.\Phi x$ $\quad$ *die Bedeutung des Phallus*

Genitivo objetivo: um desejo → de filho
Genitivo subjetivo: um desejo ← de filho

A lei de talião

0	1	0	0	0	0	0	0	0
	0	1	1	1	1	1	1	1
		0	1	2	3	4	5	6
			0	1	3	6	10	15
				0	1	4	10	20
					0	1	5	15
						0	1	6
							0	1

Escrito no quadro

A arte de produzir uma necessidade de discurso, foi esta, na última vez, a fórmula que insinuei, mais do que propus, do que é a lógica.

Eu os deixei na barulheira de todos os que se levantavam, para lhes observar que não bastava Freud ter assinalado, como característica do inconsciente, que ele dá pouca importância ao princípio de contradição, para que a lógica não tenha nada a ver com sua elucidação, como imaginam alguns psicanalistas.

Se há um discurso que merece ser salientado da nova instituição analítica, é mais que provável que, como em relação a qualquer outro discurso, sua lógica deva se destacar.

Um discurso é aquilo cujo sentido permanece velado. Na verdade, o que o constitui é obra da ausência de sentido. Não há discurso que não tenha que receber seu sentido de outro. Mas, em se tratando do aparecimento de uma nova estrutura de discurso, tal como o discurso analítico, que situei para vocês no ano passado, ele não adquire sentido somente por recebê-lo de um outro discurso, mas de um conjunto de discursos. Com efeito, na medida em que ele representa o último deslizamento da significância numa estrutura tetrádica, num *quadrípode*, como o chamei num texto publicado, algo de original se produz desse círculo que se fecha.

1

A arte de produzir, disse eu, uma necessidade de discurso é algo diferente dessa necessidade em si.

A necessidade lógica, reflitam, não poderia haver outra, é o fruto dessa produção. A necessidade, *Anankê*, só começa no ser falante e, aliás, tudo o que pode ter parecido produzir-se a partir dela é sempre obra de um discurso. Se é disso que se trata na tragédia, é na medida em que ela se concretiza como fruto de uma necessidade que não é outra senão lógica. Isso é evidente, pois se trata apenas de seres falantes.

Ao que parece, nada do que é propriamente *Anankê* surge noutro lugar que não o ser falante. É por isso, aliás, que Descartes fazia dos animais meros autômatos. No que se trata certamente de uma ilusão, ilusão cuja incidência mostraremos de passagem, a propósito do que tentarei trilhar dessa arte de produzir uma necessidade de discurso.

Produzir, no duplo sentido. Primeiramente, demonstrar o que havia antes. Não é nada garantido, por exemplo, que a preliminar da existência animal não contenha o despontar da necessidade de que se trata. Mas, na falta de uma demonstração, o que está por ser produzido deve ser efetivamente tido como inexistente antes.

Outro sentido de *produzir* é aquele que toda uma pesquisa oriunda da elaboração de um discurso já constituído, chamado discurso do mestre, já formulou sob a expressão *realizar através de um trabalho*. É justamente na medida em que eu mesmo sou o lógico em questão, o produto da emergência desse novo discurso, que a produção no sentido de demonstração pode ser anunciada aqui, diante de vocês.

O que se deve supor como já tendo estado presente pela necessidade da demonstração, como produto da suposição da necessidade desde sempre, atesta também a não menor necessidade do trabalho para atualizá-la. Mas, nesse momento de emergência, essa necessidade fornece, ao mesmo tempo, a prova de que ela não pode ser inicialmente suposta senão na condição do inexistente.

O que é, pois, a necessidade? Não, não convém dizer esse *pois*, que comporta em si um excesso de ser, mas, diretamente, *o que é?* É diretamente que existe a necessidade, tal que, pelo próprio fato de ser produzida, ela só possa, antes de ser produzida, ser suposta inexistente, o que quer dizer: postulada como tal no discurso.

Existe uma resposta para essa pergunta, como para qualquer uma, em razão de que só a formulamos, como toda pergunta, quando já temos a resposta. Vocês a têm, portanto, mesmo que não saibam. A esta pergunta, *que é isso, a necessidade?*, vocês já respondem ao fazerem logicamente sua bricolagem de todos os dias, essa bricolagem feita por um certo número dos que aqui se encontram, ao estarem comigo em análise. Há alguns, não-todos, é claro, que vêm confiar-se a mim, aliás sem poderem ter, antes de certa decisão tomada, o sentimento de que, ao virem me ver, eles supõem que eu mesmo seja essa bricolagem. Ao fazerem essa bricolagem, portanto, todos, mesmo os que não a confiam a mim, já respondem à pergunta. Como? Simplesmente ao repetirem de maneira incansável essa bricolagem. É a isso que chamamos, num certo nível, sintoma. Em outro, automatismo, termo pouco apropriado, mas do qual a história pode dar conta.

Na medida em que o inconsciente existe, vocês realizam a todo instante a demonstração na qual se baseia a inexistência como preliminar do necessário. É a inexistência que está no princípio do sintoma. A inexistência é sua própria consistência, dele, do referido sintoma, desde que esse termo, por ter emergido com Marx, adquiriu seu valor.

O que está no princípio do sintoma é a inexistência da verdade que ele supõe, como quer que ele marque seu lugar. O sintoma liga-se à verdade que já não vigora. Por isso, podemos dizer que, como qualquer um que subsista na era moderna, nenhum de vocês desconhece essa modalidade da resposta.

No segundo caso, é a inexistência do gozo que o chamado automatismo de repetição faz vir à luz, pela insistência desse marcar passo na porta que se designa como saída para a existência. Só que, para além dela, o que os espera não é, em absoluto, o que se chama uma existência: é o gozo, tal como funciona como necessidade de discurso, e ele só funciona, como vocês estão vendo, como inexistência.

Se lhes recordo estes bordões, esta lenga-lenga, faço-o com o propósito de tranquilizá-los, de lhes dar a impressão de que com isso só farei trazer *speeches* em nome disto: que haveria, no caso, certa substância – o gozo, a verdade –, tal como seria promovida em Freud. Mesmo assim, limitando-se a isso, vocês não podem referir-se ao núcleo da estrutura.

O que é a necessidade, disse eu, que se instaura a partir de uma suposição de inexistência? Nesta pergunta, não é o que inexiste que importa, mas justamente a suposição da inexistência, a qual é apenas consequência da produção da necessidade.

A inexistência só constitui problema por já ter, certamente, uma resposta dupla, do gozo e da verdade, porém ela já *inexiste*. Não é através do gozo nem da verdade que a inexistência adquire um estatuto, que ela pode inexistir, isto é, chegar ao símbolo que a designa como inexistência, não no sentido de não ter existência, mas de só ser existência a partir do símbolo que a faz inexistente, e que, ele sim, existe. Como vocês sabem, ele é um número, geralmente designado por zero. O que bem mostra que a inexistência não é o que se poderia crer, o nada [*néant*], pois o que poderia sair dele?

Ora, a crença, a crença em si, não existe uma infinidade delas. *Deus criou o mundo do nada*: não é de admirar que isso seja um dogma. Isso é a fé em si, é a rejeição da lógica, que se expressa na formulação – foi um de meus alunos que um dia a descobriu sozinho, sou grato a ele – *Decerto que não, mas, ainda assim...* Isso não pode nos bastar, de modo algum.

A inexistência não é o nada. É, como acabo de lhes dizer, um número que faz parte da série dos números inteiros. Não há teoria dos números inteiros, se vocês não se derem conta do que vem a ser o zero. Foi isso que se percebeu, num esforço que, não por acaso, foi contemporâneo – um pouco anterior – da investigação de Freud. Foi o caminho inaugurado por um certo Frege, que nasceu oito anos antes de Freud e morreu uns quatorze anos antes dele, ao interrogar logicamente o que concerne ao estatuto do número.

Isso está amplamente desenhado em nossa interrogação sobre o que vem a ser a necessidade lógica do discurso da análise. Foi o que apontei do que corria o risco de lhes escapar na referência ao uso funcional da inexistência com que a ilustrei há pouco, à guisa de aplicação. A inexistência só se produz na posterioridade da qual surge primeiro a necessidade, ou seja, de um discurso no qual ela se manifesta antes que o próprio lógico, como eu disse, advenha como consequência secundária, isto é, ao mesmo tempo que a própria inexistência. É sua finalidade reduzir-se onde ela se manifesta antes dele – repito-o, desta vez a demonstrando ao mesmo tempo que a enuncio.

Essa necessidade é a própria repetição, em si mesma, por si mesma, para si mesma, ou seja, aquilo pelo qual a própria vida demonstra ser apenas necessidade de discurso, já que ela não encontra, para resistir à morte, isto é, a seu quinhão de gozo, outra coisa senão um truque, qual seja, o recurso à mesma coisa que é produzida por uma programação opaca. Esta é algo bem diferente, como sublinhei, da potência da vida, do amor ou de outras banalidades. É uma programação radical, que só começa a se tornar um pouco menos obscura para nós com o que os biólogos fazem no nível da bactéria, e cuja consequência é precisamente a reprodução da vida.

O que o discurso faz – ao demonstrar esse nível em que nada se manifesta de uma necessidade lógica senão na repetição – parece unir-se aqui, como uma aparência [*semblant*], ao que se efetua no nível de uma mensagem que não é nada fácil reduzir ao que conhecemos desse termo, e que é da ordem do que se situa no nível de uma combinatória curta, cujas modulações são as que passam do ácido desoxirribonucleico para o que dele se transmite no nível das proteínas, com a boa vontade de alguns intermediários, notadamente qualificados de enzimáticos ou catalisadores.

Que esteja aí o que nos permite referir o que se passa na repetição só pode ocorrer ao elaborarmos, precisamente, o que se dá com a ficção pela qual algo nos parece ressoar, de repente, do próprio fundo daquilo que um dia tornou o ser vivo capaz de falar.

Entre todos os seres vivos, há um, com efeito, que não escapa a um gozo particularmente insensato, e que chamarei de local, no sentido de acidental. Trata-se da forma orgânica assumida para ele pelo gozo sexual, com a consequência de colorir de gozo todas as suas necessidades elementares, que não são, nos outros seres vivos, senão colmatagens em relação ao gozo. Se o animal enche a pança regularmente, fica muito claro que é por não conhecer o gozo da fome. Aquele que fala – e foi essa a descoberta de Freud –, portanto, colore com ele todas as suas necessidades, isto é, aquilo mediante o qual se defende da morte.

Nem por isso se deve crer que o gozo sexual seja a vida. Como eu lhes disse há pouco, ele é uma produção local, acidental, orgânica e, muito exatamente, centrada no que vem a ser o órgão masculino, o que é particularmente grotesco. A detumescência no macho gerou esse apelo de tipo especial que é a linguagem articulada, graças à qual se introduz em suas dimensões a necessidade de falar. É daí que brota a necessidade lógica como gramática do discurso.

Vejam vocês se isso é pouco. Foi preciso, para que se chegasse a percebê-lo, nada menos que o surgimento do discurso analítico.

Tomei o cuidado de instalar em algum ponto dos meus *Escritos* a enunciação que tinha feito em 1958, já se vai um bom tempo, sob o título de "A significação do falo". Escrevi embaixo *Die Bedeutung des Phallus*. Não foi pelo prazer de levá-los a crer que sei alemão – embora isso esteja em alemão, já que foi em Munique – que julguei dever articular isto de que forneci o texto retraduzido. Pareceu-me oportuno introduzir sob o termo *Bedeutung* o que, em francês, visto o grau de cultura a que havíamos chegado na época, eu só podia traduzir decentemente por *significação*.

Die Bedeutung des Phallus: disso, os próprios alemães, dado que eram analistas – marquei distância deles com uma notinha no começo do texto –, não pescavam nada. Estávamos saindo da guerra, e não se pode dizer que durante ela a análise houvesse progredido muito. Como apontei no último termo dessa nota, tudo aquilo lhes pareceu, propriamente falando, inaudito. É curioso, aliás, que as coisas tenham mudado a tal ponto que o que conto hoje já possa ter-se tornado, para um certo número entre vocês, com justa razão, moeda corrente.

Die Bedeutung, no entanto, estava efetivamente referido ao uso que Frege fez dessa palavra para opô-la ao termo *Sinn*, que corresponde com muita exatidão ao que julguei dever recordar-lhes no nível do meu enunciado de hoje, ou seja, o sentido, o sentido de uma proposição. Poderíamos exprimir de outra maneira – e ela não é incompatível – o que vem a ser a necessidade que conduz a essa arte de produzi-la como necessidade de discurso. Poderíamos expressar isso dizendo: o que é preciso para que uma fala denote alguma coisa? É esse o sentido – prestem atenção, começam as pequenas trocas – que Frege dá a *Bedeutung*: a denotação.

Se vocês fizerem a gentileza de abrir o livro de Frege chamado *Os fundamentos da aritmética* – que foi traduzido (o que o torna inteiramente acessível para vocês, ao alcance da sua mão) por um certo Claude Imbert, que em tempos idos, se não me falha a memória, frequentou meu Seminário –, ficará claro que, para termos certeza de haver denotação, não é mau nos dirigirmos primeiro, timidamente, ao campo da aritmética, tal como definido pelos números inteiros.

Um certo Kronecker não conseguiu se impedir, a tal ponto a necessidade da fé é grande, de dizer que foi Deus quem criou os números inteiros. Com o que, acrescentou ele, o homem tem de fazer todo o resto; e, como se tratava de um matemático, o resto, para ele, era tudo o que concerne ao resto do número.

Nada é garantido nas coisas dessa espécie. Um esforço lógico pode ao menos tentar dar conta dos números inteiros, e é por isso que ofereço o trabalho de Frege ao campo da consideração de vocês.

2

No entanto, gostaria de me deter um instante, nem que seja para incitá-los a relê-lo, nesta enunciação que produzi sob a perspectiva da *significação do falo*, na qual vocês verão que, no ponto em que estou – este é um pequeno mérito de que me gabo –, não há nenhum reparo a fazer, embora, naquela época, ninguém tenha realmente entendido nada, como pude constatar *in loco*.

O que quer dizer *a significação do falo*? Com uma ligação tão determinativa assim, convém sempre indagar se se trata do chamado genitivo objetivo ou do genitivo subjetivo, conforme ilustrei a diferença pela aproximação de dois sentidos opostos, marcada aqui no quadro por duas setinhas. *Um desejo de filho*, genitivo objetivo, é um filho que é desejado. *Um desejo de filho*, genitivo subjetivo, é um filho que deseja.

Vocês podem se exercitar nisso, é sempre muito útil. *A lei de talião*, que escrevi abaixo, sem acrescentar nenhum comentário, pode ter dois sentidos – ou é a lei que é o talião, é aquilo que eu instauro como lei, ou ela é aquilo que o talião articula como lei, ou seja, *olho por olho, dente por dente*. Não é a mesma coisa. O que eu gostaria de assinalar é que a significação do falo – e o que vou desenvolver será feito para levá-los a descobrirem isso –, na acepção que acabo de precisar da palavra *sentido*, ou seja, minha setinha, é neutra. O que a significação do falo tem de astucioso é que o falo denota o poder de significação.

Esse Φx não é, portanto, uma função do tipo comum. Desde que nos sirvamos, para articulá-lo, de um prosdiorismo, em si algo que não precisa ter a princípio nenhum sentido e que é, ele próprio, produto da investigação da necessidade lógica e de nada mais, o argumento da função assim destacada assumirá a significação de homem ou de mulher, conforme o prosdiorismo escolhido, isto é, quer o *existe*, quer o *não existe* – quer o *todo*, quer o *não-todo*.

Entretanto, é evidente que não podemos deixar de levar em conta o que se produziu por uma necessidade lógica, confrontando-a com os números inteiros, pela razão da qual parti: porque essa necessidade implica, *a posteriori*, a suposição do que inexiste como tal. Ora, é incrível que tenha sido ao interrogar o número inteiro, ao tentar fazer sua gênese lógica, que Frege foi levado a nada menos do que basear o número 1 no conceito de inexistência.

Para que ele tenha sido conduzido a isso, precisamos acreditar que o que era corrente até então sobre o que fundamenta o 1 não lhe trazia satisfação, a satisfação de um lógico. Durante algum tempo, as pessoas se contentaram com pouco. Achava-se que isso não era difícil – havia diversos números, havia muitos deles, e assim, pois bem, eles eram contados. Isso criou problemas insolúveis para o advento do número inteiro, porque não se trata de um sinal que se tenha convencionado criar para contá-los.

Esses sinais, eles existem. Acabaram de me trazer um livrinho em que há um poema árabe sobre isso, que indica em versos o que é preciso fazer com o dedo mindinho, depois o indicador, e com o anular e alguns outros, para transmitir o sinal do número. Mas, justamente, se é preciso criar o sinal, é porque o número deve ter outra espécie de existência que não a de simplesmente designar, nem que seja com um latido de cada vez, por exemplo, cada uma das pessoas aqui presentes. Para que elas tenham valor de 1, é preciso, como se observou desde sempre, que sejam despojadas de todas as suas qualidades, sem exceção. Então, o que sobra? Houve, é claro, uns filósofos chamados empiristas que articularam isso servindo-se de pequenos objetos, como bolinhas, um rosário com certeza, isso é o que há de melhor. Mas não resolve, em absoluto, a questão do surgimento como tal do 1.

Foi isso que viu com clareza um certo Leibniz, que julgou dever partir, como se impunha, da identidade, ou seja, postular primeiramente

$$2 = 1 + 1$$
$$3 = 2 + 1$$
$$4 = 3 + 1$$

Ele pôde acreditar que tinha resolvido o problema, ao mostrar que, reduzindo cada uma dessas definições à precedente, podia-se demonstrar que 2 mais 2 são 4.

Infelizmente, há um pequeno obstáculo, do qual os lógicos do século XIX aperceberam-se rapidamente: é que a demonstração dele só era válida sob a condição de negligenciar o parêntese de colocação absolutamente necessária em $2 = 1 + 1$, ou seja, o parêntese que encerra o $1 + 1$. Era necessário, o que ele negligenciou, postular o axioma

$$(a + b) + c = a + (b + c)$$

Essa negligência, por parte de um lógico tão verdadeiramente lógico quanto era Leibniz, decerto merece ser explicada, e, por alguma perspectiva, alguma coisa a justifica. Seja como for, o fato de essa condição ser omitida foi o bastante, do ponto de vista do lógico, para fazer rejeitar a gênese leibniziana, além de ela haver negligenciado qualquer fundamento sobre o que vem a ser o zero.

Só faço aqui indicar-lhes de qual noção do conceito, que supostamente denota alguma coisa, é preciso optar por partir para que isso funcione. Mas, afinal, não se pode dizer que os conceitos escolhidos pelos lógicos, satélites de Marte ou de Júpiter, não tenham alcance denotativo suficiente para que se possa dizer que há um número associado a cada um deles. No entanto, a subsistência do número só pode ser assegurada a partir da equienumerabilidade dos objetos subsumidos por um conceito.

A ordem dos números, por conseguinte, só pode ser dada pela astúcia que consiste em proceder exatamente no sentido inverso ao que fez Leibniz, e em retirar 1 de cada número. O número predecessor é o conceito que, posto de lado um dado objeto que servia de apoio no conceito de um certo número, revela-se idêntico a um número que se caracteriza, muito precisamente, por não ser idêntico ao precedente, digamos, com a diferença de 1.

É assim que Frege regressa à concepção do conceito como vazio, que não comporta objeto algum, e que é o conceito não do nada, uma vez que é conceito, mas do inexistente. Ele considera o que acredita ser o nada, ou seja, o conceito cujo número seria igual a 0, e acredita poder defini-lo a partir do argumento *x diferente de x*, $x \neq x$, isto é, *x* diferente dele mesmo.

Temos aí uma denotação extremamente problemática. De fato, se é verdade que o simbólico é aquilo que digo dele, ou seja, que está inteiramente inserido na fala, e que não há metalinguagem, a partir de onde podemos designar na linguagem um objeto sobre o qual seja certo ele não diferir dele mesmo? No entanto, foi com base nessa hipótese que Frege constituiu a ideia de que o conceito = *0* dá – segundo a fórmula que ele produziu primeiro para a do número predecessor – um número diferente do que vem a ser o 0, efetivamente tido como o nada, ou seja, diferente daquele ao qual convém não a igualdade com 0, mas o número 0.

Portanto, é em referência a que o conceito ao qual convém o número 0 é igual a 0, mas não idêntico a 0, que aquele que é simplesmente idêntico a 0 é tido como seu sucessor e, como tal, igualado a 1. A coisa se baseia na chamada partida da equienumerabilidade. A equienumerabilidade do conceito em cujo âmbito não se inclui nenhum objeto a título de inexistência é sempre igual a ele mesmo. Entre 0 e 0 não há diferença. Esse *não há diferença* é o meio pelo qual Frege pretende fundar o 1.

De qualquer modo, essa conquista nos é preciosa, na medida em que nos dá o 1 como sendo, essencialmente – ouçam bem o que digo –, o significante da inexistência.

Mas é certo que o 1 possa basear-se nisso?

3

Esta discussão certamente poderia prosseguir por vias puramente fregianas. No entanto, achei que devia reproduzir, para seu esclarecimento, o que não se pode dizer que não tenha relação com o número inteiro, ou seja, o triângulo aritmético.

O triângulo aritmético se organiza da seguinte maneira. Ele parte, como dado, da sequência dos números inteiros. Trata-se do que está abaixo da barra. Cada termo, ao ser inscrito, é constituído, sem outro comentário, pela adição – observem que ainda não falei de adição, não mais que Frege – de dois números: o que está imediatamente à sua esquerda e o que está à sua esquerda e acima.

$$
\begin{array}{r}
0\ 1\ 0\ 0\ 0\ 0\ 0\ 0\ 0 \\
0\ 1\ 1\ 1\ 1\ 1\ 1\ 1 \\
\hline
0\ 1\ 2\ 3\ 4\ 5\ 6
\end{array}
$$

Quando tivermos um número inteiro de pontos que chamaremos de mônadas, vocês verificarão facilmente que isso, por exemplo, nos dá automaticamente o que vem a ser o número de subconjuntos que podem, no conjunto que abrange todos esses pontos, formar-se a partir de um número qualquer, escolhido como estando abaixo do número inteiro de que se trata.

Assim, por exemplo, se vocês tomarem a linha que é a da díade

0 1 3 6 10 15,

obterão imediatamente o resultado de que haverá na díade duas mônadas. Uma díade, como não é difícil imaginar, é um traço com dois termos, um começo e um fim.

Tomemos uma coisa mais divertida. Se vocês interrogarem o que vem a ser a tétrade, obterão uma tétrade

0 1 5 15

que equivale a quatro possibilidades de tríades, ou, em outras palavras, para vocês lhe darem uma imagem, quatro faces do tetraedro

0 1 4 10 20.

Em seguida, vocês obterão seis díades, isto é, os seis lados do tetraedro

0 1 3 6 10 15,

e obterão os quatro ápices de uma mônada,

0 1 2 3 4 5 1.

Em resumo,

0 1 2 3 4
0 1 3 6
0 1 4
0 1 515 tétrade
Δ
coluna

Isso é para dar respaldo àquilo que só pode ser expresso em termos de subconjuntos. É claro que vocês estão vendo que, à medida que o número inteiro aumenta, o número dos subconjuntos que podem produzir-se em seu bojo ultrapassa em muito, e muito depressa, o próprio número inteiro,

0 1 4 10 20.

Não é isso que nos interessa, mas simplesmente que foi preciso, para que eu pudesse dar conta do mesmo processo, partir da série dos números inteiros, ou seja, do que está na origem do que Frege fez.

Frege veio a designar isto: que o número dos objetos que convêm a um conceito como conceito do número, do número N, nomeadamente, será, por si só, o que constitui o número subsequente. Em outras palavras, se vocês contarem a partir de 0, 0 1 2 3 4 5 6, isso dará sempre o que está aí, ou seja, 7. 7 o quê? 7 desse algo que chamei de inexistente, por ser o fundamento da repetição.

Mas é preciso, para ser satisfatório para as regras desse triângulo, que esse 1 que se repete aqui surja de algum lugar. E, já que em toda parte enquadramos com 0 esse triângulo,

0 1 1 1 1 1 1,

há um ponto aqui, portanto, um ponto a ser situado no nível da linha dos 0, um ponto que é 1 e que articula... o quê? Aquilo que é importante distinguir na gênese do 1, ou seja, precisamente a distinção do *não há diferença* entre todos esses 0, a partir da gênese daquilo que se repete, mas se repete como inexistente.

Portanto, Frege não explica a sequência dos números inteiros, mas a possibilidade da repetição. A repetição se coloca inicialmente como repetição do 1, como 1 da inexistência.

No fato de não haver um único 1, e sim o 1 que se repete e o 1 que se coloca na sequência dos números inteiros, será que não há – aqui posso apenas formular a pergunta – algo que sugere que temos de encontrar, nessa hiância, alguma coisa que é da ordem daquilo que interrogamos, ao postular como correlato necessário da questão da necessidade lógica o fundamento da inexistência?

19 de janeiro de 1972

O Outro: da Fala à Sexualidade

V

Topologia da Fala

palestra

De onde vem o sentido?
A fala entre semblante e gozo
A análise faz parte da norma
A ciência atrás do muro…
e os discursos na frente

No mesmo ano em que fez seu Seminário na praça do Panthéon, na Faculdade de Direito, Lacan também fez "palestras", na capela do hospital de Sainte-Anne, as quais, a partir da quarta, foram dedicadas a esclarecer e desenvolver suas elaborações do Seminário. Aqui encontraremos, em seu lugar cronológico, as palestras que se inscreveram na sequência de …ou pior. *– JAM.*

Expliquei, dois anos atrás, uma coisa que, uma vez passada para o bom caminho, o caminho da *publixação*, recebeu o nome de *quadrípode*. Fui eu que escolhi esse nome, e vocês poderão perguntar por que lhe dei um nome tão estranho. Por que não *quadripódio* ou *tetrápode*? Teria tido a vantagem de não ser bastardo. Na verdade, eu mesmo me fiz essa pergunta ao escrevê-lo. Conservei-o não sei por quê. Depois me perguntei como eram chamados, na minha infância, esses termos bastardos, meio latinos, meio gregos. Tenho certeza de ter sabido como os puristas chamam isso, e depois esqueci. Será que há alguém aqui que saiba como são designados os termos feitos de um elemento latino e um elemento grego, como a palavra *sociologia*, por exemplo, ou *quadrípode*? Suplico a quem o souber que o emita.

…Bem, isto não é animador. Foi anteontem que comecei a procurá-lo e, como ainda não o havia encontrado, telefonei desde ontem para uma dezena de pessoas que me pareciam as mais propícias a me dar essa resposta. Bom. Então, paciência.

Chamei assim os meus quadrípodes para lhes dar a ideia de que se pode sentar em cima deles – para tranquilizar um pouco as pessoas, já que eu estava num meio de comunicação de massa. Mas, na realidade, quando estou cá dentro, explico que o que isolei dos quatro discursos resulta do surgimento daquele que veio por último, o discurso do analista. Este, com efeito, num certo estado atual do pensamento, traz uma ordem pela qual se esclarecem outros discursos que emergiram bem mais cedo. Eu os dispus de acordo com o que se chama uma topologia, a qual, por ser das mais simples, não deixa de ser uma topologia, no sentido de que é matematizável, e o é da maneira mais rudimentar, ou seja, repousa no agrupamento de não mais de quatro pontos, que chamaremos de mônadas.

Não parece ser nada. No entanto, está tão fortemente inscrito na estrutura de nosso mundo, que não há outro fundamento para a realidade do espaço em que vivemos. Observem bem isto: ponham quatro pontos a uma distância igual, é o máximo que conseguirão fazer no nosso espaço. Vocês jamais porão cinco pontos a igual distância uns dos outros.

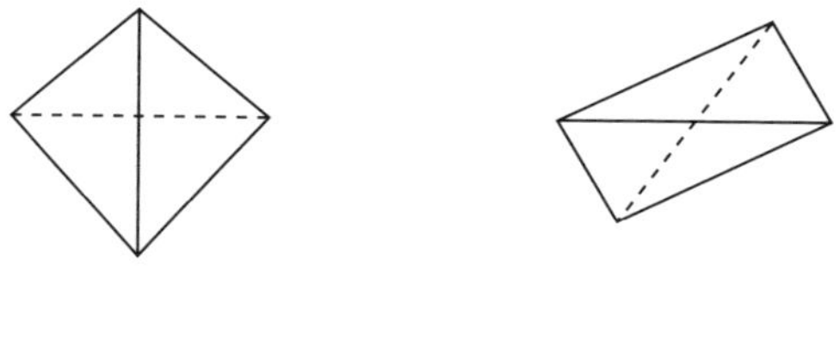

Essa forma singela está aí para dar uma ideia daquilo de que se trata – se os quadrípodes são, não tetraedros, mas tétrades, o fato de o número de ápices ser igual ao das superfícies está ligado ao mesmo triângulo aritmético que tracei em meu último seminário.

Como vocês veem, em matéria de sentar, isso não é muito repousante, nem um, nem outro. A posição da esquerda no quadro, vocês estão habituados com ela, de modo que já nem a sentem, mas a da direita não é mais confortável. Imaginem-se sentados num tetraedro colocado sobre a ponta. Todavia, é daí que convém partir em tudo o que concerne ao que constitui esse tipo de base social que repousa sobre um discurso. E foi isso que apresentei, propriamente, no meu antepenúltimo seminário.

O tetraedro, para chamá-lo por seu aspecto atual, tem propriedades curiosas. Se ele não for regular como aquele ali – a distância igual está presente apenas para lhes lembrar as propriedades do número quatro, com respeito ao espaço –, se for qualquer um, será propriamente impossível vocês definirem nele uma simetria. Entretanto, ele tem isto de particular: se os seus lados – ou seja, esses tracinhos que juntam o que é chamado em geometria de ápices –, se vocês os vetorizarem, isto é, se marcarem neles um sentido, basta postularem como princípio que nenhum dos ápices será privilegiado, que em parte alguma poderá haver convergência de três vetores, nem em parte alguma divergência de três vetores do mesmo ápice – caso contrário, haveria pelo menos dois ápices que não poderiam beneficiar-se de vetores, e os outros seriam privilegiados –, se vocês postularem esse princípio, portanto, obterão necessariamente a seguinte distribuição:

2 chegando → 1 partindo
2 chegando → 1 partindo
1 chegando → 2 partindo
1 chegando → 2 partindo

Ou seja, todos os referidos tetraedros serão rigorosamente equivalentes. Em todo caso, vocês poderão obter, pela supressão de um dos lados, a fórmula pela qual esquematizei meus quatro discursos:

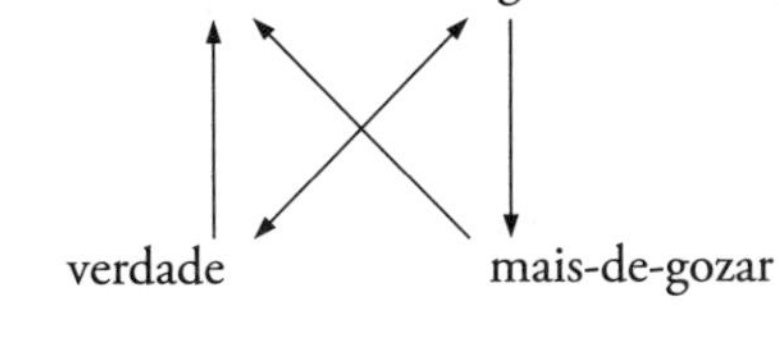

Observem que um dos ápices tem realmente a propriedade da divergência, mas sem que chegue nenhum vetor para nutri-lo. Inversamente, temos esse trajeto triangular. O número e a orientação dos vetores são suficientes para distinguir por um caráter absolutamente especial cada um dos quatro polos que enuncio usando os termos verdade, semblante, gozo e mais-de-gozar.

Essa é a topologia fundamental de que decorre toda função da fala. Qual é a função da fala? O discurso do analista é a conta certa para fazer surgir essa questão. *Função e campo da fala e da linguagem*, foi assim que introduzi o que deveria trazer-nos até o ponto atual da definição de um novo discurso. Não, certamente, que esse discurso seja o meu, já que, no momento em que lhes falo, esse discurso está efetivamente instalado há quase três quartos de século.

Isso não é razão pela qual o analista seja capaz, em certas zonas, de se recusar ao que digo dele, que ele não é suporte desse discurso. E, na verdade, ser suporte quer dizer apenas, neste caso, ser suposto. Mas o fato de esse discurso poder ganhar sentido pela própria voz de alguém, que nisto – é o meu caso – é tão sujeito quanto qualquer outro, é precisamente o que justifica que nos detenhamos nele, a fim de saber de onde se tira esse sentido.

Ao ouvir o que acabo de enunciar, a questão do sentido pode não lhes parecer constituir problema. O discurso do analista parece apelar suficientemente à interpretação para que essa questão não se coloque. Com efeito, em certos rabiscos analíticos, podemos ler – e isso não surpreende, vocês verão por quê – todos os sentidos que quisermos, inclusive o mais arcaico. Teremos como eco a sempiterna repetição daquilo que, da noite dos tempos, chegou-nos sob o termo *sentido*, sob formas das quais cabe dizer que somente sua superposição faz sentido.

De fato, a que se deve que compreendamos seja o que for do simbolismo usado na escritura sagrada, por exemplo? Aproximá-la de uma mitologia, seja ela qual for, todos sabem que é um deslizamento dos mais enganosos, e faz algum tempo que ninguém se detém nisso. Quando estudamos com seriedade o que vêm a ser as mitologias, não é ao sentido delas que nos referimos, mas à combinatória dos mitemas. Vejam, quanto a isso, trabalhos cujo autor penso não ter que lhes evocar mais uma vez.

A questão, portanto, é realmente saber de onde vem isso, o sentido.

Para introduzir o que vem a ser o discurso analítico, servi-me sem escrúpulos, porque era de fato necessário, do chamado trilhamento linguístico. E, para aplacar ardores que, ao meu redor, poderiam despertar cedo demais e fazê-los rolarem no lodo comum, lembrei que, se uma coisa digna do título de *linguística como ciência* se sustentou, algo que parece ter a língua ou a fala como objeto, foi sob a condição de os linguistas jurarem uns aos outros nunca, nunca mais – porque não se fizera senão isso durante séculos –, nunca mais, nem mesmo de longe, aludir à origem da linguagem. Essa foi uma das palavras de ordem que dei a esta forma de introdução que se articulou em minha formulação *o inconsciente é estruturado como uma linguagem*.

Quando digo que isto foi para evitar à minha plateia o retorno a certo equívoco lodoso – não sou eu que me sirvo deste termo, é o próprio Freud, e, nominalmente, a propósito dos arquétipos junguianos – certamente não foi para suspender agora essa proibição. Não se trata, de modo algum, de especular sobre alguma origem da linguagem. Eu disse que se trata de formular a função da fala.

A função da fala, faz tempo que o enunciei, é ser a única forma de ação que se coloca como verdade. Indagar o que é a fala é uma pergunta supérflua. Não apenas eu falo, como vocês falam e até *isso fala*, como eu disse, caminha por si, é um fato, e eu diria até a origem de todos os fatos, porque o que quer que seja só chega à categoria de fato *quando é dito*.

Observem que eu não disse *quando é falado*. Há alguma coisa distinta entre falar e dizer. Uma fala que funda o fato é um dito, mas a fala funciona mesmo quando não funda fato algum. Quando ordena, roga, insulta, quando emite um voto, ela não funda nenhum fato.

Podemos permitir-nos aqui umas diversões cômicas. Não são coisas que eu produziria lá, no outro lugar, no Seminário, onde, felizmente, digo coisas mais sérias, porque isso está implícito na seriedade que desenvolvo sempre com mais agudeza, e permanecendo sempre na referida ponta aguda, como no meu último seminário. Espero que no próximo haja menos gente, porque não foi engraçado. Aqui nós podemos brincar.

Na ordem do divertimento cômico, a fala, não é à toa que nos desenhos animados ela é codificada para vocês em balõezinhos [*banderoles*]. A fala fica como que ali onde a coisa sobe [*bande*] – tendo ou não um papel [*rôle*] a desempenhar.* Não é à toa que isso instaura a dimensão

* Em sua fala, Lacan joga com o termo "balões" (*banderoles*), dos quadrinhos ou desenhos animados, e com a frase "ça *bande – rôle* ou pas"; nesta, o *bande* remete aos desenhos (*bandes déssinées*) e é sobretudo o presente do verbo *bander* ("subir", ter uma ereção, na linguagem popular e na gíria), e o *rôle* (papel interpretado), que é quase homônimo da terminação da palavra *banderoles*. (N.T.)

da verdade, porque a verdade, a verdadeira, a verdadeira verdade, a verdade tal que ocorre que só se começou a vislumbrá-la com o discurso analítico, é o que esse discurso revela a todo o mundo que simplesmente se engaja nele de maneira axial, como analisando. É que ter uma ereção [*bander*] – desculpem-me retomar esse termo, mas, já que comecei, não o abandono –, isso que, lá na praça do Panthéon, chamo de Φ de *x*, não tem nenhuma relação com o sexo, não com o outro sexo, pelo menos.

Ficar em ereção – estamos entre quatro paredes aqui –, ter uma ereção por uma mulher, há que chamá-lo pelo nome, afinal, significa dar-lhe a função de *x*, significa tomá-la como falo.

Não é pouca coisa, o falo. Já lhes expliquei, lá onde isso é sério, que a significação do falo é o único caso de genitivo plenamente equilibrado. Isso quer dizer que o falo, e foi o que Jakobson lhes explicou hoje de manhã – digo isto para os que são meio precavidos –, o falo é a significação, é aquilo pelo qual a linguagem significa. Só existe uma única *Bedeutung*: é o falo.

Partamos desta hipótese, que nos explicará de maneira muito ampla o conjunto da função da fala. A fala, com efeito, nem sempre é empregada para denotar fatos. Isso é tudo que ela pode denotar, fatos. Não denotamos coisas, denotamos fatos, mas de maneira aleatória, de vez em quando. Na maioria das vezes, ela também serve para substituir isto: que a função fálica é o que faz com que só haja, no homem, as relações que vocês conhecem – ruins – entre os sexos, ao passo que, em todos os outros lugares, isso parece fluir sem o menor problema, pelo menos aos nossos olhos.

É por essa razão que, no meu pequeno quadrípode, vocês veem no nível da verdade dois vetores que divergem.

O gozo, que está bem na ponta da ramificação da direita, é certamente um gozo fálico, mas que não se pode chamar de gozo sexual. À esquerda, para que se mantenha qualquer um desses bichos engraçados, esses que são presas da fala, é preciso haver esse polo, que é correlativo ao polo do gozo como obstáculo à relação sexual, e que designo como semblante. Quando ousamos, como se faz todo dia, rotular nossos parceiros por seu sexo, é impressionante que tanto o homem quanto a mulher simulam [*font semblant*], cada qual nesse papel. Mas o importante, pelo menos quando se trata da função da fala, é que os polos sejam definidos, o do semblante e o do gozo.

Se houvesse no homem isso que, de maneira puramente gratuita, imaginamos que haja, isto é, um gozo específico da polaridade sexual, isso seria sabido. Talvez tenha sido sabido – eras inteiras se vangloriaram disso, e temos numerosos testemunhos, puramente esotéricos, infelizmente – que houve épocas em que verdadeiramente se acreditava saber como sustentar isso. Houve um certo Van Gulik, cujo livro me pareceu excelente. Como todo mundo, ele cata aqui e ali o que há na tradição escrita chinesa que tem por tema o saber sexual, o que não é muito extenso, eu lhes garanto, nem tampouco muito esclarecido. Mas, enfim, deem uma olhada no livro dele, se isso os divertir: *A vida sexual na antiga China*. Eu os desafio a tirarem dele alguma coisa que possa lhes servir no que chamei, agora há pouco, de estado atual do pensamento.

O interesse disto que aponto não está em dizer que as coisas estiveram desde sempre no mesmo ponto a que chegamos agora. Talvez tenha havido algum lugar, talvez até ainda existam lugares em que se passe entre o homem e a mulher essa conjunção harmoniosa que os faria ficarem no sétimo céu. Mas, coisa muito curiosa, trata-se sempre de lugares em que é realmente, seriamente preciso dizer a senha* para entrar. Nunca se ouve falar deles a não ser de fora.

Ao contrário, está bem claro que mais é com o Φ maiúsculo que com o outro, o parceiro, que todos se relacionam. Isso se confirma plenamente a partir do momento em que observamos o que é chamado, por um termo que cai muito bem, graças à ambiguidade do latim ou do grego, os *homos* – *ecce homo*, como digo eu. É absolutamente certo que com os homos, a coisa sobe [*ça bande*] muito melhor, e com mais frequência, e mais dura. É curioso, mas é um fato que não deixa dúvida para a pessoa que tiver ouvido falar um pouco disso, de uns tempos para cá. Mesmo assim, não se deixem enganar: existem homos e homos. Não estou falando de André Gide. Não se deve acreditar que ele era homo.

Não percamos o fio da meada, trata-se do sentido. Para que uma coisa tenha sentido, no estado atual do pensamento, é triste dizê-lo, mas é preciso que ela se coloque como normal. Foi por isso mesmo que André Gide quis que a homossexualidade fosse normal. E, como

* Lacan utiliza a expressão, "montrer patte blanche", literalmente "mostrar a pata branca", alusão ao conto de La Fontaine que é de uso coloquial no sentido de fornecer credenciais para entrar. (N.T.)

vocês talvez possam ter ecos disso, nesse sentido há uma multidão. Em dois tempos, isso vai ficar sob a redoma do normal, a tal ponto que teremos em psicanálise novos clientes que virão dizer-nos: *Estou procurando você porque não tenho sido normalmente homossexual.* Vai virar um engarrafamento.

A análise partiu daí. Se a ideia de normal não tivesse adquirido tamanha extensão, em consequência dos acidentes da história, a análise nunca teria vindo à luz. Mas, ao ler Freud, fica muito claro que, no começo, uma condição mínima para se entrar em análise era ter uma boa formação universitária. Isso é verdade, notadamente, para todos os pacientes aceitos por Freud. Devo sublinhá-lo porque foi o discurso universitário, do qual falei muito mal, e pelas melhores razões, foi ele, apesar disso, que impregnou o discurso analítico.

Compreendam, vocês não podem mais imaginar – digo isto para fazê-los imaginarem uma coisa, se forem capazes, quem sabe, embalados pela minha voz... –, vocês nem podem imaginar o que era essa zona temporal que, por causa disso, é chamada de antiga, na qual havia a *doxa*, vocês sabem, a célebre *doxa* de que se fala no *Ménon, não, não, de jeito nenhum.** Havia uma *doxa* que não era universitária. Mas, atualmente, não há *doxa*, por mais fútil, capenga, medíocre ou burra que seja, que não se insira em algum lugar num ensino universitário. Não há exemplo de opinião, por mais estúpida que seja, que não seja demarcada, ou que, ao ser demarcada, não seja ensinada.

Isso falseia tudo. Porque, quando Platão fala da *doxa* como algo com que literalmente não sabe o que fazer, filósofo que procura fundar uma ciência, ele depara com ela em toda esquina. Além disso, existem as *doxas* verdadeiras. Naturalmente, ele não teve cabeça para dizer por quê, não mais que qualquer filósofo, porém ninguém duvida que elas sejam verdadeiras, porque a verdade, isso se impõe. O fato de a *doxa* não ser normatizada criava um contexto completamente diferente do que se chama *filosofia*. Não há vestígio da palavra *norma* em parte alguma do discurso antigo. Fomos nós que inventamos isso e, naturalmente, indo procurar um substantivo grego raríssimo.

Mesmo assim, é preciso partir daí para ver que o discurso da análise não apareceu por acaso. Foi preciso nos encontrarmos no último estado de extrema urgência para que ele despontasse.

---

* Lacan faz seguir o *Ménon* pela negação francesa reforçada, homônima do título, *mais non*, que ele repete: "*Ménon, mais non, mais non.*" (N.T.)

Todos os meus discursos, os quatro que denominei, têm o sentido do genitivo objetivo. O discurso do mestre/senhor é o discurso *sobre* o mestre, como bem vimos com o auge da epopeia filosófica em Hegel. O discurso do analista é a mesma coisa. Falamos do analista, é ele o objeto *a*, como muitas vezes sublinhei. Isso não lhe torna naturalmente mais fácil apreender bem qual é sua posição. Mas, por outro lado, ela é de absoluto repouso, já que é a do semblante.

Então, o nosso Gide, para continuar a trança – tomo Gide, depois tornarei a largá-lo, depois o retomaremos juntos, e assim sucessivamente –, o nosso Gide é realmente exemplar quanto a esse aspecto. Ele não nos tira do nosso probleminha, longe disso. O negócio dele é ser desejado, como vemos corriqueiramente na exploração analítica. Há pessoas a quem faltou na primeira infância serem desejadas. Isso as impele a fazerem coisas para que isso lhes suceda, já tarde. É muito difundido.

Mas, ainda assim, convém separar bem as coisas. Isso não deixa, de modo algum, de se relacionar com o discurso. Ele não é dessas palavras que aparecem meio que por toda parte, quando estamos no carnaval. O discurso e o desejo têm a mais estreita relação. Foi por essa razão, inclusive, que vim a isolar – assim penso, pelo menos – a função do objeto *a*. Esse é um ponto-chave do qual ainda não se tirou muito proveito, devo dizer; isso virá bem devagar.

O objeto *a* é aquilo pelo qual o ser falante, quando está preso nos discursos, se determina. Ele não sabe, em absoluto, o que o determina. É o objeto *a*, no qual ele é determinado como sujeito, isto é, dividido como sujeito, ou, em outras palavras, é presa do desejo. Isso dá a impressão de se passar no mesmo plano que as palavras subversivas, mas de modo algum é a mesma coisa. É algo inteiramente regular, é uma produção, produz matematicamente, pode-se dizer, esse objeto *a* como causa do referido desejo.

O objeto *a* é também aquele que chamei, como vocês sabem, de objeto metonímico, aquele que corre paralelamente ao que se desenrola como discurso, discurso mais ou menos coerente, até que tropeça e a história toda termina em fiasco. Nem por isso deixa de ser daí que tiramos a ideia da causa. Cremos que, na natureza, tudo precisa ter uma causa, a pretexto de sermos causados por nosso próprio blá-blá-blá.

Há em André Gide todos os indícios de que as coisas são exatamente como eu lhes disse. Primeiro é a relação dele com o Outro supremo. Absolutamente não devemos acreditar, a despeito de tudo que ele possa ter dito, que isso não tinha incidência para ele, o grande A [*Autre*]. Ali onde o A ganha forma, Gide tinha até uma ideia totalmente específica dele, a saber, que o prazer desse grande A era estragar o de todos os pequenos *a*. Com o que ele pescava muito bem que havia nisso um ponto de preocupação que evidentemente o salvou do desamparo de sua infância. Todas as suas implicâncias com Deus foram algo fortemente compensatório, para quem tinha começado tão mal. Não é privilégio dele.

Um dia, eu havia começado – só dei uma aula sobre isso em meus seminários – uma coisa sobre o Nome-do-Pai. Naturalmente, comecei pelo próprio Pai. Enfim, falei durante uma hora, uma hora e meia, do gozo de Deus. Se eu disse que isto era uma chacota mística, foi para nunca mais falar do assunto. O certo é que, já que existe apenas um Deus, sozinho e único, o Deus que fez emergir certa era histórica, ele é justamente o que estraga o prazer dos outros. É só isso que importa, aliás.

Houve os epicuristas, que fizeram tudo para ensinar o método para não nos deixarmos atrapalhar por todo o mundo, e deu errado. Houve outros, que se chamaram de estoicos, e que disseram: *Ora, ao contrário, é preciso deitar e rolar no prazer divino*. Mas isso também fracassou. Vocês sabem, só funciona entre os dois. É o espezinhamento que importa. Com isso, vocês todos ficam em seu terreno natural. Não gozam, seria um exagero dizê-lo, ainda mais que, de qualquer modo, é muito perigoso. Mas, enfim, não se pode dizer que não tenham prazer. Aliás, foi nisso que se fundamentou o processo primário.

Tudo isto nos deixa contra a parede – o que é o sentido? Pois bem, é melhor começar de novo no nível do desejo.

O prazer que o outro nos dá, isso é corriqueiro, até lhe damos, numa zona mais nobre, o nome de arte. É aí que é preciso examinar atentamente a parede, porque há uma zona do sentido que é bem esclarecida, por exemplo, por Leonardo da Vinci, que, como vocês sabem, deixou uns manuscritos e umas pequenas quinquilharias – não tantos, porque não povoou os museus –, mas disse verdades profundas, das quais todo o mundo sempre deveria se lembrar. Ele disse, como eu, *olhe para a parede* [*mur*]. Desde então, tornou-se o Leonardo das famílias, seus manuscritos foram oferecidos como presentes, há uma obra de luxo que os reproduz, até me deram um par, imaginem só.

Mas isso não quer dizer que ela não seja legível. Ele explica: *olhem bem para a parede.*

A daqui está meio suja. Se fosse mais bem-cuidada, haveria manchas de umidade e talvez até bolor. Pois bem, se vocês acreditam em Leonardo, havendo uma mancha de mofo, isto será uma belíssima oportunidade para transformá-la numa madona. Ou num atleta musculoso. Ela se presta ainda melhor para isso, porque no mofo há sempre sombras, cavidades. É muito importante perceber que há uma classe de coisas nas paredes que se presta para a figura, para a criação artística, como se diz. A mancha em questão é o próprio figurativo.

Do mesmo modo, convém conhecer a relação que existe entre isso e outra coisa que pode aparecer na parede, ou seja, os ravinamentos, não apenas da fala – embora isso aconteça, é justamente assim que sempre começa –, mas do discurso. Em outras palavras, se tais coisas são da mesma ordem, o mofo na parede e a escrita, isso deveria interessar aqui a um certo número de pessoas que, não faz muito tempo – isso está começando a envelhecer –, andaram muito ocupadas escrevendo cartas de amor nas paredes ou muros [*mur*]. Foi uma época belíssima. Há quem nunca se tenha conformado com a passagem da época em que se podia escrever nos muros e na qual, por uma coisa em *Publicis*, deduziu-se que os muros podiam falar. Como se isso fosse possível...

Eu gostaria simplesmente de assinalar que teria sido muito melhor que nunca tivesse havido nada escrito nos muros. O que já está escrito, conviria até retirá-lo. *Liberdade, igualdade, fraternidade*, por exemplo, é indecente. *Proibido fumar* é impossível, ainda mais que todo mundo fuma; há aí um erro de tática. Eu já disse há pouco sobre a *carta de amuro* [*amur*]: tudo que se escreve reforça o muro. O que não é forçosamente uma objeção. Mas o certo é que não se deve crer que isso seja absolutamente necessário. Serve, apesar disso, porque, se nunca se houvesse escrito nada numa parede, fosse ela qual fosse, aquela ali ou as outras, bem, não teríamos dado um passo no sentido do que pode vir a ser o olhar para além do muro.

Vejam vocês, este ano serei levado a lhes falar um pouco das relações da lógica com a matemática. Mais além do muro, para dizê-lo a vocês logo de uma vez, não há, ao que saibamos, nada senão o real que é assinalado justamente pelo impossível, o impossível de alcançá-lo para além do muro. Mas nem por isso ele deixa de ser o real.

Como se fez para ter ideia dele? É certo que a linguagem serviu um pouco. É por isso, aliás, que tento fazer esta pontezinha cujo esboço vocês puderam ver nos meus últimos seminários. Como se dá a entrada do Um? É isso que tenho expressado, já se vão três anos, com símbolos, o S_1 e o S_2. Para que vocês pudessem entender alguma coisinha, designei o primeiro como significante-mestre e o segundo como saber.

Mas, será que haveria S_1 se não houvesse S_2? Isto é um problema, porque é preciso primeiro haver dois para que haja S_1. Abordei a coisa no último seminário, ao lhes mostrar que, de qualquer modo, eles são pelo menos dois, até para que surja apenas um – zero e um, como dizem, são dois. Mas isso é no sentido em que se diz que isso é intransponível. No entanto, é transponível quando se é lógico, como já lhes indiquei ao me referir a Frege. Mas não ficou menos evidente para vocês que isso foi transposto com um passo alegre, e que eu lhes indiquei, naquele momento – voltarei a este ponto –, que talvez houvesse mais de um passinho. O importante não está aí.

Alguém de quem alguns sem dúvida ouviram falar pela primeira vez hoje de manhã, René Thom, que é matemático, não acha que a lógica, isto é, o discurso que se sustenta sobre o muro, baste para explicar o número, primeiro passo da matemática. Ao contrário, parece-lhe possível dar conta não só do que se traça na parede – que não é outra coisa senão a própria vida, que começa no bolor, como vocês sabem –, mas de tudo o que se passa no campo da vida, através do número, da álgebra, das funções, da topologia. Voltarei a isto. Vou explicar-lhes que o fato de ele encontrar em tal função matemática o próprio traçado das curvas feitas pelo primeiro bolor, antes de ele se elevar até o homem, que esse fato o impele à extrapolação de pensar que a topologia pode fornecer uma tipologia das línguas naturais. Não sei se essa questão pode ser decidida no momento. Tentarei dar-lhes uma ideia de onde está sua incidência atual, mais nada.

O que posso dizer, em todo caso, é da clivagem da parede. Há alguma coisa instalada na frente, que chamei de fala e linguagem, e por trás isso trabalha, talvez matematicamente. É perfeitamente certo que não podemos ter outra ideia disso. Que a ciência repousa não na quantidade, como se diz, mas no número, na função e na topologia, isto é o que não constitui dúvida. Um discurso chamado ciência encontrou meios de se construir atrás do muro.

Mas o que creio dever formular com clareza, e no qual creio estar de acordo com tudo o que há de mais sério na construção científica, é que é rigorosamente impossível dar a menor sombra de sentido ao que quer que se articule em termos algébricos ou topológicos. Há sentido para aqueles que, diante da parede, comprazem-se com manchas de bolor que se revelam muito propícias a serem transformadas em madonas ou em costas de atletas. Mas não podemos contentar-nos, enfim, com essas confusões de sentidos. No final das contas, isso só serve para fazer ressoar a lira do desejo – o erotismo, para chamar as coisas por seus nomes.

Na frente da parede acontecem outras coisas, e é isso que chamo de discursos. Houve outros que não os meus quatro que enumerei, e que se especificam, ademais, por serem apenas quatro. É certo que houve outros, dos quais já não conhecemos nada senão o que converge para estes, que são os quatro que nos restam. Eles se articulam a partir da ronda do pequeno *a*, do S_1, do S_2 e até do sujeito – que arca com os prejuízos. Essa ronda, ao se deslocar sucessivamente por esses quatro ápices, permitiu-nos destacar uma coisa para nos situarmos. Trata-se de alguma coisa que fornece o estado atual do que se fundamenta de vínculo social a partir do discurso, isto é, alguma coisa na qual, seja qual for o lugar que ocupemos, do mestre/senhor, do escravo, do produto ou daquele que sustenta a história toda, seja qual for o lugar que ocupemos, nunca sacamos bulhufas.

O sentido, de onde surge ele? É muito importante ter-se feito a clivagem, canhestra, sem dúvida, de Saussure entre o significante e o significado. Como lembrou Jakobson hoje de manhã, isso foi uma coisa, aliás, que ele herdou dos estoicos, de cuja posição bem particular falei há pouco nessas espécies de manipulações. O importante não é que o significante e o significado se unam e que seja o significado que nos permite distinguir o que há de específico no significante. Muito pelo contrário, o importante é que, ali onde se pendura alguma coisa passível de se assemelhar a um sentido, o significado de um significante vem sempre do lugar que o próprio significante ocupa em outro discurso.

Foi isso que subiu à cabeça de todos, quando o discurso analítico foi introduzido. Pareceu-lhes que eles compreendiam tudo, pobres coitados. Felizmente, graças aos meus cuidados, não é esse o caso de vocês. Se vocês compreendessem o que digo alhures, lá onde sou sério, não acreditariam em seus ouvidos. É por isso mesmo que não creem em seus ouvidos. É porque, na realidade, vocês compreendem, mas se mantêm à distância. E é muito compreensível, já que, na grande maioria de vocês, o discurso analítico ainda não os capturou. Isso acontecerá, infelizmente, porque ele tem cada vez mais importância.

Mesmo assim, eu gostaria de dizer alguma coisa sobre o saber do analista, sob a condição de que vocês não se detenham aí.

Apesar de meu amigo René Thom conseguir encontrar tão facilmente, através de cortes de superfícies matemáticas complicadas, algo como um desenho, uma faixa zebrada, algo que ele chama igualmente de ponta, escama, ranhura, prega, e fazer disso um uso verdadeiramente cativante; apesar de, em outras palavras, haver entre tais cortes uma coisa que só existe quando se pode escrever que *existe um x que satisfaz a função F de x*, apesar dele fazer isso com tanta facilidade, persiste o fato de que, enquanto não se houver explicitado de maneira exaustiva aquilo com que, apesar de tudo, ele é forçado a lhes explicar isso, ou seja, a linguagem comum e a gramática que a cerca, restará aí uma zona que chamo de zona do discurso, e que é aquela sobre a qual a analítica dos discursos lança uma luz vívida.

O que se pode transmitir, nisso, de um saber? É preciso escolher, afinal! São os números que sabem o que fazem, porque fizeram essa matéria organizada se agitar num ponto imemorial. É da maneira mais abusiva que introduzimos nisso um sentido, uma ideia de evolução, de aperfeiçoamento, quando, na suposta cadeia animal, não vemos absolutamente nada que ateste essa suposta adaptação contínua, a tal ponto que foi preciso, enfim, renunciar a isso e dizer que, no fim das contas, os que passaram, bem, esses foram os que puderam passar. A isso se chama seleção natural. O que não quer dizer rigorosamente nada. Tem como que um sentidozinho tomado de empréstimo de um discurso de pirata. Por que não aquele, ou um outro?

A coisa que nos parece mais clara é que um ser vivo continua a não saber muito bem o que fazer com um de seus órgãos. Talvez esse seja um caso particular da evidenciação, pelo discurso analítico, do aspecto embaraçoso que tem o falo. A esse respeito, não podemos dizer nada além disto: há uma correlação entre isso e o que se fomenta a partir da fala.

No ponto em que estamos do estado atual do pensamento… É a sexta vez que emprego esta formulação, e isto não parece aborrecer ninguém. No entanto, é algo que mereceria ser reexaminado por nós, porque do estado atual do pensamento eu faço um móvel. Mesmo assim, ele é verdadeiro. Não é idealismo dizer que os pensamentos são tão rigorosamente determinados quanto o *gadget* mais recente.

Seja como for, no estado atual do pensamento temos o discurso analítico, que, quando nos dispomos a entendê-lo tal como é, mostra-se ligado a uma curiosa adaptação, porque, afinal, se é verdade essa história de castração, isso significa que, no homem, a castração é o meio de adaptação para sobreviver. Isso é impensável, mas é verdade. Talvez tudo isso não passe de um artifício, um artefato de discurso. O fato de esse discurso se sustentar, esse discurso tão douto em completar os outros, talvez seja apenas uma fase histórica. Talvez a vida sexual da antiga China volte a florescer, mas terá que engolir um certo número de belas ruínas imundas antes que isso aconteça.

Por ora, entretanto, o que quer dizer isso, este sentido que trazemos? Esse sentido, no cômputo final, é um enigma, e justamente por ser sentido.

Há em algum lugar, na segunda edição de um volume que deixei ser lançado, e que se chama *Escritos*, um pequeno acréscimo que se chama "A metáfora do sujeito". Muito tempo atrás, brinquei com a formulação com que se regalava meu querido amigo Perelman, *um oceano de falsa ciência*. Nunca se sabe ao certo o que tenho na cabeça quando me divirto, e eu os aconselho a partirem daí. *Um oceano de falsa ciência*, talvez seja esse o saber do analista, por que não? Por que não, já que é somente pela sua perspectiva que se esclarece que a ciência não tem sentido, mas que qualquer sentido de discurso, por só se sustentar a partir de outro, é apenas um sentido parcial?

Se a verdade nunca pode ser senão meio-dita, se é esse o núcleo, a essência do saber do analista, é porque no lugar da verdade se coloca S_2, o saber. Trata-se, portanto, de um saber que deve sempre, ele mesmo, ser questionado.

Da análise, ao contrário, há uma coisa que deve prevalecer: é que há um saber que se extrai do próprio sujeito. No lugar do polo do gozo, o discurso analítico põe o S barrado. É do tropeço, do ato falho, do sonho, do trabalho do analisando que resulta esse saber. Esse saber, este não é suposto: ele é saber, saber caduco, migalha de saber, *submigalha* de saber.

Assim é o inconsciente. Esse saber – é o que assumo –, eu o defino, traço novo na emergência, por só poder postular-se a partir do gozo do sujeito.

3 de fevereiro de 1972

VI

Peço-te Que Me Recuses o Que Te Ofereço

Porque não é isso
A análise linguística
Esquematizar a fala
Gramática e significação
O nó borromeano

Vocês adoram conferências, e foi por isso que, através de um papelzinho que levei para ele por volta das dez e quinze, pedi ontem à noite a meu amigo Roman Jakobson, que eu esperava que estivesse presente aqui, para lhes fazer a conferência que não fez para vocês ontem, já que, depois de eu o ter anunciado a vocês – digo, de ter escrito no quadro-negro alguma coisa equivalente ao que acabo de fazer aqui –, ele achou que devia ficar no que chamou de generalidades, sem dúvida pensando que era isso que vocês prefeririam ouvir, ou seja, uma conferência. Infelizmente, ele me telefonou hoje, de manhã cedo, e tinha um compromisso de almoço com linguistas, de modo que vocês não terão conferência.

Por mim, não faço conferências. Como disse noutro lugar, com muita seriedade, eu me divirto. Divertimentos sérios ou engraçados. Noutro lugar, ou seja, no Sainte-Anne, fiz uma tentativa de divertimentos engraçados. Isso dispensa comentários. E, se lá eu disse que isto talvez também seja uma diversão, aqui eu digo que me mantenho sério, mas é uma diversão, assim mesmo.

Relacionei isto, naquele lugar, da diversão engraçada, com o que chamei de *carta de amuro*.

1

Carta de amuro? Bem, vejamos uma típica: *Peço-te que me recuses o que te ofereço* – e paramos aqui, pois espero que não haja necessidade de acrescentar nada para isso ser compreendido. É exatamente isso a carta de amuro, a verdadeira.

Peço-te que recuses o que te ofereço – podemos completar, para os que talvez nunca tenham compreendido o que é a carta de amuro –, que recuses o que te ofereço *porque não é isso.*

Estão vendo, cometi um deslize, porque, meu Deus do céu, é com vocês que estou falando, vocês que gostam de conferências. Eu disse *não é isso* [*ça n'est pas ça*]. Foi acrescentado o *n*. Quando o *n* é acrescentado, não é preciso ele ser expletivo para querer dizer alguma coisa, ou seja, a presença do enunciador, a verdadeira, a correta. É justamente porque o enunciador não estaria presente que a enunciação seria plena. Isto deveria escrever-se: *Peço-te que recuses o que te ofereço porque: não é isso* [*parce que: c'est pas ça*].

Disse que aqui a diversão era séria. O que pode querer dizer isto? Informei-me sobre como se dizia isto, *sério* [*sérieux*], em diversas línguas. Quanto à maneira como o concebo, não encontrei outra melhor que a nossa, que se presta para o trocadilho. Não conheço as outras bem o bastante para encontrar o que seria equivalente a isto, mas, na nossa, *sério*, tal como o entendo, é *serial* [*sériel*].

Como vocês já sabem, alguns de vocês, espero, sem que eu tenha precisado dizer-lhes, o princípio do serial é a sequência de números inteiros, que não se encontrou outro meio de definir senão dizendo que uma propriedade é transferível nela de *n* para *n + 1*, que só pode ser a que se transfere de 0 para 1. Raciocínio por recorrência ou indução matemática, dizem ainda.

Só que, vejam – e foi justamente este o problema que tentei abordar em meus últimos divertimentos –, o que pode transferir-se de 0 para 1? Aí está o xis da questão. Mas foi justamente isso que este ano me dei como objetivo abordar, *...ou pior.*

Hoje não avançarei mais sobre o intervalo do que se transfere de 0 para 1, o qual, à primeira vista, não tem fundo. Mas o certo e claro é que, para tomar as coisas uma por uma, é preciso tirá-las em pratos limpos. Isto porque, qualquer que tenha sido o esforço que se fez para logicizar a série dos números inteiros, não se encontrou nada melhor do que designar sua propriedade comum – é a única – como sendo aquela do que se transfere de 0 para 1.

Neste meio-tempo, vocês, os que são da minha Escola, foram aconselhados a não perder o que Roman Jakobson podia trazer-lhes de esclarecimento sobre o que concerne à análise da língua, o que é muito útil para se saber para onde levo a questão agora. Não é por eu ter partido daí, para chegar a meus divertimentos atuais, que devo me considerar ligado a isso.

O que me impressionou, entre outras coisas, no que Roman Jakobson lhes trouxe, foi este ponto histórico: que não é de hoje que a língua, *lalíngua* [*lalangue*],* está na ordem do dia. Assim é que ele lhes falou de um certo Boethius Dacus, muito importante, sublinhou ele, por ter articulado *suppositiones*, o que fez eco, pelo menos para algumas pessoas, ao que digo do sujeito radicalmente suposto pelo significante. Ele lhes disse que esse Boécio, da Dácia, como é chamado, ou seja, dinamarquês – esse não é o certo, não é o que vocês conhecem, não é o que está no dicionário, aquele que extraiu as imagens do passado –, esse Boécio tinha desaparecido, assim, por uma pequena questão de desviacionismo. Com efeito, ele foi acusado de averroísmo, e, naquela época, não se pode dizer que isso fosse imperdoável, mas podia não ser perdoável quando se tinha a atenção despertada por algo que tivesse um ar meio sólido, como, por exemplo, falar de *suppositiones*. De modo que não é inteiramente exato que as duas coisas não tenham relação, e é isso que me impressiona.

O que me impressiona é que, durante séculos, quando se tocava na língua, era preciso prestar atenção. Há uma letra que só aparece absolutamente à margem na composição fonética, é aquela ali, *h*, que se pronuncia *hache* em francês. *Não toquem no agá*:** isto é o que foi prudente durante séculos, quando se tocava na língua. Porque se

* Seguimos aqui a proposta de Haroldo de Campos, já adotada em outras traduções de Lacan (cf. por ex. *Outros escritos*), de traduzir *lalangue* por "lalíngua", em lugar de "alíngua", uma vez que neste termo o "a" tende a adquirir função de prefixo de negação – o oposto da ideia de Lacan. Por outro lado, o "la" mantém algum uso em português (La Diva, La Garbo) e permite evocar "lalação", uma das tônicas do termo lalangue. (Cf. "O afreudisíaco na galáxia de lalíngua", *Exu*, Fundação Casa de Jorge Amado, Salvador, 1990; reimp. em *Correio* n.18-9, Belo Horizonte, jan 1998.) (N.T.)

** Note-se que *hache* tanto é o nome da letra H, agá, quanto é o termo *machado*, e Lacan joga nesse ponto com uma frase célebre de um personagem de Balzac; ver a referência de Jacques-Alain Miller em "Os capítulos, um por um", nos Anexos ao final deste volume. (N.T.)

constatou que, quando se mexia com a língua, isso surtia efeito, outro efeito que não a diversão.

Uma das questões que talvez não fosse mal vislumbrarmos, bem no finzinho – embora, lá onde me divirto de maneira prazerosa, eu tenha dado a indicação disto sob a forma daquele famoso muro –, é saber por que a análise linguística agora faz parte da pesquisa científica. O que pode significar isso? A definição da pesquisa científica – neste ponto, eu me deixo levar um pouco – é exatamente isto, que não é preciso procurar muito: ela é uma pesquisa bem-denominada, no sentido de que não se cogita de descobrir, pelo menos, nada que perturbe o público.

Recentemente, recebi de um lugar distante – eu não gostaria de criar aborrecimentos para ninguém, e por isso não lhes direi de onde – uma pergunta de pesquisa científica. Veio de um *Comitê de pesquisa científica sobre as armas*. Textualmente. Alguém que não me é desconhecido – foi justamente por isso que me consultaram sobre quem vinha a ser ele – se propunha fazer uma pesquisa sobre o medo. Para isso, pensava-se em lhe conceder um crédito que, traduzido em francos franceses, ultrapassaria tranquilamente um milhãozinho de francos antigos, com os quais – isso estava escrito no texto, o texto em si que não posso lhes dar, mas eu o tenho – ele deveria passar três dias em Paris, vinte oito em Antibes, dezenove em Douarnenez e, em San Montano – esta deve ser uma praia bem agradável, ou será que estou enganado? Antonella, você está aí?... não, você não sabe? talvez seja perto de Florença, enfim, não sei –, em San Montano, quinze dias, e depois, três em Paris.

Graças a uma aluna minha, pude resumir minha avaliação nestes termos: *I bowled over with admiration*. Depois, risquei um grande xis sobre todo o detalhe das avaliações que me pediam sobre a qualidade científica do projeto, suas repercussões sociais e práticas, a competência do interessado e assim sucessivamente. Esta história tem apenas um interesse medíocre, mas serve de comentário ao que indiquei. Isso não chega ao fundo da pesquisa científica, mas, ainda assim, denota alguma coisa, e talvez seja este o único interesse do caso.

Vocês não sabem o que isto quer dizer, naturalmente. Eu também não sabia. *Bowl* é a bola de boliche. Portanto, fui bolado. Fiquei como um conjunto inteiro de pinos quando uma boa bolada o derruba. Acreditem, se quiserem, que o que eu tinha proposto inicialmente por telefone à pessoa que me corrigiu, graças a Deus, a mim que não conhecia essa expressão, tinha sido *I'm blowed over*, estou soprado. E isso estaria errado, porque *to blow*, que de fato quer dizer soprar, forma *blown*, e não *blowed*. Portanto, se eu disse *blowed*, não terá sido porque, sem saber disso, eu sabia que era *bowled over*?*

Neste ponto, nós entramos no lapso, ou seja, nas coisas sérias. Mas, ao mesmo tempo, é bom para nos indicar que, como Platão já tinha vislumbrado no *Crátilo*, não é tão certo assim que o significante seja arbitrário, já que, afinal de contas, *bowl* e *blow*, hein?, não é à toa que isso é tão próximo, pois foi justamente assim que deixei o *bowl* escapar por um triz. Não sei como vocês qualificariam esta diversão, mas eu a acho séria.

Com o que voltaremos à análise linguística, da qual, com certeza, em nome da pesquisa, vocês ouvirão falar cada vez mais.

É difícil encontrar o caminho ali onde a clivagem vale a pena. Aprendemos coisas: por exemplo, que existem partes do discurso. Eu me protegi disso como da peste, digo, de me sobrecarregar com isso, para não deixar vocês atolados.

Mas, enfim, como a pesquisa certamente se fará ouvir aqui, como se faz ouvir noutros lugares, partirei do verbo.

2

Enunciam a vocês que o verbo expressa toda sorte de coisas, e que é difícil não ficarmos presos entre a ação e seu contrário. Aqui, o verbo intransitivo cria manifestamente um obstáculo e se torna muito difícil de classificar.

Para nos atermos ao que há de mais marcante nessa definição, haverá quem lhes fale de uma relação binária no que concerne ao verbo típico, na qual, convém dizer, um mesmo sentido do verbo não se classifica da mesma maneira em todas as línguas.

Há línguas em que se diz *o homem bate em seu cachorro*. Há línguas em que se diz *há um espancamento do cachorro pelo homem*. Isso não é essencial, porque a relação continua a ser binária.

---

* *To blow someone over* é uma expressão idiomática da língua inglesa que significa "estarrecer", "deixar estarrecido"; na situação descrita por Lacan, ele diria "*I was blown over*", ou "*I am blown over*", em vez de sua frase "*I bowled over with admiration*", que corresponderia a algo como "Fui/fiquei derrubado de admiração/espanto", ou do lapso que ele comenta, "*blowed over*". (N.T.)

Há línguas em que se diz *o homem ama o cão*. Será que continua a ser binário quando nos exprimimos numa língua desta maneira, *o homem ama o cão*, para dizer não que ele *likes* o cão, que gosta dele como de um bibelô, mas que sente amor por seu cão? Aí existem diferenças.

Amar alguém, a mim, isto sempre me encantou. Quero dizer que lamento falar uma língua em que se diz *amo uma mulher* tal como se diz *bato nela.** *Amar a uma mulher* me pareceria mais congruente. A tal ponto que um dia me dei conta – já que estamos no lapso, vamos em frente – de que tinha escrito *você nunca saberá o quanto te amei* [*tu ne sauras jamais combien je t'ai aimé*], sem pôr o *e* no final, o que é um lapso, ou erro de ortografia, se vocês quiserem, incontestavelmente.** Mas foi ao pensar nisso que disse a mim mesmo que, se escrevi assim, foi porque devia justamente estar sentindo *amo a ti* [*j'aime à toi*]. Mas, enfim, isto é pessoal.

De qualquer modo, distinguem-se com cuidado desses primeiros verbos aqueles que se definem por uma relação ternária. *Eu te dou alguma coisa*. Isso pode ir desde um peteleco no nariz até um bibelô, mas enfim, existem três termos aí. Vocês devem ter notado que sempre empreguei o *eu te* como elemento da relação. Isto já os leva para o sentido que é justamente aquele para o qual os conduzo, pois, como vocês veem, existe o *eu te* em *eu te peço que me recuses o que te ofereço*. Isso não é evidente, porque é possível dizer *o homem dá ao cachorro um pequeno afago na testa*.

A distinção entre a relação ternária e a relação binária é essencial aí. Quando alguém lhes faz um esquema da função da fala, ele traça uma linha, fala com vocês em *d* minúsculo e *D* maiúsculo, de destinador e destinatário, e sublinha que o destinatário deve possuir o código, para que isso funcione. Se não o possuir, terá de conquistá-lo, terá que decifrá-lo.

Será que essa maneira de escrever é satisfatória? Digo que a relação, se é que ela existe, que se transmite pela fala – mas vocês sabem que isso pode ser questionado – implica que se inscreva uma função ternária, ou seja, que a mensagem se distinga como tal.

---

* O *aimer* do francês tanto se traduz por *amar* quanto por *gostar*, e é usado nas duas acepções. (N.T.)

** No francês, a frase de Lacan, que se traduz por "*nunca saberás quanto te amei*", exigiria a colocação da forma participial do verbo *aimer* no feminino, *aimée*, de acordo com o objeto direto (uma mulher) da oração subordinada, e não com o sujeito (masculino) que enuncia a frase. (N.T.)

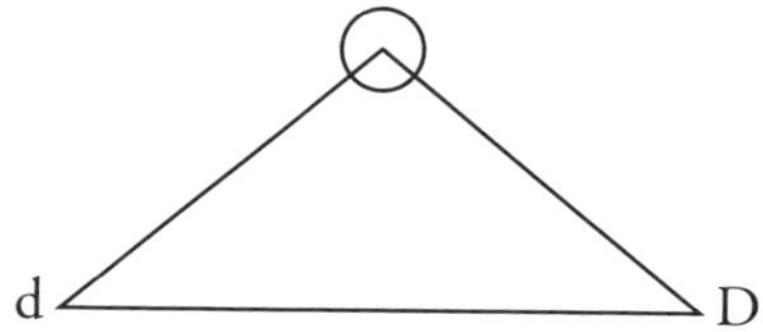

O triângulo da mensagem

Há, pois, um destinador, um destinatário e uma mensagem. Nem por isso o que se enuncia num verbo deixa de ser distinto. Ou seja, é que o fato de se tratar de uma demanda D merece ser isolado para agrupar os três elementos. Isso só se evidencia quando emprego *eu* e *te*, ou *tu* e *me*. É que esse *eu* e esse *te*, esse *tu* e esse *me*, são especificados precisamente pelo enunciado da fala. Nisso não pode haver nenhuma espécie de ambiguidade.

Em outras palavras, não existe apenas o que é vagamente chamado de código, como se ele só estivesse presente num ponto. A gramática, ou seja, essa estrutura tetrádica que destaquei há pouco como sendo essencial no que se diz, faz parte do código. O esquema objetivo da comunicação que vocês traçam – o emissor, a mensagem e, na outra ponta, o destinatário – é menos completo que a gramática. É por isso mesmo que foi importante Jakobson ter-lhes exposto a generalidade de que a gramática, também ela, faz parte da significação, e que não é à toa que ela é empregada na poesia.

É essencial precisar-se o estatuto do verbo, porque logo lhes decantarão os substantivos, conforme eles tenham peso maior ou menor. Existem substantivos pesados, por assim dizer, que são chamados de concretos, como se houvesse outra coisa, como substantivos, que não substitutos. Mas, enfim, há que haver substância. É por isso que creio ser urgente assinalar desde logo que não lidamos senão com sujeitos. Deixemos as coisas neste ponto, por ora.

Vocês reconhecerão a importância do que estou expondo ao considerarem uma crítica que, curiosamente, só nos chega como um reflexo da tentativa de logicizar a matemática. Quanto à função do verbo, no caso, *pedir*, não fazemos dela um predicado, mas uma função. *Eu te peço*, F, e abro o parêntese. *Eu* e *te* são x, y. Assim, temos:

$$F(x, y)$$

Que é que eu te peço? Que *recuses*, outro verbo. O que quer dizer que, no lugar do que poderia ser aqui a festinha na cabeça do cachorro, isto é, z, vocês têm, por exemplo, f, e de novo x, y, ou seja:

$$F(x, y, f(x, y))$$

Será que aí vocês são forçados a terminar, ou seja, a pôr o z? Não é necessário, de modo algum, porque vocês podem muito bem ter, por exemplo, um φ minúsculo – não ponhamos um Φ maiúsculo, porque daqui a pouco isso causará confusão. Coloco ainda x, y para representar *o que te ofereço*, com o que temos de fechar três parênteses:

$$F(x, y, f(x, y, \varphi(x, y)))$$

O ponto a que os estou conduzindo é este: trata-se de saber não como surge o sentido, mas como é de um nó de sentido que surge o objeto, o objeto em si, e, para dizer o seu nome, já que o denominei como pude, o objeto pequeno *a*.

3

Sei que é muito cativante ler Wittgenstein.

Durante toda a sua vida, com admirável ascetismo, Wittgenstein enunciou isto que resumo: aquilo que não se pode dizer, pois bem, não falemos nisso. Com o que ele não podia dizer quase nada. Descia a todo instante da calçada e ficava na rua, ou seja, tornava a subir na calçada, definida por essa exigência.

Meu amigo Kojève, em suma, formulou expressamente a mesma regra. Deus sabe que não a observava. Mas não é por ele a haver formulado que me julguei obrigado a ficar na demonstração viva que dela deu Wittgenstein.

Ao que me parece, é precisamente daquilo que não se pode falar que se trata, quando designo pelo *não é isso* a única coisa que motiva uma demanda como *que me recuses o que te ofereço*. E, no entanto, se há uma coisa perceptível para todo o mundo, é justamente este *não é isso*. É o que enfrentamos a cada instante da nossa vida. Então, tratemos de ver o que ele significa.

Esse *não é isso*, podemos deixá-lo no seu lugar, seu lugar dominante, com o que, evidentemente, jamais veremos seu fim. Mas, em vez de cortá-lo, vamos procurar colocá-lo no próprio enunciado. Não é isso – o quê? Vamos colocá-lo da maneira mais simples: aqui o *eu*, aqui o *te*, aqui *eu te peço*, D maiúsculo, de demanda, *que me recuses*, R maiúsculo, *o que te ofereço*, O maiúsculo; e depois – ali, ali há uma perda –, C cedilha maiúsculo [*ça* = isso].

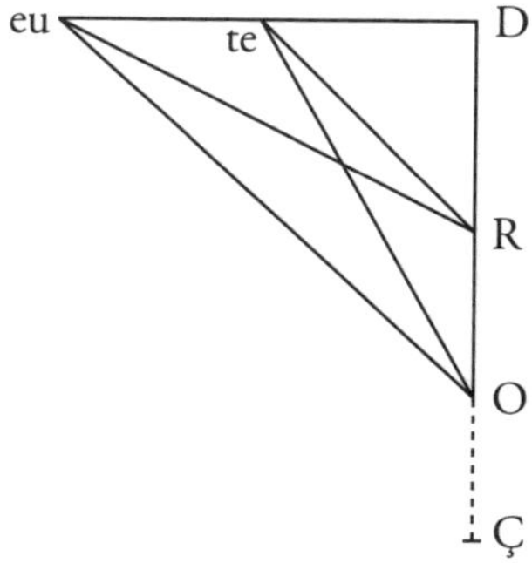

O não é isso *no enunciado*

Mas, se não é isso que te ofereço, se é pelo fato de que *não é isso* que te peço que o recuses, não é o que te ofereço que tu recusas, logo, não tenho que te pedir isso. E eis que aqui também isso é cortado, no R. Com o que, se não tenho que te pedir que o recuses, por que te peço isso? E isso também é cortado aqui, no D.

Para retomar isto num esquema mais correto, o *eu* e o *te* estão aqui, a *demanda*, aqui, a *recusa*, aqui, e a *oferta*, aqui. Ou seja, trata-se de uma primeira tétrade, que é esta: *eu te peço que recuses*. Há uma segunda – *que recuses o que te ofereço*. Talvez possamos ver, o que não nos surpreenderá, na distância existente entre os dois polos distintos da demanda e da oferta, que talvez seja aí que está o *não é isso*.

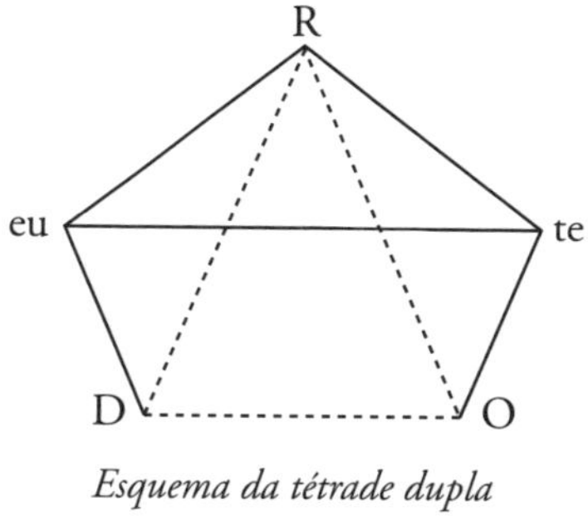

Esquema da tétrade dupla

Mas, como acabo de lhes explicar, se vemos aqui representado o espaço que pode haver entre o que tenho a te pedir e o que posso te oferecer, é igualmente impossível sustentar a relação entre o pedido e a recusa e entre a recusa e a oferta.

Será que preciso comentar isto em detalhes? Talvez realmente não seja inútil.

Primeiro, vocês podem se perguntar como é que lhes dou disto tudo um esquema espacial. Resposta: não é do espaço que se trata. É do espaço na medida em que nele projetamos nossos esquemas objetivos. Mas isso já nos indica o bastante, ou seja, que nossos esquemas objetivos talvez determinem alguma coisa da nossa noção de espaço, e antes de ela ser determinada por nossas percepções.

Bem sei que nos inclinamos a acreditar que são nossas percepções que nos dão as três dimensões. Alguém chamado Poincaré, que não deixa de ser conhecido de vocês, fez uma linda tentativa de demonstrá-lo. No entanto, este lembrete preliminar a nossos esquemas objetivos talvez não lhes seja inútil para apreciar com mais exatidão o alcance da demonstração dele.

Não é apenas nesse saltitar do *não é isso que te ofereço* para o *não é isso que podes recusar*, nem tampouco para o *não é isso que te peço*, que quero insistir. É no seguinte:

O que não é isso talvez não seja, em absoluto, o que te ofereço, e entendemos mal as coisas a partir daí. De fato, o que quer dizer que te ofereça? Não quer dizer, em absoluto, que eu dê, como basta refletir para perceber. Também não significa que você pegue, o que daria um sentido ao *recusar*. Quando ofereço alguma coisa, é na esperança de que você o devolva. E é por isso mesmo que existe o *potlatch*.

O *potlatch* é aquilo que extravasa, aquilo que transborda a impossibilidade que há no oferecer, a impossibilidade de que ele seja uma dádiva. É por essa razão que o *potlatch* tornou-se completamente estranho para nós em nosso discurso. O que não torna espantoso que façamos dele, na nossa nostalgia, aquilo que é sustentado pelo impossível, ou seja, o real – mas, justamente, o real como impossível.

Se não é mais no *o que* de *o que te ofereço* que reside o *não é isso*, observemos o que decorre do questionamento do oferecer como tal. Se é não *aquilo que* te ofereço, mas o *fato de* eu te oferecer que te peço que recuses, retiremos a oferta – esse famoso substantivo verbal que seria um substantivo menor e que, no entanto, é algo bem diferente.

Retiremos a oferta, e veremos que o pedido e a recusa perdem todo o sentido, pois o que pode significar pedir para recusar?

Bastará vocês fazerem um pouquinho de exercício para verificarem que acontece rigorosamente a mesma coisa, se vocês tirarem deste nó, *eu te peço que me recuses o que te ofereço*, qualquer dos outros verbos. Se retirarem a recusa, o que poderá significar a oferta de um pedido? Como eu já lhes disse, é da natureza da oferta que, se for retirado o pedido, recusar já não significará nada. É justamente por isso que a questão que se coloca para nós não é saber o que vem a ser o *não é isso* que estaria em jogo em cada um desses níveis verbais, mas nos darmos conta de que é ao desatar cada um desses verbos de seu nó com os outros dois que podemos descobrir o que vem a ser esse efeito de sentido como o que chamo de objeto *a*.

Estranhamente, enquanto eu me interrogava, ontem à noite, com a minha geometria da tétrade, sobre a maneira de lhes apresentar isto hoje, sucedeu-me, ao jantar com uma pessoa encantadora que é ouvinte nas aulas do Sr. Guilbaud, que me fosse dada, como um anel posto no dedo, uma coisa que quero lhes mostrar, uma coisa que não é nada menos, ao que parece, segundo eu soube ontem à noite, do que o brasão de armas da família Borromeu.

É preciso fazê-lo com cuidado, e é o que faço. Pronto, aí está. Não cometi nenhum erro.

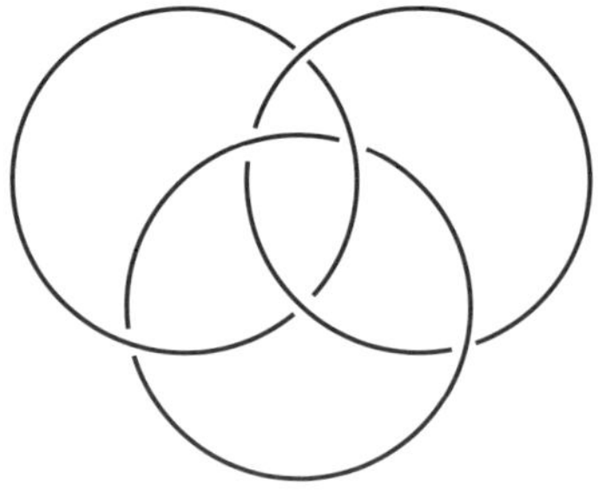

O nó borromeano

Vocês podem refazer isso com barbante. Se copiarem com bastante cuidado, vão perceber que – prestem muita atenção –, retirando-se este aqui, o terceiro, os outros dois se separam. Ele passa por cima do da esquerda e também passa por cima daqui. É somente por causa do terceiro que eles se mantêm juntos. Se vocês não tiverem imaginação, será preciso fazer a tentativa com três pedacinhos de barbante. Verão que eles se mantêm unidos.

Portanto, basta cortar um para que os outros dois se soltem, mesmo que deem a impressão de estar ligados, exatamente como no caso dos que vocês conhecem bem, ou seja, os anéis dos jogos olímpicos, que, aqueles sim, continuam ligados quando um deles cai fora. Pois bem, com estes aqui, acabou-se! Isso é uma coisa que realmente tem seu interesse, pois é preciso lembrar que, quando falei de cadeia significante, sempre impliquei essa concatenação.

Há quem não pareça ter percebido que os binários têm um estatuto especial, muito, muito relacionado com o objeto *a*. Se, em vez de tomarmos como exemplo o homem e o cão, esses dois pobres animais, tivéssemos tomado o *eu* e o *te*, teríamos percebido que o mais típico do verbo binário é, por exemplo, *eu te encho* [*emmerde*], ou *eu te olho*, ou *eu te falo* ou *eu te devoro*. São essas as quatro espécies, que só têm interesse em sua analogia gramatical, isto é, por serem gramaticalmente equivalentes.

Então, será que não temos aí, sob forma reduzida, em miniatura, algo que nos permite ilustrar a verdade fundamental de que todo discurso só adquire sentido a partir de outro discurso? Certamente, a demanda não basta para constituir um discurso, mas tem a estrutura fundamental dele, que é, como já me exprimi, a de ser um quadrípode. Enfatizei que é essencial uma tétrade para representá-lo, assim como é indispensável um quaternião de letras, F, *x*, *y*, *z*.

Pedido, recusa e oferta, neste nó que expus hoje, só adquirem sentido a partir uns dos outros. Mas o que resulta desse nó, tal como tentei desatá-lo, ou melhor, tirar a prova de seu desatamento, é que isso nunca se sustenta com apenas dois. Essa é a raiz do que vem a ser o objeto *a*.

Eu lhes dei o nó mínimo. Mas vocês poderiam acrescentar-lhe outros. *Porque não é isso*, o quê? *O que eu desejo*. E quem não sabe que a propriedade da demanda é, muito precisamente, não poder situar o que vem a ser o objeto do desejo? O que eu te ofereço não é o que desejas, eu te peço que o recuses. Poderíamos facilmente obturar a coisa com *o que tu desejas*, e então a carta de amuro se estenderia indefinidamente.

Quem não vê o caráter fundamental dessa concatenação para o discurso analítico?

Eu disse faz tempo, faz muito tempo, e ainda há quem se entretenha com isso, que uma análise só termina quando alguém pode dizer não *eu falo contigo*, nem *eu falo de mim*, mas *é de mim que te falo*. Esse foi um primeiro esboço. Será que não está claro que aquilo em que se baseia o discurso do analisando é justamente isto, *peço-te que me recuses o que te ofereço, porque não é isso*? É essa a demanda fundamental, e é ela que, ao negligenciar, o analista torna cada vez mais pregnante.

Ironizei, em certa época: da oferta o analista cria a demanda. Mas a demanda que ele satisfaz é o reconhecimento deste dado fundamental: que o que se demanda *não é isso*.

9 de fevereiro de 1972

VII

A Parceira Desvanecida

palestra

A ilusão da relação sexual
O Hum e o Houtro
O todo e o não-todo
Dualidade do gozo feminino
A emergência exorbitante do Um

Queiram me desculpar, é a primeira vez que me atraso. Devo avisá-los de que estou doente. Vocês estão aí, eu estou aqui, é bom para vocês. Eu me sinto anormalmente bem, sob a influência de uma pequena temperatura e de alguns remédios, de modo que, se em algum momento, de repente, esta situação se modificar, espero que aqueles que me ouvem há muito tempo expliquem aos novos que é a primeira vez que isto me acontece.

Então, tentarei ficar no nível do que vocês esperam, aqui onde eu disse que me divirto. Não é absolutamente forçoso que isto permaneça sempre no mesmo tom. Com certeza não se deverá ao meu estado anormal, mas seguirá a linha do que tenciono lhes dizer esta noite.

No outro lugar, não poupo meu auditório. Vejo alguns deles presentes aqui, e que talvez se lembrem que falei no meu Seminário, da última vez, desta coisa que resumi no nó borromeano: refiro-me a uma cadeia de três, e tal que, ao se separar um dos anéis dessa cadeia, os outros dois não podem mais se manter juntos nem por um instante. Do que provém isso? Sou realmente forçado a explicá-lo a vocês, pois não tenho certeza de que, apresentado nu e cru, seja suficiente para todos.

Isto significa uma pergunta concernente ao que é a condição do discurso do inconsciente, uma pergunta formulada ao que é a linguagem. Trata-se, com efeito, de uma questão que não está resolvida. A linguagem deve ser abordada em sua gramática? Nesse caso, com certeza, ela decorre de uma topologia.

ALGUÉM: *O que é uma topologia?*

Que pessoa gentil. Uma topologia tem uma definição matemática. É abordada por relações não métricas, deformáveis. É o caso daqueles tipos de círculos flexíveis que constituem o meu *peço-te que me recuses o que te ofereço*. Cada um é uma coisa fechada e flexível, que só se sustenta por estar encadeada nas outras. Nada se sustenta sozinho. Essa topologia, por sua inserção matemática, está ligada a relações de pura significância, como demonstrou meu último seminário. É na medida em que esses três termos são três que vemos que pela presença do terceiro se estabelece entre os outros dois uma relação. É isso que significa o nó borromeano.

Há outra maneira de abordar a linguagem. É uma coisa atual, pelo fato de que uma pessoa que nomeei – constata-se que a nomeei logo depois de isso ser feito por Jakobson, mas ocorre que eu a havia conhecido pouco antes, trata-se de René Thom – tenta, não sem já haver trilhado certos caminhos, abordar a questão da linguagem pelo viés semântico, e não pela combinação significante tal como a matemática pura pode nos ajudar a concebê-la. Esse ângulo semântico não o impediu de recorrer também à matemática, e de encontrar em algumas curvas, e em algumas formas, eu acrescentaria, que se deduzem dessas curvas, algo que nos permitiria conceber a linguagem como o eco, eu diria, dos fenômenos físicos.

Por exemplo, é a partir do que é, pura e simplesmente, uma comunicação de fenômenos de ressonância que se elaborariam curvas que, por terem validade num certo número de relações fundamentais, revelariam, secundariamente, reunir-se, homogeneizar-se, por assim dizer, ser enquadradas num mesmo parêntese, de onde resultariam as diversas funções gramaticais. Parece-me que já existe um obstáculo à concepção das coisas dessa maneira: é que somos forçados a colocar sob o mesmo termo, *verbo*, tipos de ação muito diferentes. Por que teria a linguagem como que reunido numa mesma categoria funções que só podem ser concebidas, originalmente, sob modos de emergência muito diferentes? Contudo, a pergunta permanece em suspenso.

Certamente haveria algo infinitamente satisfatório em considerar que a linguagem tem por modelo funções que supostamente pertencem à realidade física, mesmo que essa realidade só seja abordável por meio de uma funcionalização matemática.

Isto que, por minha parte, estou expondo a vocês prende-se essencialmente à origem puramente topológica da linguagem. Essa origem topológica, penso poder explicá-la a partir de que ela está ligada a algo que chega ao ser falante pela vertente da sexualidade. Será que o ser falante é falante por causa de alguma coisa que sucede com a sexualidade, ou será que essa alguma coisa sucede com a sexualidade porque ele é o ser falante? Esse é um assunto no qual me abstenho de tomar uma decisão, deixando-a aos cuidados de vocês.

Esta noite, tentarei levar um pouco mais longe, diante de vocês, o esquema fundamental daquilo de que se trata.

A função que é chamada de sexualidade se define, até onde sabemos alguma coisa sobre ela – e realmente sabemos um pouco, nem que seja por experiência –, pelo fato de os sexos serem dois, a despeito do que possa pensar uma autora célebre que, na época e em razão de não sei que orientação, já que eu ainda não havia começado a ensinar, julgou que devia se reportar a mim antes de escrever *O segundo sexo*. Ela me telefonou para dizer que precisava de meus conselhos para lhe dar esclarecimentos sobre o que deveria ser a contribuição psicanalítica para seu livro. Como lhe assinalei que seriam necessários uns bons cinco ou seis meses para que eu elucidasse a questão – isso é o mínimo, pois estou falando há vinte anos, e não é por acaso –, ela me observou que era inconcebível que um livro já em processo de execução esperasse tanto tempo, e as leis da produção literária eram tais que lhe parecia fora de cogitação ter mais de três ou quatro conversas comigo. Ao que declinei dessa honra.

A base do que venho expondo a vocês há algum tempo, mais exatamente desde o ano passado, é, muito precisamente, que não existe segundo sexo. Não existe segundo sexo, a partir do momento em que entra em funcionamento a linguagem. Ou, para dizer as coisas de outra maneira, no que concerne ao que é chamado de heterossexualidade, o *heteros*, palavra que serve para dizer "outro" em grego, está na posição de se esvaziar como ser para a relação sexual. É precisamente esse vazio por ele oferecido à fala que eu chamo de lugar do Outro, ou seja, aquele em que se inscrevem os efeitos da referida fala.

Não alimentarei de referências etimológicas o que estou lhes dizendo, porque isso nos atrasaria. Vou poupá-los de como se diz *heteros* num certo dialeto grego que não nomearei, *aeteros*, e de como esse *heteros* se liga a *deuteros* e assinala, precisamente, que esse *deutéros*, no caso, é, por assim dizer, elidido.

$$\exists x.\overline{\Phi x} \qquad \overline{\exists x}.\overline{\Phi x}$$
$$\forall x.\Phi x \qquad \overline{\forall x}.\Phi x$$

Uma fórmula como esta pode lhes parecer surpreendente, pois, ao que eu saiba, não existe o referencial do tempo em que ela teria sido produzida. Mas afirmo que nela está o que a experiência psicanalítica traz. Para explicá-lo, recordemos em que repousa a concepção que podemos ter, não da heterossexualidade – muito bem denominada, em síntese, se vocês acompanharem o que acabei de expor agora há pouco –, mas da bissexualidade.

No ponto em que nos achamos de nossos enunciados concernentes à referida sexualidade, o que temos? Aquilo a que nos referimos – e não creiam que isso seja evidente – é o suposto modelo animal. Dado que a imagem animal da copulação nos parece um modelo suficiente do que vem a ser a relação sexual, esta, ao mesmo tempo, é considerada como uma necessidade.

Não é assim – longe disso, acreditem – que foi desde sempre. Não preciso lembrar o que significa *conhecer* no sentido bíblico da palavra. Desde sempre, a relação do *nous* com alguma coisa que receberia a marca passiva dele, à qual damos nomes diversos, mas cuja denominação grega mais usual é *hulê*, desde sempre a modalidade da relação que é gerada a partir do espírito foi considerada como aquilo que molda não simplesmente a relação animal, mas o modo fundamental de ser que se tinha como sendo o mundo. Os chineses recorrem há muito tempo a duas essências fundamentais, que são, respectivamente, a essência feminina, que eles chamam de *Yin*, e a que opõem a ela, o *Yang*, que se constata que escrevi, por acaso, sem dúvida, embaixo.

陰	陽
Yin	*Yang*

Se houvesse uma relação articulável no plano sexual, se houvesse uma relação articulável no ser falante, deveria ela ser enunciada por todos os de um mesmo sexo para todos os do outro? É essa, evidentemente, no ponto em que estamos, a ideia que nos é sugerida pela referência ao que chamei de modelo animal, que é a aptidão de cada um de um lado para ser válido para todos os outros do outro. Assim, vocês podem ver que o enunciado se promulga segundo a forma semântica significativa do universal. Ao substituírem, no que eu disse, o *cada um* por *qualquer um* ou por *não importa quem* – não importa quem de um dos lados –, vocês estariam bem inseridos na indeterminação do que é escolhido em cada *todos* para corresponder a todos os outros. Estaríamos então inteiramente na ordem do sugerido pelo que se chamaria – reconheçam neste condicional algo que faz eco a um título meu – um discurso que não fosse semblante.

O *cada um* que empreguei primeiro tem o efeito de lhes relembrar que a relação afetiva, se assim me atrevo a dizer, não deixa de evocar o horizonte do *um a um*, do *a cada um sua cada uma*. Essa correspondência biunívoca faz eco ao que sabemos ser essencial para presentificar o número. Observe-se que não podemos desde logo eliminar a existência dessas duas dimensões. Podemos até dizer que o modelo animal é justamente o que sugere a fantasia anímica. Mesmo que a escolha seja fortuita, o acoplamento biunívoco é aquilo que nos parece ser, isto é, há dois animais que copulam juntos. Se não tivéssemos esse modelo animal, não teríamos essa dimensão essencial que é a de que o encontro é único. É a partir daí, unicamente daí, que se fomenta o modelo anímico. Vamos chamá-lo de o encontro alma a alma.

Aquele que conhece a condição do ser falante, em todo caso, não deve admirar-se com o fato de que, a partir desse fundamento, o encontro deva justamente repetir-se como único. Não é preciso fazer entrar em jogo aí nenhuma dimensão de virtude. A própria exigência daquilo que se produz de único no ser falante é que ele se repita. É por isso mesmo que é somente a partir do modelo animal que se sustenta e se fomenta a fantasia que chamei de anímica. Essa é uma fantasia que está aí para dizer que *a linguagem não existe*, o que não é sem interesse no campo analítico.

O que nos dá a ilusão da relação sexual no ser falante é tudo o que materializa o universal num comportamento que, efetivamente, é de bando, nas relações entre os sexos. Já apontei que, na busca ou na caça sexual, os meninos se encorajam em bando e que as meninas, por sua vez, gostam de se apresentar aos pares, enquanto isso as beneficia.

Esta é uma observação etológica que fiz, de minha parte, mas que não resolve nada, porque basta refletir para ver nela uma virada tão dúbia que não pode se sustentar por muito tempo.

Para ser mais insistente aqui e me manter no nível da experiência analítica mais rasa, digo, ao rés do chão, lembro que o imaginário é aquilo que reconstituímos no modelo animal – que reconstituímos em nossa ideia, é claro, porque só podemos reconstruí-lo pela observação. Do imaginário, ao contrário, temos uma experiência. Ela não é cômoda, mas a psicanálise nos permitiu expô-la. Para dizer as coisas cruamente – é *cruel* que seja preciso dizer –, não me será difícil fazer-me entender, se eu disser que, em todo encontro sexual, ora, meu Deus, se há uma coisa que a psicanálise permite afirmar, é justamente um perfil qualquer de outra presença, para o qual o termo vulgar orgia [*partouze*, *pour tous*, por todos] não é absolutamente descabido.

Esta referência, em si, nada tem de decisiva, já que poderíamos assumir um ar sério e dizer que é justamente aí que reside o estigma da anomalia, como se a norma masculina,* fosse situável em algum lugar. É certo que, ao formular o que acabo de destacar com este nome vulgar, certamente não procurei fazer vibrar em vocês a lira erótica, mas trazer-lhes uma observação que pode ter um valorzinho de despertar. Que isso lhes dê ao menos essa dimensão, não aquela que pode fazer eco a Eros – certamente não estou aqui para diverti-los nessa corda –, mas simplesmente a dimensão pura do despertar.

Tratemos agora de nos aproximar do que vem a ser o parentesco entre o universal e o nosso assunto, ou seja, o enunciado segundo o qual os objetos deveriam dividir-se em duas totalidades de equivalência oposta. Acabo de lhes fazer notar que não há motivo algum para exigir a equinumericidade dos indivíduos, e acrescentarei que acreditei poder sustentar o que tinha a formular a partir da simples biunivocidade da copulação. Seriam, portanto, se isso fosse possível, dois universais definidos pelo simples estabelecimento da possibilidade de uma relação de um com o outro e do outro com o um.

A dita relação não tem absolutamente nada a ver com o que é corriqueiramente chamado de relações sexuais. Temos uma porção

* Lacan joga com a homofonia quase perfeita entre *la norme male* (a norma máscula, ou masculina) e *l'anormal* (o anormal, a anormalidade, o anômalo). (N.T.)

de relações com essas relações. E, a propósito dessas relações, temos também algumas relaçõezinhas, e isso ocupa nossa vida terrestre. No nível em que a situo, trata-se de basear essa relação em universais. Como se relaciona o universal *homem* com o universal *mulher*? É essa a pergunta que se impõe a nós, pelo fato de a linguagem exigir que seja por aí que ela se funda. Se não houvesse linguagem, ora, também não haveria pergunta. Não teríamos que fazer entrar em jogo o universal.

Para ser exato e tornar o Outro absolutamente estranho ao que aqui poderia ser, pura e simplesmente, coadjuvante, talvez eu seja forçado, esta noite, a acentuar com algo de suplementar o A com que marco esse Outro [*Autre*] como vazio. Acrescentemos um h. O *Houtro*: não seria um modo ruim de fazer entender a dimensão de *Hum* que pode entrar em jogo aqui. Isso nos permitiria, por exemplo, perceber que não é à toa que tudo o que temos de elucubrações filosóficas saiu de um certo Sócrates, manifestamente histérico, digo, em termos clínicos. Temos o relato de suas manifestações de ordem cataléptica.

Se o referido Sócrates pôde sustentar um discurso que não por acaso encontra-se na origem do discurso da ciência, foi por ter feito o sujeito, tal como o defino, vir no lugar do semblante. E isso, ele pôde fazê-lo, muito precisamente, em razão da dimensão que, para ele, presentificava o *Houtro* como tal, ou seja, o ódio a sua mulher, para chamá-lo por seu nome. Essa pessoa *afeminizava-se* a tal ponto que, no momento da morte, precisou pedir polidamente que ela se retirasse, para garantir à referida morte toda sua significação política. Esta é uma simples indicação concernente ao ponto em que jaz a questão que estamos levantando.

Se podemos dizer que não existe relação sexual, certamente não é com toda inocência. É que a experiência – que é da alçada de um modo de discurso que absolutamente não é o da histérica, e sim aquele que inscrevi numa distribuição quadripódica como sendo o discurso analítico – aponta para a dimensão, nunca evocada até o presente, da função fálica. Trata-se, a saber, desse algo pelo qual não é pela relação sexual que se caracteriza pelo menos um dos dois termos, e, muito precisamente, aquele a que se liga aqui esta palavra, o *Hum*. Não é que sua posição de *Hum* seja redutível ao termo masculino, isto é, na terminologia chinesa, à essência do *Yang*. Ao contrário, é em razão daquilo que só é órgão como utensílio, digamos, para acentuar o sentido – o sentido velado, porque nos vem de longe – do termo "órgão". É em torno do utensílio que a experiência analítica nos incita a ver girar tudo que se enuncia da relação sexual. Isto é uma novidade, quero dizer, corresponde à emergência de um discurso que ainda nunca viera à luz, e que não poderia ser concebido sem a emergência prévia do discurso da ciência como inserção da linguagem no real matemático.

Disse que o que estigmatiza essa relação, por ela ser profundamente subvertida na linguagem, é, precisamente, que não há meio – como se fez, no entanto, porém numa dimensão que me parece ser de miragem – de ela se escrever em termos de essência masculina e essência feminina. Esse *não poder escrever-se*, o que significa ele, já que, afinal, isso já se escreveu? Se rechaço essa antiga escrita em nome do discurso analítico, vocês poderiam fazer-me uma objeção muito mais válida: a de que também eu a escrevo. O que acabo de mostrar no quadro mais uma vez pretende, com efeito, sustentar com uma escrita a rede da questão sexual.

No entanto, essa escrita só se autoriza, só adquire sua forma a partir de uma escrita muito específica, que permitiu introduzir na lógica a irrupção da topologia matemática. Foi somente a partir da existência da formulação dessa topologia que pudemos imaginar fazer de toda proposição uma função proposicional, que se especifica pelo lugar vazio que deixamos nela e em função do qual se determina o argumento.

O que tomo emprestado da inscrição matemática dos termos *função* e *argumento* – a qual substitui as primeiras formas, não digo formalizações, esboçadas por Aristóteles num estilo logístico – parece oferecer-nos um termo cômodo para especificar a oposição sexual. O que seria preciso? Bastaria que as funções respectivas do macho e da fêmea se distinguissem com muita precisão como o *Yin* e o *Yang*. É exatamente pelo fato de a função ser única, de se tratar sempre de Φ de *x*, que se geram a dificuldade e a complicação. Pelo simples fato de vocês estarem aqui, não é possível que não tenham ao menos uma ideiazinha disso.

O Φ de *x* afirma que é verdade – é esse o sentido que tem o termo *função* – que o que se relaciona com o registro do ato sexual decorre da função fálica. É na medida em que se trata de função fálica, seja qual for o lado por onde olhemos, digo, por um lado ou pelo outro, que alguma coisa nos solicita a perguntar, então, em que diferem os dois parceiros. É exatamente isso que inscrevem as fórmulas que lancei no quadro.

Revela o fato de que a função fálica domina igualmente os dois parceiros, isto, no entanto, não os torna diferentes, persiste o fato de que é primeiro em outro lugar que devemos procurar a diferença. E é nisso que as fórmulas escritas no quadro merecem ser interrogadas nas duas vertentes, opondo-se a vertente esquerda à vertente da direita, opondo-se o nível superior ao nível inferior. O que isso significa merece ser auscultado, se assim posso dizer, ou seja, ser interrogado sobre aquilo em que elas podem dar mostra de um certo abuso.

Não é por eu ter-me servido de uma formulação feita da irrupção da matemática na lógica que me sirvo dela exatamente da mesma maneira. E minhas primeiras observações consistirão em mostrar que, com efeito, a maneira pela qual a utilizo é tal que de modo algum é traduzível em termos de lógica das proposições. O modo pelo qual intervém a variável, ou seja, o que dá lugar ao argumento, é aqui especificado pela forma quádrupla em que é postulada a relação do argumento com a função.

Para introduzir aquilo de que se trata, lembro que, na lógica das proposições, temos em primeiro plano as quatro relações que são, de certo modo, a base dessa lógica, quais sejam, a negação, a conjunção, a disjunção e a implicação. Existem outras, mas essas são as primeiras, e todas as outras se reduzem a elas.

Ora, a maneira pela qual são escritas as nossas posições de argumento e função é tal que é insustentável, aqui, a chamada relação de negação, segundo a qual o que é postulado como verdade só poderia ser negado pela palavra *falso*. Vocês podem ver, de fato, no nível inferior ou superior, o enunciado da função, ou seja, que ela é fálica, quer como uma verdade, quer, precisamente, como algo a afastar. A verdadeira verdade seria justamente aquilo que não se escreve, o que só pode ser escrito aqui sob a forma que contesta a função fálica, isto é, *Não é verdade que a função fálica seja o que fundamenta a relação sexual*. Em ambos os casos, esses dois níveis, como tais, são independentes, e não se trata, em absoluto, de fazer de um a negação do outro, mas, ao contrário, de fazer de um obstáculo ao outro.

Vocês vêm repartir-se, no nível superior, um *Existe* e um *Não existe*. Do mesmo modo, no nível inferior, de um lado vocês têm um *todo x*, ou seja, o campo do que se define pela função fálica. Do outro lado, a diferença da posição do argumento na função fálica prende-se a que *não é toda* mulher que se inscreve nela.

Vocês podem ver que, longe de um se opor ao outro como sua negação, é, muito pelo contrário, a partir da subsistência deles, aqui precisamente como negada, que se abarca aquilo de que se trata. De um lado, do lado masculino, há um *x* que pode se sustentar num além da função fálica, e do outro lado, ele não existe, pela simples razão de que uma mulher não poderia ser castrada, pelas melhores razões. Esse é o nível do que justamente nos é barrado na relação sexual. Em contrapartida, no nível da função fálica, é no que ao *todo* se opõe o *não toda* que há possibilidade de uma distribuição da direita para a esquerda do que se fundará como masculino e como feminino. Assim, longe de a relação de negação nos forçar a escolher, temos, ao contrário, que repartir. Se os dois lados se opõem um ao outro, é legitimamente.

Depois da negação, falei da conjunção. Para dar conta dela, precisarei apenas, no caso, observar – espero que haja aqui um número suficiente de pessoas que hajam folheado vagamente um livro de lógica para que eu não tenha necessidade de insistir nisso – que a conjunção adquire valor pelo fato de duas proposições poderem ser ambas verdadeiras. É justamente isso que de modo algum nos permite o que está escrito no quadro, pois vocês vêm perfeitamente que, da direita para a esquerda, não há identidade alguma, e que, ali onde se trata do que é postulado como verdadeiro, ou seja, Φ de *x*, as universais não podem conjugar-se. A universal do lado esquerdo só se opõe ao lado direito por não haver universal articulável, isto é, porque a mulher, em relação à função fálica, só se situa por estar *não toda* sujeita a ela.

Entretanto, a disjunção não se sustenta mais que isso, se vocês se lembrarem de que ela só adquire valor pelo fato de duas proposições não poderem ser falsas ao mesmo tempo. Devemos dizer que ela é a relação mais forte ou mais fraca? Certamente é a mais forte, por ser o osso mais duro de roer, já que é preciso um mínimo para que haja disjunção. A disjunção torna válido que uma proposição seja verdadeira, a outra, falsa, ou que ambas sejam verdadeiras. *Uma verdadeira, a outra falsa*, ou talvez *uma falsa, a outra verdadeira*, ou ainda *ambas verdadeiras*: há, portanto, pelo menos três casos combinatórios em que a disjunção se sustenta. A única coisa que ela não pode admitir é que ambas as proposições sejam falsas. Ora, temos aqui no alto duas funções que são postuladas como não sendo a verdade verdadeira. Parecemos deter aqui uma coisa que dá esperança de havermos pelo menos articulado uma disjunção verdadeira.

Observem o que está escrito à esquerda, e que terei a oportunidade de articular de uma forma que lhe dê vida – o Φ de *x* com o sinal de negação em cima. Trata-se de que é na medida em que a função fálica não funciona que existe uma chance de relação sexual. Dissemos que é preciso existir um *x* para isso. Do outro lado, o que temos? Que tal *x* não existe. Decorre daí que podemos dizer que o destino do que seria uma forma pela qual se sustentaria no ser falante a diferenciação entre macho e fêmea, entre homem e mulher, prende-se à sorte que temos de haver uma discórdia – veremos dentro em pouco o que pretendo dizer com isso – no nível das universais, as quais não se sustentam, em vista da inconsistência de uma delas.

O que acontece ali onde afastamos a função em si? Se, de um lado, supõe-se que exista um *x* que satisfaz a proposição Φ de *x* negada, do outro temos a formulação expressa de que nenhum *x* a satisfaz, o que ilustrei ao dizer que a mulher, pelas melhores razões, não poderia ser castrada. Mas isso passa, justamente, pelo enunciado *nenhum x*. Ou seja, no nível em que a disjunção teria chance de se produzir, encontramos, de um lado, somente *um*, ou, pelo menos, *ao menos um*, e do outro, a inexistência, isto é, a relação de um com zero.

Portanto, no nível em que a relação sexual teria chance não de ser realizada, em absoluto, mas simplesmente de ser esperada, mais além da abolição pela distância da função fálica, já não encontramos como presença, eu ousaria dizer, senão um dos dois sexos. É isso que convém aproximarmos da experiência, tal como vocês estão habituados a vê-la enunciar-se.

A universal só faz surgir para a mulher a função fálica, da qual ela participa, como vocês sabem – essa é a experiência, cotidiana demais, infelizmente, para não dissimular a estrutura. Mas a mulher só participa dela ao querer arrebatá-la do homem, ou então, meu Deus, ao lhe impor o serviço dela, no caso, *...ou pior*, caberia dizer, em que ela lha devolvesse. Mas isso não universaliza a mulher, nem que seja por isto, que é a raiz do *não toda*: por ela encerrar em si um gozo diferente do gozo fálico, o gozo dito propriamente feminino, que não depende dele em absoluto.

Se a mulher não é toda, é porque o seu gozo é duplo. Foi justamente isso que revelou Tirésias, quando se recuperou de ter sido, graças a Zeus, Teresa, durante algum tempo, naturalmente com a consequência que sabemos. Essa consequência está como que estampada, se assim posso me expressar, visível – caberia dizer – em Édipo. Isso é o que o esperava, por ter existido, justamente ele, como homem dessa posse suprema que resultava do engodo em que sua parceira o mantinha sobre a verdadeira natureza do que oferecia ao seu gozo. Ou então, para dizê-lo de outra maneira, por sua parceira não lhe pedir que recusasse o que ela lhe oferecia. Isso evidencia, porém no nível do mito, que, para existir como homem num nível que escapasse à função fálica, Édipo não tinha outra mulher senão essa, que, justamente, não deveria ter existido para ele como tal.

Por que esse *não deveria ter*, por que a teoria do incesto? Isso tornaria necessário eu enveredar pelo caminho dos Nomes-do-Pai, no qual eu disse que nunca mais entrarei. Por alguém ter-me pedido para fazê-lo, reli a primeira conferência do ano de 1963-64 que fiz no Sainte-Anne. Foi exatamente por essa razão que voltei aqui. Isso se relê, isso se lê, tem até certa dignidade, de modo que a publicarei, se ainda voltar a publicar, o que não depende de mim. Seria preciso que outros publicassem um pouco comigo, isso me animaria. Se eu a publicar, ficará visível o cuidado com que situei então – já fazia uns cinco anos que eu o dissera num certo número de registros – a metáfora paterna, o nome próprio etc. Havia tudo o que era preciso para dar, com a Bíblia, um sentido à elucubração mítica dos meus ditos. Porém não o farei nunca mais. Não o farei nunca mais porque, afinal, posso contentar-me em formular as coisas no nível da estrutura lógica, que, afinal, tem lá os seus direitos.

Num certo nível, aquele em que haveria a possibilidade de existir a relação sexual, não há outra coisa senão $\exists$ de x barrado, esse *heteros* como ausente. Isto não é, de modo algum, forçosamente um privilégio do sexo feminino, mas simplesmente a indicação do que escrevi em meu grafo – digo-o porque isso teve o seu destinozinho – sobre o Significante de A barrado. Isto quer dizer que, por onde quer que o tomemos, o Outro está ausente a partir do momento em que se trata da relação sexual.

No nível do que funciona, isto é, da função fálica, há simplesmente a discórdia que recordei há pouco. Trata-se de que, de um lado e do outro, ali, no caso, não se está na mesma posição. De um lado, temos a universal baseada numa relação necessária com a função fálica, e do outro, uma relação contingente, porque a mulher é *não toda*.

Assim, sublinho que, no nível superior, a relação baseada no desaparecimento, no desvanecimento da existência de um dos parceiros, que deixa um lugar vazio para a inscrição da fala, não é privilégio de nenhum lado. Só que, para haver fundamento do sexo, como se diz, é preciso que eles sejam dois. Zero e um, isso certamente dá dois no plano simbólico, isto é, desde que concordemos em que a existência se enraíza no símbolo. É isso que define o ser falante.

Sem dúvida, o ser falante é alguma coisa, talvez sim. O que é o que ele não é? Acontece que esse ser é absolutamente inapreensível. E é ainda mais inapreensível por ser forçado a passar pelo símbolo para se sustentar. Um ser, quando vem a ser apenas pelo símbolo, é justamente um ser sem ser. Pelo simples fato de falarem, vocês todos participam desse ser sem ser. Em contrapartida, o que se sustenta é a existência, na medida em que existir não é ser, é depender do Outro. Vocês realmente estão aí, todos, por algum lado, existindo, mas, no que concerne a seu ser, não ficam tão tranquilos. De outro modo, não viriam buscar a certeza em tantos esforços psicanalíticos.

Aí está algo inteiramente original na primeira emergência da lógica, com a qual se choca a hesitação de Aristóteles a propósito do status da proposição particular. Essas dificuldades foram sublinhadas noutros lugares, eu não as descobri. Para os que quiserem reportar-se a elas, recomendo o número 10 dos *Cahiers pour l'Analyse*, no qual o primeiro artigo, de um certo Jacques Brunschwig, *A proposição particular e as provas da inconcludência em Aristóteles*, é excelente a esse respeito. Nele vocês verão perfeitamente assinalada a dificuldade de Aristóteles com a particular. Ele certamente percebe que a existência não poderia estabelecer-se, de modo algum, a não ser fora da universal, dessa forma ele situa a existência no nível da particular, particular esta que absolutamente não é suficiente para sustentá-la, embora dê a ilusão de fazê-lo, graças ao emprego da palavra *algum*.

Essa formalização é chamada de quantificação, em razão de um rastro deixado na história filosófica por um certo Apuleio – um romancista sem muito bom gosto e, com certeza, um místico desenfreado, que escreveu *O asno de ouro* –, que um dia introduziu que o que concernia ao *mais* e ao *algum* em Aristóteles era da ordem da quantidade. Não é nada disso, são simplesmente dois modos diferentes do que eu poderia chamar, se vocês me permitem isto, que é meio improvisado, a encarnação do símbolo.

A passagem na vida corriqueira, o fato de haver *todos* e *alguns* em todas as línguas, eis o que nos obriga a dizer que a linguagem, afinal, deve ter uma raiz comum. E, como as línguas são muito profundamente diferentes em sua estrutura, é realmente preciso que isso esteja relacionado com alguma coisa que não é linguagem. É compreensível que, neste ponto, as pessoas escorreguem. Esse ser além da linguagem, pressentimos que ele só pode ser matemático, só pode ser número, e, a pretexto disso, imagina-se que se trate da quantidade. Mas talvez não seja ao número propriamente dito, em toda a sua realidade, que a linguagem dá acesso. Talvez ela seja capaz somente de reter o zero e o um. Seria por aí que se faria a entrada desse real, esse real que é o único que pode estar além da linguagem, único domínio onde se pode formular uma impossibilidade simbólica.

A relação com o número é acessível à linguagem se esta se instaura a partir da não relação sexual. Mas que ela não possa enfrentar o zero e o um encontra facilmente seu reflexo na elaboração que Frege fez de sua gênese lógica dos números. Eu lhes indiquei o que cria dificuldade nessa gênese lógica, a saber, a hiância entre o zero e o um, que notei com o triângulo matemático, hiância esta que redobra a oposição de enfrentamento entre eles. Que esteja aí a essência do primeiro casal, que ela não possa ser de um terceiro, e que a hiância como tal seja sempre do dois, eis uma coisa essencial a recordar, em razão de algo muito mais perigoso para se deixar subsistir na análise do que as aventuras míticas do Pai primitivo. Estas, em si, não têm nenhum inconveniente, na medida em que estruturam admiravelmente a necessidade de que haja, em algum lugar, um *ao menos um* que transcenda o que se dá com o domínio da função fálica. Isso está suficientemente expresso aí para que possamos facilmente utilizá-lo, além de o vermos confirmado pela estruturação lógica do que está escrito no quadro. Em contrapartida, não há nada mais perigoso do que as confusões quanto ao que vem a ser o Um.

O Um, como vocês sabem, é frequentemente evocado por Freud como significante de uma essência do Eros que seria feita da fusão, isto é, que a libido seria o tipo de essência que de dois tenderia a fazer Um. Segundo um velho mito, que com certeza não é, em absoluto, de boa mística, o mundo, por uma de suas tensões fundamentais, tenderia a fazer apenas Um. Esse mito só pode funcionar num horizonte de delírio, e não tem nada a ver com seja o que for que encontremos na experiência. De fato, se há uma coisa que cria dificuldade na relação, e que a análise não apenas articula, mas é feita para fazer atuar em todos os sentidos, são precisamente as relações entre as mulheres e os homens. Nelas, nada se assemelha a não sei que tendência espontânea para o Um, fora desse horizonte do qual falei há pouco como sendo fundamentado em sabe-se lá que mito animal. O Eros não é, de maneira alguma, uma tendência para o Um, muito longe disso.

A articulação precisa dos dois níveis mostra que é somente na discórdia que se funda a oposição entre os sexos, na medida em que de modo algum eles poderiam se instituir a partir de um universal. Ao contrário, no nível da existência, encontramos uma oposição que consiste na anulação, no esvaziamento de uma das funções, a do Outro. Esse esvaziamento encerra a possibilidade da articulação da linguagem. É isso que me parece que cabe destacar.

Observem que, agora há pouco, tendo-lhes falado sucessivamente da negação, da conjunção e da disjunção, não cheguei à implicação. Esta só poderia funcionar entre os dois níveis, o da função fálica e o que a descarta. Ora, nada do que, no nível inferior, no nível da insuficiência da especificação universal, é disjunção implica, porém, que seja *se e somente se* a síncope da existência efetivamente se produzir, no nível superior, que a discórdia do nível inferior será exigível, e vice-versa.

Mais uma vez, vemos funcionar separadamente a relação do nível superior com o nível inferior. A exigência de que exista *ao menos um homem*, que é a que parece ser emitida no nível desse feminino que se especifica por ser um *não-toda*, é o único ponto em que a dualidade tem possibilidade de ser representada. Só existe aí um requisito gratuito, se assim posso me expressar. Esse *ao menos um*, nada o impõe, senão a chance única – e também é preciso que ela seja arriscada – de que alguma coisa funcione na outra vertente, mas como um ponto ideal, como possibilidade de que todos os homens cheguem a isso, por meio de quê? Da identificação. Não existe aí senão uma necessidade lógica, que só se impõe no nível da aposta.

Observem, ao contrário, o que daí resulta com respeito à universal barrada. É nisso que é indispensável o *ao menos um* em que se sustenta o Nome-do-Pai mítico. Ao dizer isto, enuncio a visão geral que falta na ideia da espécie ou da classe, e que mostra bem que não é à toa que toda a dialética das formas aristotélicas foi falha.

Onde funciona, afinal, esse $\exists x$, esse *existe ao menos um* que não é escravo da função fálica? Isso não passa de um requisito do tipo desesperado, diria eu, do ponto de vista de alguma coisa que nem sequer se sustenta por uma definição universal. Mas observem que, com respeito à universal marcada $\forall x.\Phi x$, todo macho é escravo da função fálica. Esse *ao menos um*, como algo que funciona por escapar dela, o que quer dizer isto? Eu diria que é a exceção. É isso que diz, sem saber o que diz, o provérbio *Toda regra tem exceção*. O universal assim fundado se distingue, em todo caso, de qualquer uso tornado comum pela tradição filosófica do citado universal.

Há uma coisa singular que descobri em minhas pesquisas e porque, por uma antiga formação, não desconheço inteiramente o chinês, mas foi preciso eu me fazer confirmar, por um de meus queridos amigos que tem no chinês sua língua materna, algo que eu havia mais ou menos guardado apenas como vestígio, a saber, que, em chinês, a denominação de *todo homem* é *Dou*, que não lhes escrevo no quadro por estar cansado, ou então, é uma articulação mais antiga, que se diz *Jie*. Enfim, se isso os diverte, vou escrevê-lo.

都 家

Dou *Jie*

Será que vocês imaginam como se pode dizer, por exemplo, *todos os homens comem*? Ora, isso se diz *mei ge ren dou chi fan*. *Mei* insiste no fato de que isso efetivamente ocorre, e, se vocês duvidarem, o especificativo *ge* lhes mostra que eles são mesmo contados. Mas isso não os torna todos, e então se acrescenta *dou*, que quer dizer *sem exceção*. Eu poderia citar-lhes outras coisas. Posso lhes dizer que *Todos os soldados pereceram*, estão todos mortos, o que em chinês se diz *Soldados sem exceção kaput*. O *todo* que vemos estender-se para nós a partir do interior e só encontrar seu limite na inclusão é tomado em conjuntos cada vez mais vastos. Na língua chinesa, nunca se diz *dou* nem *jie* senão pensando na totalidade de que se trata como conteúdo.

O que descobrimos no que lhes articulo como uma relação singular com respeito ao status do universal adquire a imagem de uma exceção. Mas, de qualquer modo, essa ideia é apenas o correlato do que chamei há pouco de vazio do Outro. Se progredimos na lógica das classes, foi por termos criado a lógica dos conjuntos. A diferença entre a classe e o conjunto é que, quando a classe se esvazia, não há mais classe, porém, quando o conjunto se esvazia, ainda existe o elemento do conjunto vazio. É justamente nisso, mais uma vez, que a matemática faz com que haja um progresso na lógica.

Vejamos onde retomar a unilateralidade da função existencial, no que diz respeito ao outro parceiro como *sem exceção*. Isso é indicado pela inexistência de x na parte direita do quadro, ou seja, não há exceção. Aí está algo que já não tem paralelismo, simetria com a exigência, que há pouco chamei de desesperada, do *ao menos um*. Trata-se de uma exigência diferente, e que repousa nisto: em que, afinal de contas, o universal masculino pode fundamentar-se na certeza de que não existe mulher que tenha sido castrada, e isto por razões que lhe parecem evidentes. Só que, na verdade, isso já não tem importância, em razão de ser uma garantia gratuita. O que chamei ainda há pouco de comportamento da mulher mostra com clareza que sua relação com a função fálica é totalmente ativa. Só que aí, como agora há pouco, se a suposição é baseada na certeza de que se trata realmente de um impossível, o que é o cúmulo [*comble*] do real, ainda assim isso não abala a fragilidade, digamos, da conjectura.

Com efeito, seja como for, a mulher não fica mais garantida em sua essência universal, pela simples razão de que isto – não existe x que corresponda à função Φx negada – é o contrário do limite. O fato de não haver exceção também não garante o universal da mulher, já tão mal estabelecido, em razão de ser discordante. Bem longe de dar a algum *todo* uma consistência, o *sem exceção* a dá ainda menos, naturalmente, àquilo que se define como *não-todo*, como essencialmente dual.

Espero que isto lhes sirva como um gancho necessário para que possamos tentar posteriormente uma escalada, se formos levados pelo caminho no qual se deve interrogar severamente a irrupção dessa coisa estranhíssima que é a função do Um. Aqui a mentalidade animal não nos serve senão como referência especular, um espelho diante do qual, como diante de todos os espelhos, pura e simplesmente negamos. Poderíamos perguntar-nos: para o animal, existe o Um?

O lado exorbitante da emergência desse Um, seremos levados a trilhá-lo, em outro lugar, com o *Parmênides* de Platão, e foi por isso que os convidei a relê-lo antes que eu o abordasse.

3 de março de 1972

VIII
O Que Vem a Ser o Outro

Suas fantasias gozam com vocês
Apenas pensamentos
A ontologia é uma vergonha
O impossível não se transgride
A mulher entre centro e ausência

$\exists x.\overline{\Phi x}$	$\overline{\exists x}.\overline{\Phi x}$
$\forall x.\Phi x$	$\overline{\forall x}.\Phi x$

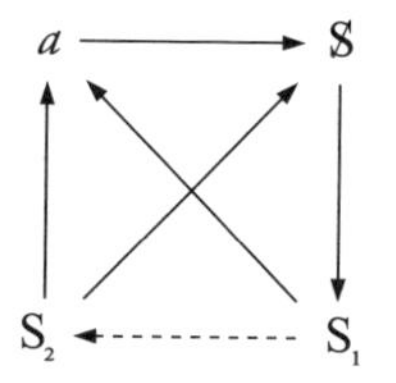

Como este ano desejo lhes falar do Um, começarei hoje por enunciar o que vem a ser o Outro.

A propósito desse outro que escrevo com O maiúsculo, colhi há algum tempo a inquietação marcada por um marxista a quem devi o lugar de onde pude retomar meu trabalho. A inquietação era a seguinte: esse Outro, esse terceiro, ao enunciá-lo na relação do casal, ele, o marxista, só conseguia identificá-lo com Deus. Terá essa inquietação avançado tanto, posteriormente, a ponto de lhe inspirar uma irredutível desconfiança do vestígio que eu pudesse deixar?

Esta é uma pergunta que deixarei de lado por hoje, porque vou começar pelo desvelamento puro e simples do que vem a ser esse Outro.

1

O Outro de que se trata é o do casal sexual, esse mesmo. É justamente por isso que nos será necessário produzir um significante que só pode ser escrito por barrar esse grande A.

Nós – enfatizo este *nós* [*on*] sem me deter nele, pois eu não daria um passo –, nós só gozamos com o Outro. É mais difícil acrescentar isto, que pareceria se impor, visto que eu disse que o que caracteriza o gozo se esquiva: só o Outro usufrui de nós. É justamente esse o abismo que nos oferece a questão da existência de Deus, que deixo no horizonte como se inefável.

Quando digo que só gozamos com o Outro, o importante não é a relação daquilo que poderíamos acreditar que é nosso ser com aquilo que goza, mas sim que não usufruímos dele sexualmente – não existe relação sexual – nem somos usufruídos por ele. Vocês estão vendo que lalíngua, que escrevo numa palavra só, lalíngua, mas que é uma boa moça, resiste nesse ponto. Ela faz beicinho. É realmente preciso dizer, goza-se com o Outro mentalmente.

Uma observação no *Parmênides* adquire neste ponto seu valor de modelo, razão por que lhes recomendei que fossem instruir-se um pouquinho nele. Naturalmente, se o lerem através dos comentários que são feitos sobre ele na Universidade, vocês o situarão na linhagem dos filósofos, onde ele é considerado um exercício particularmente brilhante; mas, depois dessa pequena saudação, vão-lhes dizer que não há grande coisa a fazer com ele, que ali Platão simplesmente levou ao grau máximo de acuidade aquilo que será deduzido para vocês da teoria platônica das formas. Talvez seja de outra maneira que lhes convém lê-lo. Ele deve ser lido com inocência.

Observem que, de vez em quando, alguma coisa pode nos tocar, nem que seja, por exemplo, no início da sétima hipótese, que parte de *se o Um não é*, um comentário feito inteiramente de passagem, inteiramente à margem: *E se disséssemos que o Não-Um não é?* E então ele se empenha em mostrar que a negação de seja o que for, não apenas do Um, do não grande, do não pequeno, essa negação como tal distingue-se por não negar o mesmo termo.

Peço-lhes que se detenham agora naquilo de que se trata, na negação do gozo sexual. O S(Ⱥ) é a mesma coisa que acabo de formular: que com o Outro se goza mentalmente. Isso escreve algo sobre o Outro e, como o enunciei, como termo da relação que, desvanecendo-se por não existir, torna-se o lugar em que ela se escreve, em que ela se escreve como estas quatro fórmulas estão escritas ali, a fim de transmitir um saber. Esse saber talvez se ensine, mas o que se transmite é a fórmula.

É justamente por um dos termos transformar-se no lugar em que a relação se escreve que ela não pode mais ser relação, uma vez que o termo muda de função, torna-se o lugar em que ela se escreve, e que a relação só existe por ser escrita no lugar desse termo. Um dos termos da relação tem que se esvaziar para permitir que essa relação se escreva.

É justamente isso que subtrai radicalmente qualquer peso de idealismo desse "mentalmente" que enunciei há pouco, entre aspas, que a fala não pode enunciar. Esse idealismo é incontestável quando vemos se desenvolverem, na pena de Berkeley, observações que repousam inteiramente em que nada do que se pensa é pensado senão por alguém. Está justamente aí o argumento, ou, mais exatamente, a argumentação irredutível. Ele teria mais contundência se confessasse que aquilo de que se trata é o gozo.

Vocês só gozam com suas fantasias. É isso que daria peso ao idealismo, que ninguém, por outro lado, apesar de ele ser incontestável, leva a sério. O importante é que suas fantasias gozam com vocês.

É neste ponto que posso voltar ao que dizia há pouco. Como vocês estão vendo, nem mesmo lalíngua, que é uma boa moça, deixa essa palavra sair com facilidade.

2

O idealismo afirma que se trata apenas de pensamentos. Para sair disso, lalíngua, que é uma moça decente, mas não tão decente assim, talvez lhes possa oferecer algo que, de qualquer modo, não precisarei escrever para lhes pedir que o façam entrar em consonância. Enfim, se é preciso fazê-los ouvirem, *apenas* [*que*] *de pensamentos e a fila* [*queue*] *de pensamentos.**

* A construção francesa "não se trata senão de…", ou "trata-se apenas de…", formula-se como "*il ne s'agit que de…*", onde o *que* é homófono de *queue*, termo de acepções múltiplas, entre elas *cauda, rabo, cabo, fila, rabeira, retaguarda* e, na gíria, o pênis. É com eles que Lacan joga. (N.T.)

É isso que é permitido pela *descência* [*bonne fillerie*] de lalíngua em francês. É nessa língua que me expresso, e não vejo por que não me beneficiaria disso. Se eu falasse outra língua, encontraria outra coisa. Trata-se aí da fila [*queue*] de pensamentos, não, como diz o idealista, tais como os pensamos, nem mesmo somente por os pensarmos *logo sou* – o que já é um progresso, entretanto –, mas na medida em que eles realmente se pensam.

É nisso que me classifico entre os realistas, se é que isso tem o mínimo interesse, pois não vejo por que eu me classificaria filosoficamente, eu, através de quem emerge um discurso que não é o discurso filosófico, mas o discurso psicanalítico, nominalmente aquele cujo esquema reproduzi, e que qualifico de discurso em razão do que apontei: que nada adquire sentido senão a partir das relações de um discurso com outro discurso.

Isso pressupõe, é claro, este exercício ao qual não posso dizer nem esperar que os tenha realmente acostumado. Tudo isto passa por vocês, é claro, como água sobre as penas de um pato, já que – e, aliás, é isso que constitui sua existência – vocês estão solidamente inseridos em discursos que os antecederam, que já existem há algum tempo, há um bom tempo, inclusive o discurso filosófico, tal como este lhes é transmitido pelo discurso universitário, ou seja, em que estado... Vocês estão solidamente instalados neles, e isso constitui a sua base.

Os que ocupam o lugar desse Outro que trago à luz, não se deve crer que eles levem uma vantagem tão grande sobre vocês, mas, ainda assim, pôs-se um mobiliário na mão deles, o qual não é fácil de manejar.

Nesse mobiliário existe a poltrona, cuja natureza ainda não situei muito bem. Mas a poltrona é essencial, porque é próprio desse discurso permitir que se produza alguma coisa no que está escrito ali, no alto, à direita, sob a forma do S barrado, e que é, como toda escrita, uma forma encantadora – de modo algum é à toa que o S seja o que Hogarth indica como o traçado da beleza, isso deve ter sentido em algum lugar, e o fato de ser preciso barrá-lo certamente também tem um sentido. De qualquer modo, o que se produz a partir do sujeito barrado é algo que escrevo da mesma maneira que aquilo que ocupa, no discurso do mestre, o lugar dominante. Esse S *um*, S_1, é justamente o que tento produzir para vocês enquanto falo aqui. É por isso, como já disse muitas vezes, que estou no lugar do analisando, e é nisso que ele é instrutivo.

O que é escrito foi pensado? Esta é a questão. Talvez já não possamos dizer por quem foi pensado. E é justamente com isso, em tudo o que está escrito, que vocês lidam. A fileira [*queue*] de pensamentos de que falei é o próprio sujeito, o sujeito desses pensamentos, o sujeito como hipotético. Esse hipotético tem sido repisado nos ouvidos de vocês desde Aristóteles, desde o *hypokeimenon*, que era bem claro, no entanto. Fez-se dele uma coisa tamanha que ali uma gata já não seria capaz de encontrar seus filhotes. Vou chamá-lo de *a cauda* [*traîne*], a cauda dessa fileira de pensamentos, desse algo de real que produz o efeito de cometa que chamei de fileira de pensamentos, e que talvez seja efetivamente o falo.

Ou o que acontece ali não é passível de ser reconquistado *nachträglich* [*a posteriori*] pelo que acabo de chamar de cauda – o que só é concebível porque o efeito que ela é tem a mesma proeminência que seu advento, que é o desarvoramento, se vocês me permitem dar esse nome à disjunção da relação sexual –, ou o que se pensou está aberto para ser repensado, ao alcance dos meios de um repensar, o que consiste justamente em perceber, ao escrevê-lo, que se tratava de pensamentos. Digam o que disserem, o escrito vem depois que esses pensamentos, esses pensamentos reais, são produzidos. Essa repetição, que é o fundamento do que a experiência analítica descobre, está nesse esforço de repensar, nesse *nachträglich*. Que isso se escreva é a prova, mas prova apenas do efeito de retomada, *nachträglich*. É isso que alicerça a psicanálise.

Quantas vezes, nos diálogos filosóficos, vocês viram o argumento "Se você não me acompanha até este ponto, não há filosofia"? O que vou lhes dizer é exatamente a mesma coisa. Das duas, uma: ou é válido aquilo que ainda é comumente aceito em tudo o que se escreve sobre a psicanálise, em tudo o que flui da pena dos psicanalistas, a saber, que aquilo que pensa não é pensável, e, nesse caso, não há psicanálise, ou então, para que possa haver psicanálise e, em suma, interpretação, é preciso que isso de que parte a fileira de pensamentos tenha sido pensado, pensado como pensamento real.

É por essa razão que lhes fiz ladainhas sobre o tal de Descartes. O *Penso, logo existo* não quer dizer nada, se não for verdadeiro. Ele é verdadeiro porque o *logo existo* é aquilo que eu penso antes de sabê-lo, e porque *eu* o querer ou não é a mesma coisa.

A mesma coisa, justamente, é como chamei a Coisa freudiana. É exatamente por ser a mesma coisa, esse *eu penso* e aquilo que penso, isto é, o *logo existo*, que isso não é equivalente. Foi por essa razão que falei da Coisa freudiana, porque há na Coisa duas faces – escrevam isso como quiserem, *face* ou *faça* [*fasse*] – que não apenas não são equivalentes, como não são substituíveis uma pela outra no dito. Isso não é equivalente, mas é parecido. Foi por isso que só falei da Coisa freudiana de certa maneira.

O que escrevi é lido. É até curioso que esta seja uma das coisas que obrigam a relê-lo. É para isso que ele foi feito, aliás. E, ao relê-lo, percebe-se que não estou falando da Coisa, porque não se pode falar *dela*. Eu a faço falar, ela própria. A Coisa de que se trata enuncia – *Eu, a verdade, falo*. E ela não o diz dessa maneira, é claro, mas isso deve se perceber. Foi justamente para isso que escrevi. Ela o diz de todas as maneiras, e eu me atreveria a dizer que não é uma passagem ruim: só sou apreensível nos meus pequenos mistérios. O que se escreve sobre a Coisa deve ser considerado como o que se escreve vindo dela, não de quem escreve.

É isso que faz com que a ontologia – em outras palavras, a consideração do sujeito como ser – seja uma vergonha [*honte*], se vocês me permitem.

Portanto, vocês entenderam, é preciso saber de que se fala. Ou o *logo existo* é apenas um pensamento, para demonstrar que é o impensável que pensa, ou é o fato de dizê-lo que pode agir sobre a Coisa, o bastante para que ela gire de outra maneira. E é por isso que todo pensamento é pensado, a partir de suas relações com o que se escreve dele. Caso contrário, repito, nada de psicanálise.

Estamos no i.n.a.n., que é o que há de mais difundido hoje em dia, o *inan-alisável*. Não basta dizer que a psicanálise é impossível, porque isso não impede que ela seja praticada. Para que ela seja praticada sem ser *inan*, o que importa não é a qualificação de impossível; o que está em questão é sua relação com o impossível, e a relação com o impossível é uma relação de pensamento. Essa relação não pode ter nenhum sentido se a impossibilidade demonstrada não for estritamente uma impossibilidade de pensamento, porque esta é a única demonstrável.

Se basearmos o impossível nessa relação com o real, restará dizermos isto, que lhes dou de presente e que recebi de uma mulher encantadora, distante no meu passado, mas que ficou marcada por um aroma encantador de sabonete, com o sotaque vaudense que ela sabia assumir, embora se houvesse purificado dele, mas sabia resgatá-lo: *Nada é impossível para o homem* – dizia ela, mas não posso imitar para vocês o sotaque vaudense, não nasci lá –, *o que ele não pode fazer, abandona.*

Isto é para fazê-los se centrarem no que vem a ser o impossível, na medida em que este termo seja aceitável por alguma pessoa sensata.

Pois bem, essa anulação do Outro só se produz no nível em que se inscreve – da única maneira possível, ou seja, tal como o escrevo – o Φ de *x*, com a barra por cima, $\overline{\Phi x}$. Isto quer dizer que não se pode escrever que o que cria obstáculo à função fálica não é verdadeiro. Então, o que quer dizer isto, $\exists$ de *x*, ou seja, *existe um x* tal que poderia inscrever-se nessa negação da verdade da função fálica?

Isso justifica que o articulemos de acordo com diferentes tempos. Como vocês podem ver, o que vamos questionar é o estatuto da existência, na medida em que ele não é claro.

3

Acho que já lhes encheram tanto os ouvidos e a cabeça com a distinção entre a essência e a existência que vocês já não estão satisfeitos com ela.

Será que o discurso analítico nos permite dar sentido aos discursos anteriores feitos a esse respeito, à coleção dessas fórmulas? Há uma coisa que, no fim das contas, eu só poderia destacar pelo nome de uma motivação cuja não percepção é o que gera, por exemplo, a dialética hegeliana. Esta só prescinde dessa não percepção, por assim dizer, ao considerar que o discurso como tal domina o mundo.

Eis que reencontro uma notinha lateral. Não vejo por que eu não retomaria essa digressão, ainda mais que vocês não pedem a não ser ela. Só pedem ela porque, se eu seguir direto, isso os cansará.

O que deixa uma sombra de sentido no discurso de Hegel é uma ausência, e precisamente a ausência da mais-valia, tal como extraída do gozo no real do discurso do mestre/senhor. Mas, ainda assim, essa ausência assinala alguma coisa. Ela realmente assinala o Outro não como abolido, mas justamente como impossibilidade de um correlato, e é ao presentificar essa impossibilidade que ela colore o discurso de Hegel.

Vocês não perderão nada em reler o prefácio da *Fenomenologia do espírito* em correlação com o que digo aqui. Vocês todos estão vendo os deveres que lhes dou para as férias, o *Parmênides* e a *Fenomenologia*, pelo menos o prefácio, porque a *Fenomenologia*, naturalmente, vocês nunca a leem. Mas o prefácio é muito bom. Por si só, vale o trabalho de relê-lo, e vocês verão que isso confirma, que isso ganha sentido pelo que lhes digo. Ainda não me atrevo a lhes prometer que o *Parmênides* fará a mesma coisa, adquirir sentido, mas espero que sim, porque é próprio de um novo discurso renovar o que se perde no turbilhão dos discursos antigos, e que é justamente o sentido.

Se lhes digo que há uma coisa que colore o discurso de Hegel, é porque, nesse caso, a palavra *cor* significa algo diferente de *sentido*. A promoção do que enuncio o descolore, justamente, e completa o efeito do discurso de Marx. Eu gostaria de sublinhar nesse discurso algo que constitui seu limite. É que ele comporta um protesto que se constata que consolida o discurso do mestre/senhor, complementando-o, e não apenas pela mais-valia, porém incitando – sinto que isto vai provocar umas reações fortes – a mulher a existir como igual.

Igual a quê? Ninguém sabe. Também podemos muito bem dizer que *homem = zero*, já que ele precisa da existência de algo que o negue para existir como *todos*.

Em outras palavras, há aí uma confusão, o que não é incomum, porque vivemos na confusão, e erraríamos ao acreditar que vivemos dela. Isto não é evidente, não vejo por que a falta de confusão nos impediria de viver. É até curioso que as pessoas se precipitem nela, cabe dizer. Lançam-se nela. Quando emerge um discurso como o discurso analítico, o que ele lhes propõe é manter as rédeas bem firmes para aguentar o complô da verdade.

Todos sabem que os complôs não vão muito longe. É mais fácil fazer tanto blá-blá-blá que se acaba identificando muito bem todos os conspiradores. As pessoas se confundem, precipitam-se na negação da diferença sexual. Finge-se apagá-la mediante o uso do sinal de *igual*, *mulher = homem*.

O formidável, não é, vou-lhes dizer, não são todas essas besteiras, é o obstáculo que elas têm a pretensão, palavra grotesca, de *transgredir*. Ensinei coisas que não pretendiam transgredir nada, e sim circunscrever certo número de pontos nodais, pontos de impossibilidade. Com o que houve, certamente, pessoas a quem isso perturbou, porque elas eram os representantes, os mandachuvas estabelecidos do discurso psicanalítico em exercício, que me deram, digamos, um desses golpes que enfraquecem a voz.

Um desses golpes aconteceu comigo fisicamente, desferido por um cara encantador. Ele me fez isso, um dia, foi um amor, teve uma coragem danada... Ele o fez apesar de eu estar, ao mesmo tempo, sob a ameaça de um troço em que eu não acreditava especialmente, mas enfim, fingi que acreditava – um revólver. Mas os sujeitos que me cortaram a voz num dado momento, estes não o fizeram *apesar de*, mas sim *porque* eu estava sob a ameaça de um revólver, este de verdade, não um brinquedo como o outro. Isso consistiu em me submeter ao exame, ou seja, ao *standard* de pessoas que não queriam entender nada do discurso analítico, embora ocupassem nele a posição estabelecida. Então, o que vocês queriam que eu fizesse? A partir do momento em que não me submeti a esse exame, fui condenado de antemão, não é? O que, naturalmente, tornou muito mais fácil me cortar a voz, ora!

Porque isso existe, a voz. Ela durou vários anos assim. Devo dizer que eu tinha pouquíssima voz. Mas tenho uma voz da qual nasceram os *Cahiers pour l'Analyse*, uma literatura muito, muito, muito boa, que decididamente lhes recomendo. Devo dizer que eu estava tão inteiramente ocupado com a minha voz que, de minha parte, esses *Cahiers pour l'Analyse*, para lhes resumir a coisa, não posso fazer tudo, não posso ler o *Parmênides*, reler a *Fenomenologia* e outras coisas, e ler também os *Cahiers pour l'Analyse*. Eu precisava me recuperar. Mas agora eu os li de ponta a ponta, são algo formidável.

São algo formidável, porém marginal, porque não foram feitos por psicanalistas. Durante aquele tempo, os psicanalistas ficavam conversando. Nunca se falou tanto em transgressão à minha volta quanto durante a época em que eu tinha voz... puft! É isso.

Vocês podem imaginar que a transgressão não se sustenta quando se trata do verdadeiro impossível, do impossível que se demonstra, do impossível tal como ele se articula. Nisso se leva tempo, é claro. Primeiro, houve os primeiros rabiscos que permitiram o nascimento de uma lógica, com a ajuda do questionamento da língua. Depois, percebeu-se que esses rabiscos iam ao encontro de algo que existia, porém não da maneira como se acreditava até então, não à maneira do ser, isto é, do que cada um de vocês acredita ser. Cada um acredita que é a pretexto de vocês serem indivíduos. Percebeu-se que havia coisas que existiam no sentido de constituírem o limite do que pode ser sustentado pelo avanço da articulação de um discurso. Isso é o real. Sua abordagem é feita pela via do que chamo de simbólico, o que significa as modalidades do que se enuncia pelo campo – um campo existente – da linguagem. Esse impossível, na medida em que se demonstra, não é transgredido.

Há coisas que há muito têm servido de referencial. Referencial mítico, talvez, mas um referencial muito bom. Não só do que vem a ser esse impossível, mas de sua motivação. Ou seja, muito precisamente, que a relação sexual não se escreve.

Nesse gênero, nunca se fez nada melhor do que, não direi a religião, porque, como lhes explicarei amplamente, não se faz etnologia quando se é psicanalista, e mergulhar a religião num termo geral é o mesmo que fazer etnologia. Também não posso dizer que exista apenas uma, porém existe aquela em que nos banhamos, a religião cristã. Pois bem, acreditem, ela se arranja muito bem com as transgressões de vocês. Aliás, é tudo o que ela deseja. É isso que a consolida. Quanto mais há transgressões, mais isso lhe convém.

É justamente disso que se trata. A questão é demonstrar onde está a verdade do que sustenta de pé um certo número de discursos que entravam vocês.

Hoje terminarei – espero não ter estragado meu anel ao bater na mesa – no mesmo ponto em que comecei. Parti do Outro, não saí dele, porque o tempo passa, e não se deve supor que, de minha parte, no momento em que termina a sessão, eu não esteja exausto.

Assim, vou fechar o que disse de muito local a respeito do Outro, deixando o que possa concernir ao que tenho de lhes formular sobre o ponto axial, o ponto que viso este ano, a saber, o Um.

Não foi à toa que não o abordei hoje. Não há nada tão escorregadio quanto esse Um. É muito curioso. Se há uma coisa que tem faces a ponto de elas se fazerem não inúmeras, mas singularmente divergentes, é justamente o Um.

Não é por acaso que primeiro preciso me apoiar no Outro. O Outro, entendam bem, é um *entre*, portanto, o entre de que se trataria na relação sexual, porém deslocado, justamente por se posicionar alhures, por se *outropor* [*s'autreposer*]. É curioso que, ao posicionar esse Outro, o que tive para enunciar hoje diz respeito apenas à mulher. É justamente ela que nos dá, dessa figura do Outro, a ilustração ao nosso alcance, por estar, como escreveu um poeta, *entre o centro e a ausência*.

O que vem a ser para a mulher essa segunda barra, que só pude escrever ao defini-la como *não-toda*? Ela não está contida na função fálica, mas nem por isso é sua negação. Sua forma de presença está entre o centro e a ausência. Centro – essa é a função fálica de que ela participa singularmente, posto que o *ao menos um* que é seu parceiro no amor renuncia a tal função por ela, esse *ao menos um* que ela só encontra no estado de ser apenas pura existência. Ausência – é o que lhe permite deixar aquilo por cujo meio ela não participa disso, na ausência que não é menos gozo por ser ausência de gozo, *gozausência* [*jouissabsence*].

Creio que ninguém dirá que o que enuncio sobre a função fálica decorre de um desconhecimento do que vem a ser o gozo feminino. Que o *ao menos um* seja pressionado a habitar a *gozopresença* [*jouisse-présence*] da mulher, se assim posso me exprimir, nessa partida que não a torna inteiramente aberta à função fálica, constitui um contrassenso radical em relação ao que a existência dele exige. É em razão desse contrassenso que ele nem sequer pode mais existir, que a própria exceção de sua existência fica excluída, e que desvanece o status do Outro, feito por não ser universal. O desconhecimento do homem é exigido por isso, o que constitui a definição da histérica.

É com isto que os deixarei por hoje.

8 de março de 1972

O Um: Que Ele Não Acesse o Dois

IX
No Campo do Uniano

O Parmênides é o Um que fala
Há-Um
A associação não é livre
Platão, lacaniano e débil
A existência em Aristóteles

Falei da última vez de algo que estava centrado no Outro, o que é mais cômodo do que falarei hoje, e cuja relação com o Outro já caracterizei ao lhes dizer, precisamente, que ele não é passível de inscrição, o que não torna as coisas mais fáceis.

Trata-se do Um.

1

Já lhes indiquei como se abriu a pista para ele no *Parmênides* de Platão.

O primeiro passo para vocês compreenderem alguma coisa é perceberem que tudo o que ele enuncia do Um como dialetizável, como se desenvolvendo a partir de todo discurso possível a propósito do Um, começa por um nível em que não se diz nada além de *é Um*, como ele se expressa.

Talvez alguns de vocês, atendendo a minhas súplicas, tenham aberto esse livro e percebido que não é a mesma coisa que dizer: *o Um é. É Um* constitui a primeira hipótese, e *o Um é* vem a ser a segunda. Elas são distintas.

Naturalmente, para que isso tenha peso, seria preciso vocês lerem Platão com um pedacinho de algo que viesse de vocês. Não conviria Platão ser para vocês como o que ele é, um autor. Vocês foram formados desde a infância a pegar caronas nos autores [*auteur-stop*]. Desde o tempo em que isso virou costume, essa maneira de vocês se dirigirem aos tais fulanos como autoridades, vocês deveriam saber que isso não leva a parte alguma. Embora, é claro, possa levá-los bem longe.

Feitas estas observações, é com o Um que vou entretê-los hoje, por razões pelas quais ainda será preciso eu me desculpar, pois em nome de quê haveria de ocupá-los com isto? Como vou falar-lhes do Um, inventei uma palavra para servir de título ao que lhes direi dele.

O *Unário*, não fui eu que inventei. O *traço unário*, julguei poder extraí-lo de Freud em 1962, ao traduzir desse modo o que ele chama de *einziger Zug*, a segunda forma de identificação que ele distingue. Na época, isso pareceu milagroso a alguns – que eles nunca o houvessem considerado até então é curioso. Em contrapartida, a palavra com que vou abarcar o que tenho a lhes dizer hoje é inteiramente nova.

Esta palavra é criada como que por precaução, pois há muitas coisas diversas que estão relacionadas com o Um. Quanto ao interesse em passar pelo Um que tem meu discurso, ele próprio uma abertura para o discurso analítico, tentarei abrir caminho de imediato para alguma coisa que o situe. Primeiramente, tomem o campo dele, designado em linhas gerais como o *Uniano*.

Esta é uma palavra que nunca foi dita, mas que tem seu interesse, por lhes trazer um toque de despertar, a cada vez que o Um estiver em pauta. Tomá-lo dessa maneira, sob a forma de um epíteto, vai recordar-lhes o que enunciou Freud, e antes dele, Platão, ou seja, que, por natureza, ele tem diversas inclinações. Não lhes escapa que se fala dele na análise, visto que ele norteia a bizarra assimilação de Eros com aquilo que tende a aglutinar.

A pretexto de o corpo, evidentemente, ser uma das formas do Um, de se manter unido e ser, salvo acidente, um indivíduo, o Um é promovido por Freud. Isso põe em questão a díade de Eros e Tânatos formulada por ele. Se essa díade não fosse sustentada por outra figura, que é precisamente aquela em que fracassa a relação sexual, isto é, a do Um e do *Não-um*, ou seja, zero, é difícil dizer que função poderia ter esse par espantoso. É fato que ele serve, em benefício de um certo número de mal-entendidos, para destacar a pulsão de morte, assim descrita a torto e a direito. Apesar desse discurso selvagem, que se institui a partir da tentativa de enunciar a relação sexual, é rigorosamente impossível considerar a cópula de dois corpos como formando um só.

É extraordinário que os doutos façam chacota do *Parmênides*, enquanto o *Banquete* de Platão é levado a sério, como representando seja o que for que diga respeito ao amor. Alguns talvez ainda se lembrem de que me servi dele em dado ano, exatamente o que precedeu aquele de que falei há pouco. Foi em 1960-61 que tomei o *Banquete* como campo de exercícios, e não pensei em fazer outra coisa senão fundamentar com ele a transferência. Até nova ordem, a transferência, ainda que talvez tenha algo da ordem do dois em seu horizonte, não pode passar por uma cópula.

Enfim, penso ter indicado um pouquinho, na época, a forma de derrisão em que se desenrola aquela cena que, com muita propriedade, pode ser designada por báquica. É Aristófanes que inventa a famosa bipartição do ser. Daquele que, no princípio, teria sido apenas um bicho com duas costas, grudadas uma na outra, o ciúme de Zeus fez dois. A boca em que é posto esse enunciado basta para indicar que as pessoas estão se divertindo, se divertindo muito, aliás. O mais incrível é que não se evidencie que aquela que coroa todo o discurso, a chamada Diotima, não desempenha nenhum outro papel, pois o que ela ensina é que o amor prende-se apenas a que o amado, seja ele homo ou hétero, não seja tocado, e que somente a Afrodite uraniana tem importância. Isso não é exatamente dizer que é o Um que impera sobre Eros.

Por si só, isso já seria uma razão para enunciar algumas proposições já trilhadas sobre o Um em outro lugar, se não houvesse o seguinte: o primeiro passo da experiência analítica é introduzir nela o Um, como o analista que se é. Nós o fazemos dar o passo de entrada, e com isso a primeira forma de manifestação do analisando é censurar o analista por ser apenas um entre muitos. E, desse modo, o que ele manifesta, mas sem se aperceber disso, é claro, é que ele não tem nada a ver com esses outros, e é por isso que gostaria de ficar sozinho com o analista, para que isso faça dois.

Ele não sabe que a questão seria dele perceber que dois é esse Um que ele acredita ser, e no qual se trata de ele se dividir.

2

Pois então, há Um. Seria preciso escrever isto – hoje não estou muito disposto a escrever, mas enfim, por que não? – *Há-um* [*Yad'lun*].

Por que não escrevê-lo assim? Escrevê-lo desse modo tem certo interesse, que não deixa de justificar a escolha do Uniano de há pouco. *Há-um* valoriza uma coisa propícia da língua francesa.

Não sei se é possível tirar a mesma vantagem do *there is* ou do *es gibt*. As pessoas que sabem lidar com isso talvez possam me dar a indicação. O *es gibt* pede o acusativo, não é? Diz-se *es gibt einem* alguma coisa, quando está no masculino; o *there is*, pode-se dizer *there is one*, *there is a* alguma coisa. Sei que existe o *there*, que é um começo por esse lado, mas isso não é tão simples. Em francês, pode-se dizer *y en a*.

Fato estranhíssimo, não consegui descobrir uma coisa, nem simplesmente situar o surgimento histórico de uma formulação tão capital quanto o há [*il y a*], que quer dizer isto: há ali [*y en a*]. Isso não significa que ela não seja encontrável, mas enfim, da maneira bastante apressada como procedo, de qualquer modo – a função da pressa na lógica, sei um pouquinho sobre ela, mas preciso me apressar, o tempo me apressa –, não consegui fazê-lo. Entretanto, consultei o *Littré*, o *Robert*, enquanto estava com a mão na massa, o *Damourette et Pichon* e mais alguns outros, enfim, tudo que um dicionário como o *Bloch et von Wartburg* foi feito para dar.

É contra um fundo de indeterminação que surge o que é designado e apontado pelo *há* [*il y a*], do qual, curiosamente, *num há* [*n'y a pas*] um equivalente corrente no que chamaremos de línguas antigas. Em nome disso, justamente, designa-se que o discurso, ora, isso muda, como diz e demonstra o *Parmênides*.

É exatamente nisso que o discurso analítico pode representar uma emergência e que se trataria, talvez, de vocês fazerem alguma coisa com ele, se bem que, assim que eu me for – possibilidade sempre presente, quando não iminente, aos olhos de muitos –, pode-se esperar, no mesmo campo, a verdadeira chuva de imundícies que já se anuncia, pois se acredita que isso não tarda. Na trilha do meu discurso, talvez mais valesse se apoiarem os que pudessem dar a este caminho aberto uma sequência, da qual, também felizmente, recebo de um lugar, um lugar muito preciso, algumas primícias, embora raras.

Há quem passe o tempo a me encher a paciência e os ouvidos com o fato de saber a relação do discurso analítico com a Revolução. Talvez seja justamente ele que traz o germe de alguma revolução possível, porque não se deve confundir a Revolução com o vazio na alma que pode se apoderar da pessoa a qualquer momento com esse rótulo. Não é a mesma coisa, absolutamente.

O *há* [*y en a*], portanto, destaca-se contra o fundo de algo que não tem forma. Quando se diz *há* [*y en a*], habitualmente isso significa há tal coisa [*y en a du*] ou *há tais coisas* [*y en a des*]. De vez em quando, podemos até acrescentar a esse *alguns* um *alguns que* [*des qui*], alguns que pensam, que se expressam, que contam coisas desse tipo. Isso continua a ser um fundo de indeterminação. A pergunta começa a propósito do que quer dizer isto, algo *de Um* [*de l'Un*]. É que, a partir do momento em que o Um é enunciado, o *de* já não aparece senão como um pedúnculo insignificante sobre o que vem a ser esse fundo.*

De onde surge esse Um? É exatamente isso que, na primeira hipótese, Platão tenta enunciar, ao dizer, da maneira que pode, por não ter outras palavras à sua disposição, *eis an estin – se ele é Um* [*s'il est Un*]? É que o *estin* tem aí, manifestamente, a função de complemento daquilo que não é acentuado como pelo há [*il y a*] do francês. Certamente seria preciso traduzi-lo por *e se houver Um?* [*s'il y a Un?*] ou por *o Um?* [*l'Un?*]. Cabe a vocês escolher. Mas compreendo o escrúpulo que detém os tradutores.

O certo é que Platão escolhe, e que seu Um nada tem a ver com aquilo que engloba. Ademais, ele demonstra imediatamente que esse Um não pode ter nenhuma relação com seja o que for aquilo cuja recensão metafísica ele fez de mil maneiras, e que se chama díade, na medida em que ela está em toda parte na experiência, na experiência de pensamento, no maior, no menor, no mais moço, no mais velho etc., no inclusivo, no incluído e em tudo o que vocês quiserem dessa espécie.

Ele toma o Um por meio de uma interrogação discursiva. Quem é interrogado? Evidentemente, não é o pobrezinho, o queridinho, o chamado Aristóteles, sobre quem parece difícil acreditar que possa ser, nesse momento, aquele que nos deixou a memória disso. Como em todo diálogo platônico, não há vestígio de interlocutor. Isso parece chamar-se diálogo apenas para ilustrar o que enunciei há muito tempo: que diálogo, justamente, não existe. Isto não quer dizer que não haja, presente no fundo do diálogo platônico, uma presença bem diferente – presença humana, digamos – da que há em muitas outras coisas que foram escritas desde então.

Como testemunho disso, só precisaríamos das primeiras abordagens, da maneira pela qual se prepara aquilo que constitui o xis do diálogo,

* Observe-se que o *de* que aparece em *il y a de l'un*, ou no neologismo *yadlun*, é exigido pelo francês, mas não se reproduz nem se traduz em português. "Il y a de l'un" teria como tradução literal: "Há algo de um". (N.T.)

aquilo que chamarei de entrevista preliminar. Como em todos os diálogos, alguém nos explica como sucedeu essa coisa louca, que em nada se assemelha a seja lá o que for que se possa chamar de diálogo. É aí que podemos realmente sentir, se já não o soubéssemos pela vida corriqueira, que nunca se viu um diálogo levar a coisa alguma. Nessa literatura que é datada, o chamado diálogo tem por função delimitar qual é o real capaz de dar a ilusão de que se pode chegar a algum lugar dialogando com alguém. Então, vale a pena prepararmos esse troço, dizermos de que geringonça se tratava.

O velho Parmênides e sua turma, não era preciso nada menos que isso para que se pudesse enunciar uma coisa que faz falar... quem? Ora, justamente, o Um. E, a partir do momento em que vocês o fazem falar, vale a pena observar para que serve isso. Aquele que segura a outra escarradeira só pode dizer coisas como esta: *tauto ananke ou gar oun ti de alethe*. Ora, ora, três vezes mais verdadeiro ainda do que vocês diriam, não é? O diálogo é isso, quando é o Um que fala.

O curioso é a maneira como Parmênides o introduz. O Um, ele lhe passa a mão nas costas, explica ao queridinho: *Vamos, fale, Unzinho querido, aquilo tudo não passa de tagarelice*. Não me venham traduzir *adoleschia* pela ideia de que se trata de adolescentes; digo isto em prol dos desavisados, principalmente porque, como na página ao lado lhes dizem que a questão é se portarem como inocentes, jovenzinhos, vocês poderiam se confundir. Eles não são chamados assim, os jovenzinhos, no texto grego. *Adoleschia* quer dizer *tagarelice* [*bavardage*]. Podemos considerar que é como a prefiguração do que chamamos, em nossa língua rude, tecida pelo que se bebeu na fenomenologia que então se podia ter ao alcance da mão, *associação livre*.

Naturalmente, a associação não é livre. Se fosse, não teria nenhum interesse. Mas é a mesma coisa que a tagarelice, foi feita para domesticar pardais. É claro que a associação é ligada. Não vejo qual seria seu interesse se fosse livre. A tagarelice em questão, como não é qualquer um que fala, e sim o Um, podemos ver a que ponto ela é ligada, porque isso é muito demonstrativo.

Pôr as coisas em relevo dessa maneira permite situar o passo que foi dado de Parmênides a Platão.

Nesse meio, no qual se tratava, em suma, de saber o que vem a ser o real, já havia o passo dado por Parmênides. Depois de se ter dito que havia o ar, a água, a terra e o fogo, não restava outra coisa senão recomeçar. O passo de Parmênides consistiu em ele perceber que o único fator comum em toda essa substância era ela ser dizível.

O passo de Platão foi diferente. Consistiu em mostrar que, a partir do momento em que há uma tentativa de dizê-lo de maneira articulada, o que se desenha da estrutura cria dificuldade – como diríamos no que há pouco chamei de nossa rude língua, pois a palavra *estrutura* não tem maior valor do que a expressão *associação livre* –, e que é por essa via que convém procurar o real. O *eidos*, que se traduz impropriamente por *a forma*, é algo que já nos permite a delimitação do que cria uma hiância no dito.

Em outras palavras, resumindo, Platão era lacaniano. Naturalmente, não podia saber disso. Além disso, era meio débil, o que não facilita as coisas, mas certamente o ajudou. Chamo de debilidade mental o fato de alguém ser um ser falante que não está solidamente instalado num discurso. É isso que valoriza o débil. Não há nenhuma outra definição que lhe possa ser dada, senão a de ser o que chamamos de meio fora de esquadro, o que quer dizer que entre dois discursos ele oscila. Para ficar solidamente instalado como sujeito, é preciso a pessoa se ater a um, ou então saber o que faz. Mas não é por se ficar à margem que não se sabe o que está dizendo.

Quanto a seu caso, Platão tinha referenciais. Não devemos crer que, na sua época, as coisas não fossem tomadas num discurso muito sólido. Ele deixa entrever isso em algum lugar das entrevistas preliminares do *Parmênides*. Afinal, foi ele que o escreveu, e não se sabe se está dando risadas ou não. Mas, enfim, ele não esperou por Hegel para nos dar a dialética do senhor e do escravo.

Devo dizer que o que ele enuncia tem uma base diferente do que é formulado pela *Fenomenologia do espírito*. Não é que Platão conclua, mas ele fornece os elementos materiais. Vai adiante. Pode fazê-lo porque, em sua época, senhores e escravos não eram uma questão de chiquê. Nós nos perguntamos se era melhor, e não pior, poder imaginar que isso era passível de mudar a todo instante. E, de fato, mudava a todo instante. Quando os senhores eram feitos prisioneiros, tornavam-se escravos, e, quando os escravos eram libertados, bem, tornavam-se senhores. Graças a isso, Platão imaginou, e o disse nas preliminares desse diálogo, que a essência do senhor, seu *eidos*, e a do escravo nada tinham a ver com o que realmente era. O senhor e o escravo mantinham entre si relações que nada tinham a ver com a relação entre a essência-senhor e a essência- escravo. É exatamente nisso que Platão é meio débil.

Vimos fazer-se a grande mistura, não é, que sempre se opera por uma certa via, da qual é curioso que não se veja a que ponto ela promete a continuação – é que somos todos irmãos, certo? Existe uma região assim da história, do mito histórico, quero dizer, do mito na medida em que ele *é* história, na qual isso foi visto uma vez, apenas uma, entre os judeus, entre os quais sabemos para que serve ela, a fraternidade. Isso deu o grande modelo. A fraternidade foi feita para que se venda o próprio irmão, o que não deixou de se produzir na sequência de todas as subversões tidas como girando em torno do discurso do mestre/senhor.

Vejam todo o esforço com que Hegel se extenuou no nível da *Fenomenologia*, o medo da morte, a luta de morte por puro prestígio, e tome de histórias, e tome de exageros, mediante o que – isto é o essencial a se obter – há um escravo. Mas pergunto a todos os que tremem de emoção para trocar os papéis: já que o escravo sobrevive, o que impede que, imediatamente após a luta de morte de puro prestígio, não venha o medo da morte, quem muda de campo?

Nada disso tem possibilidade de subsistir senão sob a condição de vermos o que Platão descarta. O que ele descarta – quem jamais saberá em nome de quê?, não podemos sondar seu coração, meu Deus, talvez tenha sido simples debilidade mental – é o que está implicado no que ele chama de *metechein*, a participação, embora fosse essa a mais bela oportunidade para marcar sua pertinência. O escravo nunca é escravo senão da essência do senhor. E quanto ao senhor, se não houvesse o S_2, o saber do escravo, o que faria ele de sua essência?

Chamo isso de essência, vocês chamem-na como quiserem; gosto muito mais de escrevê-lo como S_1, o significante mestre.

3

Estou demorando a lhes falar da importância dessa coisa incrível que é haver o Um. É esse o ponto a destacar.

Com efeito, a partir do momento em que interrogamos esse Um e em que ele se torna como que uma coisa que se desfaz, é impossível relacioná-lo seja com o que for, exceto com a série dos números inteiros, que não é nada além desse Um.

Isso surge apenas ao fim de uma longa elaboração discursiva. Na lógica de Frege, aquela que se inscreve nos *Grundlagen der Arithmetik*, vocês verão ao mesmo tempo a insuficiência de qualquer dedução lógica do 1, já que ela tem que passar pelo 0, que afinal não se pode dizer que seja o 1, embora seja desse 1 que falta no nível do 0 que provém toda a sequência aritmética. Porque já de 0 a 1 temos dois. A partir daí, teremos três, porque haverá 0, 1 e 2. E assim sucessivamente, até o primeiro dos álefes, que, curiosamente e não por acaso, só pode ser designado como álefe zero.

Talvez isto lhes pareça estar a uma distância erudita. É por isso mesmo que convém encarná-lo, tanto assim que escrevi inicialmente Há-um [*Yad'lun*]. Nunca serão demais as exclamações que vocês soltarem diante deste anúncio, com igual número de pontos de exclamação depois do álefe zero, precisamente, o qual será justo o suficiente para sondar o que pode vir a ser, se vocês se aproximarem dele o bastante, o espanto justificado por haver o Um. Sim, isso merece mesmo ser saudado por um *ouille!* [sim]. Já que estamos falando na língua d'oïl, *ouille* quer dizer *hoc est ille* [este é aquele].

Isso de que se trata, o Um, o responsável, é ao agarrá-lo pelas orelhas que o *há* [*y en a*] mostra com clareza a base a partir da qual ele existe. A base a partir da qual ele existe prende-se a isto, que não é evidente: é que, pegando o primeiro móvel que eu tinha ao alcance da mão, um débil mental, vocês podem acrescentar-lhe uma gripe, uma gaveta, um fiu-fiu, uma fumaça, um bom-dia da sua Catherine, uma civilização ou até uma liga descasada do par, tudo isso soma oito, por mais disperso que lhes pareça. Existem montes deles, mas todos se amontoam ao ser chamados, venham, venham, crianças! O importante – porque, evidentemente, é preciso sensibilizá-los para as coisas de outra maneira que não através do 0, do 1 e do álefe, não é? – é que isso sempre pressupõe o mesmo Um, o Um que não se deduz, ao contrário da poeira nos olhos que pode nos jogar John Stuart Mill, simplesmente pegando coisas distintas por tomá-las como idênticas.

Isto é simplesmente algo que o ábaco ilustra, do qual ele fornece o modelo. Mas o ábaco foi feito expressamente para que isso fosse contado, e para que, vez por outra, se contem os oito dispersos que há pouco fiz surgir diante de vocês. Mas o que o ábaco não lhes dará é isto, que se deduz diretamente do Um, sem qualquer ábaco: é que, entre esses oito objetos móveis de que lhes falei há pouco, existem, por eles serem oito, vinte e oito combinações dois a dois, nem uma a mais. É assim por causa do Um.

Como peguei oito, isto os deixa espantados. Vocês não sabiam de antemão que seriam vinte e oito combinações, embora isto seja fácil. O número de subconjuntos de n elementos de um conjunto de m

elementos é dado, com efeito, por esta fórmula, na qual o ponto de exclamação indica o fatorial: $m! = 1 \times 2 \times \ldots \times m$.

$$\frac{m!}{n!\,(m-n)!}$$

Isso nos dá 7 vezes 8, 56, dividido por 2, igual a 28. Esse número, nós podemos conhecê-lo, é disso que se trata.

Se eu tivesse posto menos, isso os teria levado a trabalhar e a me dizer, talvez, que também seria preciso eu contar as relações de cada um com o conjunto. Por que não o faço? É o que serei forçado a esperar para lhes explicar da próxima vez. As relações de cada um com o conjunto não eliminam, justamente, que exista um conjunto. Por esse fato, isso significa que vocês recolocam um, o que leva a aumentar consideravelmente o número de combinações dois a dois. No nível do triângulo, se eu lhes colocasse apenas três 1, isso daria três combinações apenas. Vocês têm seis, prontamente, se tomarem o conjunto por 1. Mas, justamente, trata-se de nos apercebermos aí de uma outra dimensão do Um, que tentarei ilustrar-lhes, da próxima vez, com o triângulo aritmético.

Em outras palavras, portanto, o Um nem sempre tem o mesmo sentido. Tem o sentido, por exemplo, do Um do conjunto vazio, que, curiosamente, somaria dois à nossa numeração de elementos, demonstrarei por que e a partir de quê. No entanto, já nos aproximamos de algo que, não partindo do Um como todo, mostra-nos que o Um, em seu surgimento, não é unívoco. Em outras palavras, estamos renovando a dialética platônica.

É assim mesmo que pretendo conduzi-los a um lugar, a buscarem, por meio desse caráter bífido do Um – ainda resta ver se ele se sustenta –, o Um que Platão distingue tão bem do Ser. Com certeza, é porque o Ser, por sua vez, é sempre Um, em todo caso, mas o fato de o Um não saber ser como o Ser, isto é o que fica perfeitamente demonstrado no *Parmênides*. Foi justamente daí que saiu a função da existência. Não é pelo fato de o Um não ser que ele não formula a questão, e ele a formula ainda mais na medida em que, onde quer que algum dia deva tratar-se de existência, será sempre em torno do Um que irá girar a questão.

Em Aristóteles, a coisa só se aproxima timidamente, no nível das proposições particulares. Aristóteles imagina que basta dizer que apenas *alguns*, não *todos*, são assim ou assado, para que isso os distinga e para que, ao distingui-los, asseguremos sua existência. É por isso que a existência, desde sua emergência primeira, enuncia-se prontamente por sua inexistência correlativa. Não há existência senão contra um fundo de inexistência e, inversamente, *ex-sistere* é extrair a própria sustentação somente de um exterior que não existe.

É justamente disso que se trata no Um, pois, na verdade, de onde ele surge? De um ponto em que Platão consegue circunscrevê-lo. Não se deve crer que seja apenas a propósito do tempo que ele o chama de *to esaiphnes*. Traduzam isto como quiserem, *o de repente*, *o instante*, *o súbito*. Na verdade, esse é o único ponto em que ele pode fazê-lo subsistir. Deus sabe que a elucidação do número foi levada suficientemente longe para nos dar a ideia de que há outros álefes que não o dos números – e isso, esse instante, esse *ponto*, pois esta é que seria sua verdadeira tradução, só se revela decisivo no nível de um álefe superior, no nível do *continuum*.

Aqui, portanto, o Um parece justamente perder-se e levar ao cúmulo o que se dá com a existência, a ponto de confiná-la, como tal, como algo que surge do mais difícil de atingir, do mais fugidio no enunciável. Foi isso que me fez reportar a esse *to esaiphnes* no próprio Aristóteles, para perceber que, afinal de contas, houve a emergência do termo *existir*.

Vocês poderão encontrá-lo na *Física*, sobretudo se eu lhes der a passagem, no livro IV, 222*b*. Aristóteles o define, justamente, como esse algo que *anaisthetos chronos*, num tempo que não pode ser experimentado, *dia mikrotes*, em razão da sua extrema pequenez [*to en extan*].

Não sei se, em outro ponto que não esse lugar, o termo *extan* é proferido na literatura antiga. É o particípio passado do aoristo secundário de *istemi*, do aoristo que se diz *estemn*. É *stan*, mas, ao que eu saiba, não existe um verbo *existemi*. Isso tem que ser verificado. De qualquer modo, o *sistere* já esta aí, o ser estável, como ser estável a partir de um domínio *to extan*.

O que só existe ao não ser: é exatamente disso que se trata, e foi o que eu quis inaugurar hoje no capítulo geral do Uniano.

Se escolhi o Uniano [*Unien*], perdoem-me, foi porque ele é um anagrama de tédio [*ennui*].

15 de março de 1972

X
Há-um

De Platão a Cantor
Conjunto e elemento
O impossível de enumerar
O conjunto vazio
A nada e o Um da falta

$$\exists x.\overline{\Phi x} \qquad \overline{\exists x}.\overline{\Phi x}$$
$$\forall x.\Phi x \qquad \overline{\forall x}.\Phi x$$

Vou logo começando, porque me pediram, em razão de coisas que prevalecem neste local universitário, para terminar mais cedo, muito mais cedo que de hábito.

Para abordar o que vem agora numa trama cuja lembrança espero que não lhes esteja muito distante, vou retomá-la no *Há-um* [*Yad'lun*] que já proferi.

Para os que caíram aqui de paraquedas, vindos de um local distante, repito o que isto quer dizer, porque não é algo de uma sonoridade muito habitual. *Há-um* tem jeito de vir não sei de onde, do Um, não é? Habitualmente, não nos expressamos assim. Mas é disso que falo – do Um, *Há* [*y en a*].

É uma forma de expressão que se revelará, espero, ao menos para vocês, consonante com alguma coisa que não é nova para todo o mundo. Graças a Deus, tenho aqui alguns ouvidos que sabem dos campos que tenho de tocar para enfrentar aquilo de que se trata no discurso psicanalítico. Vou explicar-lhes em que esta forma de expressão se mostra de acordo com o que, historicamente, produziu-se na teoria dos conjuntos. Vocês ouviram falar dela, porque agora é assim que se ensina matemática, desde o curso primário. Não é certo que isso melhore muito a compreensão dela.

Em relação a uma teoria que tem como um de seus impulsos a escrita – não, é claro, que a teoria dos conjuntos implique uma escrita unívoca, mas, como muitas coisas na matemática, ela não se enuncia sem a escrita –, esta fórmula, este *Há-um* que estou tentando transmitir, distingue-se por toda a diferença que existe entre a escrita e a fala. Trata-se de uma lacuna que nem sempre é fácil de preencher.

Mas é justamente nisso que me empenho, no caso, e vocês logo poderão compreender por quê.

1

Nas duas superiores destas quatro fórmulas que reescrevi no quadro, e nas quais tento fixar o que vem suprir o que chamei de impossibilidade de escrever o que vem a ser a relação sexual, dois termos se enfrentam: um é *existe* e o outro é *não existe*. É aí que tento trazer uma contribuição que possa se revelar útil, a partir da teoria dos conjuntos.

Já é impressionante que o fato de haver o Um nunca tenha sido objeto de nenhum espanto, se assim posso dizer. Mas talvez formulá-lo desta maneira seja me apressar um pouco, pois podemos pôr na conta do que chamo de espanto, com o qual interpelo vocês a se espantarem, isto de que os convidei da maneira mais viva a tomarem conhecimento, ou seja, o famoso *Parmênides* do nosso caro Platão, que é sempre tão mal lido. Eu, pelo menos, esforço-me por lê-lo de um modo que absolutamente não é o aceito.

Quanto ao *Parmênides*, é admirável ver a que ponto ele cria embaraços, no nível do discurso universitário. A maneira de todos os que proferem coisas doutas em nome da Universidade é sempre prodigiosamente embaraçada, como se se tratasse de uma aposta, de um exercício puramente gratuito, de balé. O desenrolar das oito hipóteses concernentes às relações do Um com o Ser permanece problemático, um objeto de escândalo. Alguns se distinguem mostrando a coerência delas, mas essa coerência parece gratuita no conjunto, e o próprio confronto dos interlocutores parece confirmar o caráter anistórico, digamos, do conjunto.

Se é que posso formular alguma coisa a esse respeito, eu diria que o que me impressiona é realmente o inverso. Se algo me desse a ideia de que há no diálogo platônico não sei que primeira base de um discurso propriamente analítico, eu diria que é justamente esse, o *Parmênides*, que mo confirmaria.

Se vocês se lembrarem do que escrevi como estrutura do discurso analítico, notarão que não é à toa que o significante com índice 1 encontra-se no nível da produção. Admito que isto possa não se evidenciar prontamente para vocês, e não lhes peço que o tomem como uma evidência, mas como uma indicação da oportunidade de centrarmos nossa interrogação não no número, mas no significante Um.

$$\begin{array}{ccc} \dfrac{a}{S_2} & \begin{array}{c}\rightarrow \\ \leftarrow\end{array} & \dfrac{\$}{S_1} \end{array}$$

O discurso analítico

Isto não é evidente, haver *um*. Tem jeito de ser evidente porque, por exemplo, existem seres vivos, e porque vocês têm toda a aparência, cada um de vocês, tão bem-arrumados aí, de serem totalmente independentes uns dos outros e de constituírem, cada um, o que hoje em dia chamamos de uma realidade orgânica, sustentada como um indivíduo. Foi justamente nisso que toda uma primeira filosofia obteve um apoio seguro.

No nível da lógica aristotélica, temos de colocá-la na mesma coluna, isto é, no caso, colocar na mesma especificação do x um enunciado universal sobre o homem, o ser que se qualifica entre os falantes como masculino, e o *existe*. *Se existe ao menos um* para quem Φx não é aceitável como asserção, $\overline{\Phi x}$, pois bem, desse ponto de vista, que é o ponto de vista do indivíduo, vemo-nos colocados diante de uma posição nitidamente contraditória. A lógica aristotélica fundamenta-se, com efeito, na intuição do indivíduo, postulado como real. Aristóteles nos diz que não é a ideia do cavalo que é real, e sim o cavalo efetivamente vivo, e sobre isso somos forçados a nos perguntar, precisamente, como ocorre a ideia, de onde nós a tiramos. Aristóteles inverte, não sem argumentos peremptórios, o que Platão enunciava, ou seja, que é por participar da ideia do cavalo que o cavalo se sustenta, que o que há de mais real é a ideia do cavalo.

Se nos colocarmos no ângulo, no viés aristotélico, fica claro que há uma contradição entre o enunciado que diz que, *para todo x*, o x cumpre em Φx a função de argumento e o fato de que existe *algum x* que só pode ocupar o lugar de argumento na enunciação que é a negação exata da primeira. Na lógica aristotélica, se nos dizem que *todo* cavalo é fogoso, e se acrescentamos a isso que há *um* cavalo, *ao menos um*, que não o é, isto é uma contradição.

Ao propor os dois termos da direita no meu grupo de quatro termos – não é à toa que eles são quatro –, ouso enunciar algo que patentemente falta à referida lógica. Se posso fazê-lo, é na medida em que o termo *existência* mudou de sentido nesse intervalo. Não se trata da mesma existência, quando se trata da existência de um termo capaz de ocupar o lugar do argumento numa função matematicamente articulada.

Até aqui, nada faz ainda a articulação do *Há-um* como tal com o *ao menos um* que é formulado pela notação E invertido *x* – *existe um x, ao menos um*, que dá ao que se postula como função um valor qualificável como verdadeiro. Coloca-se uma distância entre a existência no sentido lógico e a existência natural, se assim podemos dizer – hoje não a chamarei de outra maneira, por falta de uma palavra melhor. Essa existência não se limita aos organismos vivos. Esses Uns, podemos vê-los, por exemplo, nos corpos celestes, os quais não é à toa que figuraram entre os primeiros a reter uma atenção propriamente científica. Isso decorre exatamente da afinidade que eles têm com o Um. Eles aparecem como inscrevendo-se no céu como elementos ainda mais fáceis de marcar pelo Um, por serem puntiformes, e com certeza contribuíram muito para que se enfatizasse o ponto como forma de passagem. No intervalo entre o indivíduo e o que vem a ser o que chamarei de Um real, os elementos que se dão a conhecer como puntiformes desempenharam um papel eminente no que diz respeito a essa transição.

Não será sensato aos seus ouvidos que eu fale do Um aqui como de um real – e de um real que pode igualmente não ter nada a ver com nenhuma realidade?

Chamo de *realidade* o que é a realidade, ou seja, por exemplo, a existência própria de vocês, sua forma de sustento, que certamente é material, e, antes de mais nada, porque ela é corpórea. Mas a questão é saber do que estamos falando ao dizermos *Há-um* na via trilhada pela ciência. No que concerne à sua grande virada, a virada galileana, para dizer seu nome, esta fiou-se decididamente no número como tal, no Um que podemos qualificar de individual e no que se enuncia no registro da lógica do número. Por essa perspectiva científica, não há tanta razão para nos interrogarmos sobre a existência, sobre a sustentação lógica que podemos dar ao unicórnio, na medida em que nenhum animal é concebido de maneira mais apropriada do que o próprio unicórnio. É exatamente nessa perspectiva que podemos tomar o que chamamos de realidade, a realidade natural, no nível de um certo discurso. E não recuo na pretensão de que o discurso analítico seja esse. A realidade, sempre podemos tomá-la no nível da fantasia.

Esse real de que estou falando, o discurso analítico é a conta certa para nos lembrar que o acesso a ele é o simbólico. Não acessamos o referido real senão no e através do impossível que somente o simbólico define. Volto ao nível da *História natural* de Plínio. Não vejo o que diferencie o unicórnio de qualquer outro animal, este perfeitamente existente na ordem natural. A perspectiva que interroga o real numa certa direção nos ordena enunciar as coisas desta maneira.

Contudo, de modo algum estou lhes falando de seja o que for que se assemelhe a um progresso. O que ganhamos no campo científico, que é incontestável, nem por isso aumenta, em absoluto, o nosso senso crítico, em matéria de vida política, por exemplo. Sempre sublinhei que o que ganhamos de um lado é perdido do outro, na medida em que há uma certa limitação inerente ao que podemos chamar de campo da adequação no ser falante.

Não é por termos feito progressos na biologia, desde Plínio, no que concerne à vida, que isso é um progresso absoluto. Se um cidadão romano visse como vivemos – infelizmente, está fora de cogitação invocá-lo pessoalmente no momento –, é provável que ficasse transtornado de horror. Como não podemos prejulgar senão a partir das ruínas deixadas por essa civilização, a ideia que podemos fazer dela é imaginar o que serão os restos da nossa num tempo equivalente, se é que se pode supô-lo.

Digo isto para que vocês não encham a cabeça de fantasias, digamos, sobre uma confiança especial que eu teria na ciência. O discurso analítico não é um discurso científico, mas um discurso cujo material a ciência nos fornece, o que é bem diferente.

Portanto, o domínio do ser falante sobre o mundo em que ele se considera mergulhado – esquema que já tem cheiro de sua fantasia, não é? – não vai aumentando, de qualquer modo. Isso é certo. Esse domínio só vai aumentando na medida em que se elabora uma coisa que é o uso do número. Pretendo mostrar-lhes aqui que esse número se reduz, muito simplesmente, ao *Há-um*.

Então, é preciso vermos o que nos permite, historicamente, saber sobre esse *Há-um* um pouquinho mais do que soube Platão, ao colocá-lo todo no mesmo nível que o que concerne ao Ser.

Sem dúvida, esse diálogo é extraordinariamente sugestivo e fecundo e, se vocês fizerem a gentileza de examiná-lo de perto, já encontrarão nele uma prefiguração do fato de eu poder, a propósito do tema da teoria dos conjuntos, enunciar *Há-um*.

2

Comecem apenas o enunciado da primeira hipótese, *se o Um* – ele deve ser tomado em sua significação –, *se o Um é Um*.

Que podemos fazer com isso? A primeira coisa que Platão levanta como objeção é que esse Um não estará em parte alguma, porque, se estivesse em algum lugar, estaria num invólucro, num limite, e isso é muito contraditório com sua existência de Um.

Estou falando baixo. É isso aí, pior para vocês, é assim que estou falando hoje, sem dúvida porque não posso fazer coisa melhor.

A elaboração do Um em sua existência de Um, da maneira fundamentada na *Mengenlehre*, a teoria dos conjuntos – para traduzi-la como foi traduzida em francês, não de uma forma infeliz, mas certamente com uma ênfase que em nada corresponde ao sentido do termo original em alemão, que, do ponto de vista do que estamos visando, não é melhor –, essa elaboração só veio tarde, e só veio em função de toda a história da própria matemática, da qual está fora de cogitação que eu trace aqui até mesmo o mais sucinto resumo, mas na qual é preciso levar em conta algo que assumiu toda a sua importância, a saber, o que poderíamos chamar de extravagâncias do número.

Isso começou muito cedo, visto que, já na época de Platão, o número irracional criava problemas e se revelava herdeiro – ele nos fornece o enunciado disso no *Teeteto*, com todos os seus desdobramentos – do escândalo pitagórico do caráter irracional da diagonal do quadrado, em virtude de que nunca se terminaria de calculá-la. Isso é demonstrável numa figura, e é justamente o que há de mais feliz para lhes evidenciar, desde essa época, a existência do que chamo de extravagância numérica, isto é, de algo que sai do campo do Um.

Depois disso, o quê? O chamado método de exaustão, de Arquimedes, que podemos considerar como a evitação do que veio muitos séculos depois, sob a forma dos paradoxos do cálculo infinitesimal, sob a forma do enunciado do que chamamos o infinitamente pequeno. Essa coisa levou muito tempo para ser elaborada, postulando uma quantidade finita da qual se diz que certo modo de operação levará, em todo caso, a algo ainda menor que a referida quantidade. Ou seja, usa-se o finito para definir um transfinito.

E depois, não podemos deixar de mencionar o aparecimento da série trigonométrica de Fourier, que não deixa de levantar toda sorte de problemas de fundamentação teórica. Tudo isso se conjuga com a redução a princípios perfeitamente finitistas do chamado cálculo infinitesimal, estudado na mesma época, e do qual Cauchy é o grande representante.

Faço esta evocação ultrarrápida apenas para datar o que significa a retomada, na pena de Cantor, do que é o estatuto do Um. O estatuto do Um, a partir do momento em que se trata de fundá-lo, só pode brotar de sua ambiguidade. Ou seja, o móbil da teoria dos conjuntos cabe inteiro em que o Um, que existe, do conjunto é distinto do Um do elemento.

A ideia de conjunto assenta-se em que existe conjunto mesmo com um único elemento. Isso não costuma ser dito assim, mas é próprio da fala, justamente, avançar a tamancadas. Aliás, basta abrir qualquer exposição da teoria dos conjuntos para pôr o dedo no que isso implica. Ou seja, se o elemento postulado como fundamental num conjunto é algo que a própria ideia de conjunto permite postular como um conjunto vazio, pois bem, esse elemento é perfeitamente aceitável. É por isso que é comumente chamado de *singleton*, para não mostrar logo de uma vez a carta do número 1. E isso da maneira mais fundamentada, pela simples razão de que só podemos definir o número 1 ao tomar a classe de todos os conjuntos que têm um só elemento e destacar a equivalência como sendo, propriamente, o que constitui a base do Um.

A teoria dos conjuntos serve, portanto, para restabelecer o estatuto do número. E o que prova que ela efetivamente o restaura, na perspectiva do que estou enunciando, é que, ao enunciar a base do Um como o faz, e ao fazer repousar nela o número como classe de equivalência, ela leva à valorização do que chama de não enumerável, que é muito simples e, como vocês vão ver, de acesso imediato. Ao traduzi-lo para meu vocabulário, não o chamo de não enumerável, objeto que eu não hesitaria em qualificar de mítico, mas de *impossibilidade de enumerar*.

Peço desculpas por não poder ilustrar imediatamente no quadro a feitura da demonstração. Mas, afinal, o que impede aqueles dentre vocês a quem esse discurso interessar de abrirem um tratado pequeníssimo, chamado de *teoria ingênua dos conjuntos*? Vocês se darão conta de que, pelo chamado método diagonal, podemos pôr o dedo no fato de que existem meios de enunciar a sequência dos números inteiros de trezentas mil maneiras. E será imediatamente acessível mostrar que, seja qual for a maneira como vocês a ordenem, haverá, simplesmente tomando a diagonal e, nessa diagonal, mudando sistematicamente os valores, de acordo com uma regra previamente determinada, ainda outra maneira de enumerá-los.

É exatamente nisso que consiste o real ligado ao Um.

3

Se é que hoje posso levar suficientemente longe a demonstração, dentro do tempo a que prometi que me limitaria, vou enfatizar desde já o que comporta de ambiguidade o fundamento do Um como tal.

Essa ambiguidade prende-se exatamente a que, contrariando a aparência, o Um não pode fundamentar-se na mesmidade [*mêmeté*]. Ao contrário, é marcado pela teoria dos conjuntos como devendo fundamentar-se na pura e simples diferença.

O que rege a base da teoria dos conjuntos consiste no seguinte: quando vocês notam, digamos, para falar da maneira mais simples, três elementos, cada um separado por uma vírgula, logo, por duas vírgulas ao todo, se um desses elementos parece, de algum modo, ser idêntico a um outro, ou se pode ser unido a ele por um sinal qualquer de igualdade, ele é, pura e simplesmente, um todo, um só com ele. No primeiro nível de construção que constitui a chamada teoria dos conjuntos fica o axioma da extensão, que significa que, no começo, não pode tratar-se de *mesmos*. A questão é saber em que momento dessa construção surge a mesmidade.

Não só a mesmidade surge no final da construção e, se assim posso dizer, numa de suas bordas, como também, além disso, posso afirmar que essa mesmidade em si é contada no número. O Um, portanto, na medida em que é qualificável pelo mesmo, só surge, digamos, de maneira exponencial, isto é, a partir do momento em que o Um de que se trata não é nada além do álefe zero em que se simboliza o cardinal do infinito numérico, que Cantor chama de *impróprio*, e que se compõe dos elementos do que constitui o primeiro infinito propriamente dito, ou seja, o $\aleph_0$ em questão. É no decorrer da construção deste que aparece a construção do mesmo, e que esse próprio mesmo, na construção, é contado como elemento.

É por isso que é inadequado, digamos, no diálogo platônico, transmitir seja o que for de existente na ordem do semelhante. Sem o avanço através do qual o Um se constitui inicialmente, a ideia do semelhante não poderia aparecer, de modo algum.

É o que veremos. Se não o virmos aqui hoje, já que estou limitado a quinze minutos menos do tempo de que habitualmente disponho, retomarei noutro lugar. E por que não na próxima quinta-feira no Sainte-Anne, já que alguns de vocês conhecem o caminho? No entanto, quero assinalar o que resulta do próprio início da teoria dos conjuntos, daquilo que chamarei, por que não?, de *cantorização* do número.

Vejamos do que se trata. Para fundar o número cardinal, não há outro caminho senão o da chamada aplicação biunívoca de um conjunto sobre outro. Quando queremos ilustrar isto, não encontramos nada além da evocação alternativa de sei lá que rito primitivo de *potlatch*, competição pela prevalência da qual sai a instauração de um chefe, pelo menos provisório, ou, mais simplesmente, a chamada manipulação do *maître d'hôtel*, que confronta um a um os elementos de um conjunto de facas com os de um conjunto de garfos. Quer se trate dos rebanhos que cada um dos dois concorrentes ao título de chefe faz transpor um certo limite, quer do *maître* que faz suas contas, a partir do momento em que ainda há um de um lado e mais nada do outro, o que se evidencia? Que o Um começa no nível em que há um faltando.

O conjunto vazio, portanto, é propriamente legitimado pelo fato de ser, se assim posso me expressar, a porta cuja transposição constitui o nascimento do Um, o primeiro Um que se designa por uma experiência aceitável, digo, aceitável em termos matemáticos, de uma forma que possa ser ensinada, pois é isso que quer dizer *matema*, e sem recorrer a figurações grosseiras. O que constitui o Um e o justifica é que ele só é designado como distinto, sem outra referência qualificativa. É que ele só começa a partir de sua falta.

É justamente aí que nos aparece, na reprodução que lhes fiz aqui do triângulo de Pascal, a necessidade de distinguir cada uma dessas linhas que há um bom tempo vocês sabem como se constituem, sendo cada uma feita da soma do que está em cima e na mesma linha e do que é anotado à direita. Cada linha, portanto, constitui-se assim:

1

1 1

1 2 1

1 3 3 1

1 4 6 4 1

1 5 10 10 5 1

1 6 15 20 15 6 1

O triângulo de Pascal

É importante nos darmos conta do que cada uma dessas linhas designa.

Em seus *Elementos*, VII, α e β, Euclides define a *mônada* como *monas esti katen exaston ton onton en legetai. Arithmos de, to ex monadon sogeimenon plethos*. A mônada, *isto segundo o qual cada ente pode ser chamado de um*, e o número, *arithmos*, é precisamente a multiplicidade que é feita de mônadas. Essa definição é equivocada e sofre de uma falta de fundamentação.

O triângulo de Pascal não está aqui à toa. Está para dar uma imagem do que é chamado, na teoria dos conjuntos, não de elementos, mas de partes de conjuntos. No nível das partes, as partes monadicamente enunciadas de um conjunto qualquer são da segunda linha. A mônada é segunda. Como chamaremos a primeira, aquela que, em síntese, constitui-se do conjunto vazio cuja transposição é justamente aquilo de que o Um se constitui? Por que não usar o eco que nos dá a língua espanhola e chamá-la de a *nada* [*nade*]? Aquilo de que se trata, nesse Um repetido da primeira linha, é, muito propriamente, a *nada*, ou seja, a porta de entrada que é designada pela falta, pelo lugar onde se cria um furo.

Se vocês quiserem uma imagem, eu representaria a fundamentação do *Há-um* como um saco. Só pode haver Um na imagem de um saco, que é um saco furado. Nada é Um que não saia do saco ou que não entre nele. É essa a fundamentação original do Um, a ser captada intuitivamente.

Em razão de minhas promessas, não posso levar mais adiante aqui o que eu trouxe hoje, e lamento que seja assim. Saibam apenas que, como eu já havia representado aqui a imagem disso, interrogaremos, a partir da tríade, a mais simples forma em que os subconjuntos feitos das partes do conjunto podem receber uma imagem que nos satisfaça, para voltarmos ao que se passa no nível da díade e no da mônada.

Vocês verão que, ao interrogarmos não esses números primos, mas esses primeiros números, surgirá uma dificuldade. O fato de essa dificuldade ser figurativa não nos impedirá, espero, de compreender qual é a essência do Um e de ver o que vem a ser a fundamentação dele.

19 de abril de 1972

XI

História de Uns

palestra

O dois, estrutura do sexo real
O Um, efeito da falta
Questionamento do não enumerável
Equivalência do elemento e do conjunto vazio
Os dois níveis do Um

É um emprego engraçado do tempo, mas, enfim, por que não? – durante o fim de semana, sucede-me escrever para vocês. É uma maneira de falar. Escrevo porque sei que nos veremos durante a semana. E foi assim que lhes escrevi no último fim de semana. No intervalo, tive tempo de esquecer esta escrita, e acabo de relê-la durante meu jantar apressado para chegar aqui na hora. Começarei por ela. É meio difícil, mas talvez vocês tomem notas. Depois disso, direi as coisas que pensei desde então, pensando mais realmente em vocês.

Eu tinha escrito isto (que, é claro, jamais entregarei para *publixação*, não vejo por que aumentaria o conteúdo das bibliotecas): *Há dois horizontes do significante*. Quanto a isso, abro uma chave. Como é escrito, vocês precisam atenção, quero dizer, não acreditar que compreendem. Na chave está o *materno*, que é também o *material*, e depois está escrito *o matemático*.

Não posso começar imediatamente a falar, senão jamais lerei para vocês o que escrevi. Talvez, na sequência, eu tenha que voltar a esta distinção, que declaro estar no horizonte.

Articulá-los como tais, em cada um desses dois horizontes, é, pois, proceder segundo esses próprios horizontes, já que a menção do além deles só se sustenta por sua posição – quando isto os entediar, me digam e passo a contar as coisas que tenho para lhes contar esta noite – num discurso de fato. Quanto ao discurso analítico, este *de fato* [*de fait*] me implica o bastante nesses efeitos para que se o leia como sendo obra minha [*de mon fait*], para que o designem por meu nome.

O amuro repercute de maneira diversa, com os meios disponíveis, os recursos do que chamamos, justamente, a borda, os recursos da borda, do *bord-homem* [*bord-homme*]. O *bord-homem*, isto me inspirou, eu o escrevi assim: *brrom-brrom-uap-uap*. Isso foi um achado de uma pessoa que, nos velhos tempos, me deu filhos. É uma indicação concernente à voz, à *a-voz* [*a-voix*], que, como todos sabem, alardeia [*aboie*], e também ao *a-olhar* [*l'a-regard*], que não *aolha* [*aregarde*] tão de perto. E à astúcia [*astuce*] que cria o *a-suga* [*l'a-t'suce*]. E há ainda o *a-merda* [*l'a-merde*], que de vez em quando produz grafites de intenções bem injuriosas nas páginas jornalísticas a meu respeito. Em suma, assim é a-vida [*l'a-vie*]. Como dizem, uma pessoa que se diverte momentaneamente, isso é divertido. É verdade, em suma.

Esses efeitos nada têm a ver com a dimensão que se mede da minha obra [*mon fait*], ou seja, é de um discurso que não é o meu próprio que faço a dimensão necessária. É do discurso analítico, que, por ainda não estar, por bons motivos, propriamente instituído, releva necessitar de uma facilitação na qual me empenho, a partir de quê? Do simples fato de que nele minha posição é determinada.

Falemos agora desse discurso e do fato de que, nele, é essencial a posição como tal do significante. Eu gostaria, porém, em vista do público que vocês constituem, de lhes observar que essa posição do significante se desenha a partir de uma experiência que está ao alcance de cada um de vocês.

Quando conhecem perfeitamente uma língua e leem um texto, vocês compreendem, sempre compreendem. Isso deveria deixá-los meio que de sobreaviso. Vocês compreendem no sentido de que sabem de antemão o que se diz ali. É claro que o texto pode se contradizer. Quando vocês leem, por exemplo, um texto sobre a teoria dos conjuntos, alguém lhes explica o que constitui o conjunto infinito dos números inteiros, e então, na linha seguinte, lhes diz algo que vocês compreendem, porque continuam a ler: *Não creiam que é por continuar sempre que isto é infinito*. Como acabou de lhes ser explicado que é por essa razão que ele o é, vocês se sobressaltam. Mas, ao olharem de perto, encontram o verbo *deem*,* que lhes indica que não é com base nisso que vocês devem julgar, pois não é pelo fato de essa série de números inteiros não se deter que ela é infinita. *Infinito* não é *indefinido*. Ou vocês saltaram o *deem*, ou não estão muito familiarizados com o inglês. A verdade é que percebem ter compreendido depressa demais, isto é, pularam esse elemento essencial, um significante, que possibilita a mudança de nível que lhes deu por um instante a sensação de uma contradição.

Nunca se deve saltar um significante. É na medida em que o significante não os detém que vocês compreendem. Ora, compreender é estar sempre compreendido, pessoalmente, nos efeitos do discurso, discurso este que ordena os efeitos do saber já precipitados pelo simples formalismo do significante. A psicanálise nos ensina que todo saber ingênuo está associado a um velamento do gozo que se realiza nele, e levanta a questão do que transparece aí dos limites da potência, ou seja, de quê? Do traçado imposto ao gozo.

A partir do momento em que falamos, é fato que supomos algo naquilo que é falado. Esse algo, nós o imaginamos pré-colocado, embora seja certo que nunca o suponhamos senão a posteriori. No estado atual de nossos conhecimentos, é somente no fato de falar que se pode perceber que o que fala, seja o que for, é aquilo que goza consigo como corpo, o que goza com um corpo que ele vivencia como o que já enunciei do *tu-able*,** isto é, como tuteável [*tutoyable*], um corpo que ele trata por "tu" [*tutoie*] e um corpo a quem diz, na mesma linha, *mata-te* [*tue-toie*]. A psicanálise é o quê? É a demarcação do que se compreende de obscurecido, do que se obscurece como compreensão, em virtude de um significante que marcou um ponto do corpo.

Uma psicanálise reproduz – aqui vocês reencontram os trilhos comuns – uma produção da neurose. Quanto a isso, todos estão de acordo. Não há um só psicanalista que não o tenha percebido. Essa neurose, que não sem razão é atribuída à ação dos pais, só é atingível na plena medida em que a ação dos pais se articula, justamente, a partir da posição do psicanalista. É na medida em que converge para um significante que emerge dela que a neurose vem a se ordenar segundo o discurso cujos efeitos produziram o sujeito. Todo pai ou mãe traumá-

* Lacan refere-se ao verbo inglês *to deem*, considerar, tomar por, supor etc. (N.T.)
** O *tu-able* de Lacan se traduziria por "tratável por tu", com intimidade e ao mesmo tempo como "passível de ser morto", "matável" (*tuable*) e ainda de ser calado. (N.T.)

tico está, em suma, na mesma posição que o psicanalista. A diferença é que o psicanalista, da sua posição, reproduz a neurose, enquanto o pai ou mãe traumáticos a produzem inocentemente.

Esse significante, trata-se de reproduzi-lo a partir do que foi sua eflorescência. Fazer um modelo da neurose é, em suma, a operação do discurso analítico. Por quê? Pela medida em que ele lhe subtrai a dose de gozo. O gozo, com efeito, não exige o privilégio, não há, para cada um, duas maneiras de se haver com ele. Toda reduplicação o mata. Ele só sobrevive desde que a repetição seja vã, isto é, sempre a mesma. É a introdução do modelo que consuma essa repetição vã. Uma repetição consumada o dissolve, por ser uma repetição simplificada.

É sempre do significante que estou falando quando falo do *Há-um* [*Yad'lun*]. Para entender esse *um* [*d'lun*] na medida da sua ascendência, já que seguramente ele é o significante mestre, é preciso abordá-lo ali onde ele foi deixado por conta dos seus talentos, para lhe dar uma prensa.

Aí está o que torna útil, como incidência, o ponto a que cheguei este ano, por não ter escolha senão isto... *ou pior*. A referência matemática, assim, é convocada por ser a ordem em que impera o matema, isto é, aquilo que produz um saber que, por ser apenas produzido, está ligado às normas do mais-de-gozar, ou seja, do mensurável. Um matema é, própria e unicamente, aquilo que se ensina. Não se ensina senão o Um. Mas resta saber do que se trata. E é por isto que o interrogo este ano.

Não levarei adiante minha leitura, que é meio difícil. Li bem devagar para que, em cada um dos termos que soletrei bem, engatem-se para vocês algumas perguntas. Agora vou lhes falar mais livremente.

Houve alguém que, um dia desses, ao sair do último negócio lá no Panthéon – talvez ele também esteja aqui –, veio me interpelar a propósito de saber se eu acreditava na liberdade. Eu lhe disse que ele era engraçado. E em seguida, como estou sempre muito cansado, afastei-me dele. Mas isto não quer dizer que eu não estaria disposto a lhe fazer pessoalmente algumas confidências a esse respeito. A liberdade, é fato que raramente falo dela, de modo que essa pergunta foi iniciativa dele. Eu não deploraria saber por que ele a formulou.

O que eu gostaria de dizer mais livremente é que, se me acho em condições de facilitar, de abrir caminho para o discurso analítico, como o escrevi, é por considerar que ele constitui, ao menos potencialmente, esse tipo de estrutura que designo pelo termo *discurso*, ou seja, isto por meio do qual, pelo efeito puro e simples da linguagem, precipita-se um laço social. Isso foi percebido sem que se precisasse, no entanto, da psicanálise. É o mesmo que comumente chamamos de *ideologia*.

O modo como um discurso se ordena de maneira a precipitar um laço social implica, inversamente, que tudo que nele se articula seja ordenado por seus efeitos. É justamente assim que entendo o que articulo para vocês do discurso da psicanálise. Se não houvesse prática psicanalítica, nada do que posso articular sobre ele teria efeitos que eu pudesse esperar. Eu não disse que *não teria sentido*. É próprio do sentido ser sempre confusional, isto é, acreditar que estabelece a ponte entre um discurso, como algo em que se precipita um laço social, e aquilo que, sendo de outra ordem, provém de um outro discurso.

O chato é que, quando vocês procedem como acabo de dizer neste escrito que se deve proceder, ou seja, visando num discurso o que nele exerce a função do Um, o que estou fazendo eu, no caso? Se vocês me permitem o neologismo, faço *henologia*.* Com o que articulo, qualquer um pode fazer uma ontologia, conforme o que suponha para além desses dois horizontes que defini como os do significante.

Podemos colocar-nos no discurso universitário para retomar o que, a partir de minha construção, cria um modelo, supondo nele, num ponto arbitrário, sei lá que essência que se tornaria, aliás não se sabe por quê, o valor supremo. Isso é particularmente propício ao que se oferece ao discurso universitário, no qual se trata, segundo o diagrama que desenhei, de pôr o S_2 no lugar do semblante.

$$\frac{a}{S_2} \rightarrow \frac{\$}{S_1}$$

Antes que um significante seja verdadeiramente posto em seu lugar, isto é, situado justamente pela ideologia para a qual é produzido, há sempre efeitos de circulação. A significação precede em seus efeitos o reconhecimento de seu lugar instituidor. Que o discurso universitário se define por nele o saber ser colocado na posição de semblante, isto é o que se confirma pela própria natureza do ensino. O que veem vocês? Uma falsa ordenação daquilo que, ao longo dos séculos, pôde formar um leque, digamos, de ontologias diversas. Seu ápice, seu cúlmen, é

* Cabe salientar que o termo, derivado do grego *hen* (um) e *logos* (ciência, arte, tratado etc.), não constitui neologismo em português. (N.T.)

o que se chama gloriosamente de história da filosofia, como se a filosofia não tivesse seu móbil nas aventuras e desventuras do discurso do mestre/senhor, que de tempos em tempos é preciso renovar. A causa das tremulações da filosofia está noutro lugar, como é suficientemente afirmado a partir dos pontos de que saiu justamente a ideia de ideologia, como se a causa de que se trata não se encontrasse noutro lugar. Mas é difícil que todo processo de articulação de um discurso, sobretudo quando ele ainda não está situado, não sirva de pretexto para certo número de erupções prematuras de novos seres.

Bem sei que isto tudo não é fácil e que, dentro da boa tradição do que faço aqui, é preciso que eu lhes diga coisas mais divertidas. Então, falemos do analista e do amor.

Do amor, fala-se na análise. Isso se deve, é claro, à posição do analista. Guardadas todas as proporções, não se fala mais dele ali do que noutros lugares, já que, afinal, é para isso que serve o amor. Não é o que há de mais prazeroso. Mas, enfim, neste século, fala-se muito dele. É até prodigioso que se continue a falar dele, pois há muito poderíamos ter percebido que nem por isso ele tem mais sucesso. Logo, está claro que é falando que fazemos amor. O analista, qual é seu papel nisso? Pode realmente um analista fazer um amor dar certo? Pois de minha parte, que estou longe de ter nascido ontem, devo dizer-lhes que isso é um desafio.

Recebi alguém que, graças a Deus, sabia ter necessidade de uma psicanálise, mas com base na demanda – vocês veem como posso fazer sujeira para comprovar minhas afirmações – de que era preciso, a qualquer preço, que ele chegasse ao *conjugo* com a dona do seu coração. Naturalmente, isso malogrou, graças a Deus, em prazo curtíssimo. Espero que a pessoa de quem se trata não esteja aí, tenho quase certeza disto.

Abreviemos, porque tudo isto são histórias. Num dia em que eu estiver inspirado e me arriscar a bancar La Bruyère, tratarei da questão das relações do amor com o semblante. Mas hoje não estamos aqui para nos determos nessas bagatelas. A questão é conhecer a relação de todas estas verdades da experiência, que lhes estou recordando com um breve toque, com a função do sexo na psicanálise.

Em todo caso, creio ter atingido até mesmo os ouvidos mais surdos com o enunciado disto, que merece ser articulado: por que o psicanalista imagina que o fundo daquilo a que ele se refere é constituído pelo sexo? Que o sexo é real, não há a menor dúvida. E sua própria estrutura é o dual, o número *dois*. O que quer que pensemos, existem apenas dois, os homens, as mulheres. Há quem se obstine em acrescentar a eles os auvérnios. É um erro. No nível do real, não existem auvérnios.*

A coisa de que se trata, quando se trata de sexo, é do sexo oposto, até quando se prefere o mesmo a ele. Não é por eu ter dito há pouco que a ajuda da psicanálise é precária, no tocante ao sucesso de um amor, que se deve acreditar que a psicanálise se lixa para ele, se assim posso me exprimir. Que o parceiro em questão seja do sexo oposto – estou falando do terceiro, a propósito de quem se enuncia essa *falação* em torno do amor – e que seja algo relacionado com o gozo dele que está em jogo, o psicanalista não pode ficar indiferente a isso, pois para aquele que não está nisso, o real para ele será bem isso mesmo.

Esse gozo exerce a função de real, quando concerne a quem não está em análise, isto é, ao analista. Aquele que o analista tem em análise, ou seja, o sujeito, ele o toma pelo que ele é, efeito de discurso. Peço-lhes observarem, de passagem, que ele não o subjetiva. Isto não quer dizer que tudo isso sejam suas ideiazinhas, mas sim que, como sujeito, ele é determinado por um discurso do qual provém desde longa data, e é isso que é analisável.

O analista, esclareço, de modo algum é nominalista. Não pensa nas representações de seu sujeito, mas tem de intervir no discurso dele, proporcionando-lhe um suplemento de significante. É o que chamamos de interpretação. Quanto ao que não está a seu alcance, ou seja, àquilo que está em questão, isto é, o gozo daquele que não está presente na análise, o analista toma esse gozo pelo que ele é, a saber, certamente algo da ordem do real, já que não há nada que possa fazer a seu respeito.

O sexo como real – digo, como dual, como havendo dois –, ninguém, nem mesmo o bispo Berkeley, jamais ousou enunciar que era uma ideiazinha que todos tinham na cabeça, que era uma representação. É muito instrutivo que, em toda a história da filosofia, ninguém jamais tenha se atrevido a estender o idealismo a esse ponto.

Sobretudo de uns tempos para cá, vimos no microscópio o que era o sexo. Não estou falando dos órgãos sexuais, mas dos gametas. Observem

* Lacan parece ironizar a fama popular de turrões e reservados dos habitantes da região da Auvérnia, no sul da França. (N.T.)

que esse instrumento nos faltava até Leeuwenhoek e Swammerdam. Ficávamos reduzidos a pensar que o sexo estava em toda parte – vocês, a natureza, o céu, a bagunça toda, tudo isso era o sexo. E as fêmeas de urubu faziam amor com o vento. A pretexto do sexo, muito antes de termos sabido que existem duas espécies de gametas, o psicanalista acreditou haver uma relação sexual. Agora que sabemos de forma certeira que o sexo se encontra ali, em duas pequenas células que não se assemelham, temos visto psicanalistas, num campo que não se pode dizer que esteja muito bem triado, encontrarem o modelo de sabe-se lá que arrombamento assustador na introdução do gameta masculino, do *espermato*, como dizem, e também *zoide*, no envoltório do óvulo. Como se essa referência tivesse a menor relação, exceto a da mais grosseira metáfora, com aquilo de que se trata na cópula, como se pudesse haver nisso seja o que for que se refira ao que entra em jogo nas chamadas relações amorosas, ou seja, e logo de saída, muitas palavras.

É exatamente aí que a evolução das formas e efeitos do discurso é, para nós, muito mais indicativa que qualquer referência ao que permanece totalmente em suspenso, ainda que tenhamos certeza de que os sexos são dois, ou seja, se o discurso é ou não capaz de articular a relação sexual. Aí está o que é digno de ser questionado.

As coisinhas que já escrevi para vocês no quadro comportam a oposição de um $\exists x$ e um $\overline{\exists x}$, de um *existe* e um *não existe*, ambos no mesmo nível, que é o do *não é verdade que* Φx. Por outro lado, temos a oposição entre um *todo x é conforme à função* Φx e, nova fórmula, um *não todo é passível de satisfazer a chamada função fálica*.

Como tratarei de explicar nos seminários que virão a seguir, há uma série de hiâncias que se encontram em todos os pontos, nos quatro pontos enunciados anteriormente. Mas essas hiâncias são diversas, nem sempre são as mesmas. Isto merece ser assinalado, para dar seu estatuto ao que concerne à relação sexual no nível do sujeito.

Isso nos mostra a que ponto a linguagem traça em sua própria gramática os chamados efeitos de sujeito. E abarca o suficiente do que a princípio só foi descoberto pela lógica para que possamos tentar dar um sentido – porque este é o único caso, com razão, em que o termo *sentido* se justifica – à audição desse significante, *Há-um*. É o que faço a partir de alguns dos apelos jaculatórios que aqui profiro.

Se não há relação dos dois, cada qual continua a ser um. O incrível é que se denuncie, mais ou menos justificadamente, a mitologia dos psicanalistas, mas se deixe de denunciar aquela que está mais ao alcance da mão. Quando os gametas se juntam, o que resulta não é a fusão dos dois. Antes que isso se realize, é preciso uma tremenda evacuação – a meiose, como é chamada. E aquilo que é um, novo, para que isso se faça, é preciso que cada um dos dois tenha largado um certo número de destroços.

Encontramos na pena de Freud a ideia de que Eros se funde – no subjuntivo, vejam só o equívoco, mas não vejo por que eu não me serviria da língua francesa, entre fundação e fusão –* por formar Um com os dois. Ideia estranha, da qual provém a ideia absolutamente exorbitante que se encarna na pregação do amor universal, a qual, no entanto, o caro Freud repugna com todo o seu ser. Sua repugnância, ele a entrega a nós da maneira mais clara em *O futuro de uma ilusão* e em muitos outros lugares, em *O mal-estar na civilização*. Contudo, a força fundadora da vida, do instinto de vida, como ele se expressa, estaria toda nesse Eros, que seria um princípio de união. Não é apenas por razões didáticas que eu gostaria de produzir diante de vocês o que se pode dizer para rebater essa mitologia grosseira, afora o fato de que isso talvez nos permita não só exorcizar Eros – refiro-me ao Eros da doutrina freudiana –, mas também o querido Tânatos, com o qual nos chateiam há muito tempo.

Neste ponto, não é inútil nos servirmos de algo que, não por acaso, veio à luz há algum tempo. Já introduzi, da última vez, uma consideração sobre o que é situado como a teoria dos conjuntos. Os homens e as mulheres – também podemos brincar um pouco – são igualmente *conjuntos*. O que não os impede de estarem cada um do seu lado. A questão é saber se, a propósito desse *Há-um* de que se trata, não poderíamos tirar algum esclarecimento do conjunto, que nunca foi feito para isso. Já que estou fazendo balões de ensaio aqui, eu me proponho simplesmente ver com vocês o que pode servir nisso, eu não diria de ilustração, porque se trata de algo bem diferente, mas para investigar o que o significante tem a ver com o Um.

O Um, não é de hoje que ele surgiu. Mas surgiu a propósito de duas coisas completamente diferentes, a propósito de certo uso dos

* Em francês, os verbos *fonder* [fundar] e *fondre* [fundir] são homônimos na terceira pessoa do subjuntivo – daí o comentário de Lacan. (N.T.)

instrumentos de medida e, ao mesmo tempo, de algo que não tinha absolutamente nenhuma relação com isso, ou seja, a função do indivíduo.

Aristóteles, ante esses seres que se reproduzem sempre iguais, se impressionava. Isso já havia impressionado um outro, chamado Platão, que, por não ter nada melhor a se oferecer para nos dar a ideia de forma, creio eu, veio a enunciar que a forma é real. Ele precisava mesmo ilustrar como pudesse a sua ideia da Ideia. O outro, é claro, salienta que a forma, embora isso seja muito bonito, distingue-se por ser ela que reconhecemos num certo número de indivíduos que se assemelham.

Eis-nos partindo de diversas vertentes metafísicas. A maneira pela qual o Um é ilustrado não nos interessa em nenhuma medida, quer pelo indivíduo, quer por certo uso prático da geometria, quaisquer que sejam os aperfeiçoamentos que vocês possam acrescentar à dita geometria, mediante a consideração das proporções, daquilo que se manifesta de diferença entre a altura de um pé e a de sua sombra. Faz muito tempo que nos demos conta de que o Um levanta outros problemas, e isto em razão do simples fato de que a matemática progrediu um pouquinho. Não vou voltar ao que enunciei da última vez sobre o cálculo diferencial, as séries trigonométricas e, de modo geral, a concepção do número como definido por uma sequência. O que aparece com clareza é que a questão se coloca ali de modo totalmente diferente do que se passa com o Um, porque uma sequência se caracteriza por ser feita como a sucessão dos números inteiros. Trata-se de dar conta do que é o número inteiro.

Não lhes farei o enunciado da teoria dos conjuntos. Foi preciso esperar muito, até o fim do século passado. Não faz mais de cem anos que se tentou explicar a função do Um. É notável que o conjunto se defina de tal maneira que o primeiro aspecto sob o qual aparece é o do conjunto vazio, e que, por outro lado, este constitua um conjunto. Isso faz de um elemento um conjunto. É daí que partimos. No meu último seminário – digo-o para os que não estavam no Panthéon, onde comecei a abordar este assunto escorregadio –, sublinhei que o fundamento do Um, por causa disso, revela constituir-se propriamente do lugar de uma falta.

A tal teoria dos conjuntos não tem outro objetivo direto senão evidenciar como pode ser gerada a noção própria de número cardinal. Ilustrei-o grosseiramente, da última vez, com o uso pedagógico da correspondência biunívoca – é no momento em que falta um parceiro nas duas séries comparadas que surge a ideia do Um. Há um que falta. O Um surge como que do efeito da falta.

Tudo que foi dito sobre o número cardinal resulta disto: é que a sequência dos números cardinais, tal como iniciada no zero, comporta sempre, necessariamente, um e um único sucessor. Ao enunciar isto, de maneira improvisada, cometi um erro: o de falar de uma série como se ela fosse desde logo ordenada. Retirem isso, que não afirmei, e observem apenas que cada número corresponde cardinalmente ao cardinal que o precede, acrescido do conjunto vazio.

Eu gostaria de destacar que a teoria dos conjuntos comporta dois tipos de conjuntos, o conjunto finito e o conjunto infinito, que ela admite. O que caracteriza o conjunto infinito é que ele pode ser postulado como equivalente a qualquer um de seus subconjuntos. Como já havia assinalado Galileu, que para isso não esperou por Cantor, a sequência de todos os quadrados tem uma correspondência biunívoca com cada um dos números inteiros. De fato, não há razão alguma para considerar que algum dia um desses quadrados seria grande demais para estar na série dos inteiros. É isso que constitui o conjunto infinito, razão por que se diz que ele pode ser reflexivo. Inversamente, a principal propriedade do conjunto finito é ele ser propício para servir, no raciocínio matemático, à chamada indução. A indução é admissível quando o conjunto é finito.

Há um ponto da teoria dos conjuntos que a meu ver é problemático: é a não enumerabilidade das partes, ou seja, dos subconjuntos.

Para tomar o número cardinal, vocês têm, por exemplo, um conjunto composto de cinco elementos. Se chamarem de subconjunto a captação em um conjunto de cada um desses cinco elementos, e também dos grupos formados por dois desses elementos em cada cinco, será fácil calcularem quantos subconjuntos isso dará. Haverá exatamente cinco de um elemento e dez de dois. Em seguida, vocês os tomarão em grupos de três e continuará a haver dez. Depois os tomarão por quatro e haverá cinco. E no fim, vocês chegarão ao conjunto como havendo apenas um, ali presente, que compreende cinco elementos. A esse convém acrescentar o conjunto vazio, que, sem ser um elemento do conjunto, é manifestável como uma de suas partes. É que as partes não são o elemento. O que se ordena com isso escreve-se assim. Imaginem um tetraedro:

1	1
4	5
6	10
4	10
1	5

A soma das partes é igual a 2^n, sendo n precisamente o número cardinal dos elementos do conjunto. Isso não é algo que abale minimamente a teoria dos conjuntos. O que se enuncia a propósito dessa enumerabilidade tem todas as suas aplicações, por exemplo, na observação de que nada se modifica na categoria de infinito de um conjunto quando dele se retira uma série enumerável qualquer. No entanto, a melhor maneira de introduzir a não enumerabilidade de um conjunto infinito é dizer – interrogo – que não se pode aplicar a um conjunto finito a soma de suas partes, definida tal como acaba de sê-lo, não é?

Tal introdução é apenas didática. Eu a contesto a partir do momento em que a propriedade de reflexividade, tal como aplicada ao conjunto infinito, e que implica faltar a ele o caráter indutivo característico dos conjuntos finitos, permite escrever, contudo, como pude ver em alguns lugares, que a não enumerabilidade das partes do conjunto finitivo decorreria, *por indução*, do fato de que essas partes se escreveriam como se escreve o conjunto infinito dos números inteiros, $2^{\aleph_0}$. Contesto isso, porque há certo artifício, quando se trata das partes do conjunto, em tomá-las em sua escala, cuja soma efetivamente dá 2^n.

Se de um lado vocês têm *a*, *b*, *c*, *d*, *e*, e se trazem para eles o que lhes corresponde – *a*, *b*, *c*, *d* correspondendo a *e*, depois *a*, *b*, *c*, *d*, *e* correspondendo a *c* etc. –, podem ver que o número das partes, se vocês o substituírem por uma partição, leva a uma fórmula muito diferente, mas que vocês verão por que me interessa: 2^{n-1}.

Não posso desenvolver essa questão aqui, em função da hora, além do fato de que isso absolutamente não interessa a todos os presentes. Mas solicito contribuições a esse respeito, como habitualmente o faço, de maneira desesperada. De vez em quando, solicito a gramáticos que me deem uma pequena dica e eles me enviam, são sempre os ruins. Solicitei a matemáticos, já muito numerosos, que me respondessem a esse respeito, e na verdade eles se fazem de surdos, porque se agarram a essa não enumerabilidade das partes do conjunto como carrapatos à pele do cachorro.

Mas vou direto ao objetivo, deixando de lado um ponto com o qual gostaria de terminar, mais adiante. Proponho isto, que tem lá seu pequeno interesse: já admitimos que o cardinal das partes do conjunto infinito, isto é, o menor dos transfinitos, aquele que é constituído pelo cardinal do conjunto dos inteiros, seria $2^{\aleph_0}$. Substituindo a ideia das partes pela da partição, em vez de $2^{\aleph_0}$, teremos $2^{\aleph_0 - 1}$.

Desconfio que isso possa fazer qualquer um perceber o que há de abusivo em supor a bipartição do conjunto infinito. O chamado conjunto das partes leva a uma fórmula que contém o número 2 elevado à potência das partes, o que é perfeitamente admissível, sobretudo a partir do momento em que questionamos a indução, quando se trata do conjunto infinito. Portanto, como não seria admissível uma fórmula que evidencia com a mesma clareza que se trata não de partes do conjunto, mas de sua partição?

Acrescentarei algo que tem bastante interesse. Sei que $\aleph_0$ é apenas um índice, um índice que não foi forjado por acaso. Toda a série dos números inteiros pode servir de índice do que se dá com o conjunto como fundador do transfinito. Entretanto, a partir do momento em que aquilo de que se trata é a função da potência, e que, ao que parece, abusamos da indução, ao nos permitirmos encontrar nela a prova da não enumerabilidade das partes do conjunto infinito, será que, examinando de perto, não encontraríamos aqui outra função para esse zero, aquela que ele tem na potência exponencial? É que, não importa de que número se trate, o expoente 0, no tocante à potência, o iguala a 1, seja qual for esse número. Observação: um número qualquer, elevado à potência 1, é ele mesmo. Mas um número elevado à potência -1 é seu inverso. Logo, aqui é o 1 que serve de eixo.

Desse momento em diante, a partição do conjunto transfinito leva ao seguinte. Quando igualamos, no caso, $\aleph_0$ a 1, a série dos números inteiros não é sustentada por nada além da reiteração do 1, o que parece admissível. O Um extraído do conjunto vazio, é por se reproduzir que ele constitui o que indiquei, da última vez, como sendo um princípio que se manifesta no triângulo de Pascal, no nível do cardinal das mônadas. Vocês encontrarão ali atrás o que chamei de a *nada* – diga-se para os surdos que se fizeram perguntas sobre o que eu tinha falado –, ou seja, o Um como saído do conjunto vazio, que é a reiteração da falta.

Observo que o Um de que se trata é aquele que a teoria dos conjuntos só substitui como reiteração pelo conjunto vazio – no que tal teoria manifesta a verdadeira natureza da *nada*.

Com efeito, consideremos o que é afirmado como princípio do conjunto sob a pena de Cantor, chamada de ingênua, no momento em que abriu esse caminho verdadeiramente sensacional. Os elementos do conjunto são algo tão variado quanto quisermos, sob a única condição de que postulemos como uma cada uma dessas coisas, que ele chega até a chamar de objetos da intuição ou do pensamento. É assim que se expressa, e por que lhe recusar tal expressão? Isso não quer dizer nada além de algo tão eterno quanto quisermos. A partir do momento em que se mistura a intuição com o pensamento, trata-se do significante, o que se evidencia pelo fato de que tudo isso se escreve *a*, *b*, *c*, *d*. O que é impossível é que qualquer elemento pertencente a um conjunto se repita. É como distinto que subsiste qualquer elemento de um conjunto. Quanto ao conjunto vazio, afirma-se no princípio da teoria dos conjuntos que ele só pode ser um Um. Esse Um – a *nada*, como situada no princípio do surgimento do Um numérico, do qual é feito o número inteiro – coloca-se, pois, como sendo, originariamente, o próprio conjunto vazio.

Se interrogamos essa estrutura, é na medida em que, no discurso analítico, o Um se sugere como estando no princípio da repetição. Aqui, portanto, trata-se da espécie de Um que é marcada por nunca ser senão o Um de uma falta, de um conjunto vazio.

1	1		1	1	1	1	1	1
4	5			1	2	3	4	5
6	10				1	3	6	10
4	10					1	4	10
1	5						1	5
	1							1

Uma vez que introduzi a função da partição, há um ponto do triângulo de Pascal que vocês me permitirão interrogar. Com as duas colunas que acabo de fazer, tenho o bastante para lhes mostrar aonde leva meu ponto de interrogação.

Temos como número de partição de um conjunto o número anteriormente atribuído ao conjunto *n* – 1. Esse número corresponde às supostas partes do conjunto que chamaremos de *inferior*, inferior a 1 como elemento. Como já nos ensinou o triângulo de Pascal, para encontrar as partes que comporão o conjunto *superior*, e que se acharão numa bipartição, temos de fazer, a cada vez, a adição do que corresponde, na coluna da esquerda, aos dois números situados imediatamente à esquerda e acima do primeiro. Obteremos aqui o número 10, aqui o número 4, e o número 6.

Que significa isso? Apenas que é unicamente por havermos – por um excesso de zelo, eu diria – colocado o conjunto vazio na categoria dos elementos monádicos, isto é, por termos adicionado o conjunto vazio a cada uma das quatro mônadas da coluna precedente, que obtivemos o número cardinal das mônadas dos elementos do conjunto superior.

1	1	1	1	1	1
	1	2	3	4	5
		1	3	6	10
			1	4	10
				1	5
					1

Para lhes dar uma imagem da coisa, experimentemos o que dá isso num esquema e, para simplificar ainda mais, tomemos a coluna anterior. Tomemos três mônadas, e não mais quatro. O conjunto, nós o representamos por este círculo:

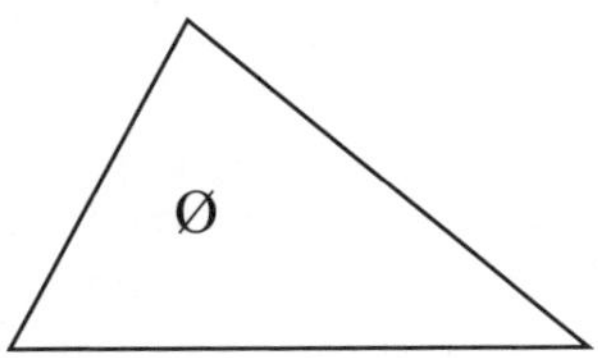

Não faço questão de que o conjunto vazio esteja forçosamente no centro. Para representar o conjunto por um tetraedro – não se trata de um tetraedro, é claro, mas de números –, teremos aqui o conjunto vazio como quarto conjunto de um elemento na ordem dos subconjuntos. No nível desse novo conjunto, o conjunto vazio continua a existir. Visto que já temos α, β, γ, nós o chamaremos de δ.

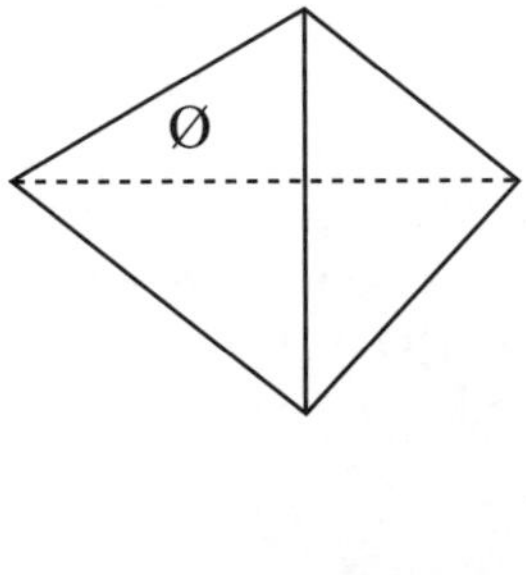

No nível do elemento dos antepenúltimos subconjuntos, ou seja, para permanecer na intuição, o dos cinco quadriláteros que podemos evidenciar, digamos, num poliedro de cinco ápices, também aí temos que tomar os quatro triângulos da tétrade. Nesses quatro triângulos, faremos três subtrações diferentes, adicionando a isso o que o constitui como conjunto, ou, mais exatamente, como subconjunto. Mas só poderemos fechar nossa conta ao acrescentar, nesse mesmo nível em que teríamos apenas três subconjuntos, os elementos solitários do conjunto, ou seja, α, β, γ, δ, como não reunidos num conjunto. Quero dizer que, enquanto definidos como elementos, eles não são conjuntos. Isolados daquilo que os inclui no conjunto, eles têm que ser contados para que cheguemos a nossa conta de quatro. Para fornecer a parte do número 5 no nível do conjunto de cinco elementos, precisamos fazer intervirem os elementos em número de quatro como simplesmente justapostos, mas não tomados num conjunto – subconjuntos, no caso.

Em suma, convém percebermos que, na teoria dos conjuntos, todos os elementos são equivalentes. E é exatamente assim que se pode gerar a unidade. *Distinto* significa apenas *diferença radical*, já que nada pode se assemelhar. Não existe espécie. Tudo aquilo que se distingue da mesma maneira é o mesmo elemento.

Tomando o elemento apenas como pura diferença, também podemos vê-lo como a mesmidade dessa diferença. Quero dizer que, como já estava demonstrado na segunda linha, um elemento, na teoria dos conjuntos, é equivalente a um conjunto vazio, visto que o conjunto vazio também pode funcionar como elemento. Tudo o que se define como elemento é equivalente ao conjunto vazio. Ao ser tomada como isolável, e não como presa na inclusão "conjuntificadora", digamos, que faria dela um subconjunto, a mesmidade da diferença absoluta é contada como tal.

Isso me parece de extrema importância, por exemplo, no nível do jogo platônico, que faz da similitude uma ideia de subsistência, um universal na perspectiva realista, na medida em que esse universal é a realidade. Não é no mesmo nível que se introduz a ideia de semelhante, tal como aludi a ela em meu último discurso no Panthéon. A mesmidade dos elementos do conjunto é contada como tal, como desempenhando seu papel nas partes do conjunto.

A teoria analítica vê despontar o Um em dois de seus níveis. Primeiro nível: o Um é o Um que se repete. Está na base de uma incidência suprema no falar do analisando, que ele denuncia por uma certa repetição, em relação a uma estrutura significante. Por outro lado, ao considerar o esquema que dei do discurso analítico, que é que se produz a partir da instauração do sujeito no nível do gozo de falar? O que se produz no chamado estágio do mais-de-gozar é uma produção significante, a do S_1. Outro nível do Um, cuja incidência me imponho o dever de fazê-los perceberem.

O que significa que coisas que designamos no significante por letras diversas sejam as mesmas? O que pode querer dizer *as mesmas*, senão, justamente, que isso é único, a partir da própria hipótese da qual parte a função do elemento na teoria dos conjuntos? O Um de que se trata no S_1, aquele que o sujeito produz, ponto ideal, digamos, na análise, é, ao contrário do que se trata na repetição, o Um como Um só [*Un seul*]. É o Um na medida em que, seja qual for a diferença existente, sejam quais forem todas as diferenças que existem e todas as quais se equivalem, existe apenas uma: é a diferença.

É com isto que eu gostaria de concluir meu discurso esta noite, além de a hora e meu cansaço me pressionarem a tanto, acidentalmente. Numa das próximas reuniões, eu lhes darei a ilustração da função S_1 tal como a postulei na fórmula que dá ao discurso analítico seu estatuto.

4 de maio de 1972

XII
O Saber Sobre a Verdade

A sabedoria é o saber do gozo
Errância dos desgarrados
O analista não finge
Indigência da fenomenologia amorosa
Os números cardinais inacessíveis

É difícil eu abrir caminho para vocês num discurso que não lhes interessa a todos. Quero dizer como *não todos*. Acrescento até *apenas* como *não todos*.

1

Uma coisa é evidente: é o caráter-chave, no pensamento de Freud, do *todos*. A ideia de multidão [*foule*], que ele herdou daquele imbecil chamado Gustave Le Bon, serviu-lhe para entificar esse *todos*. Não admira que ele tenha descoberto aí a necessidade de um *existe* do qual, na ocasião, viu apenas o aspecto que traduziu como o traço unário, *der einziger Zug*.

O traço unário nada tem a ver com o *Há-um* que tento abordar este ano na ideia de não haver nada melhor a fazer, o que exprimo por meio do *...ou pior*. Não foi à toa, portanto, que esse dizer eu o disse adverbialmente.

Indico desde já que o traço unário é aquilo pelo qual se marca a repetição como tal. A repetição não fundamenta nenhum *todos* nem identifica nada, porque, tautologicamente, se assim posso dizer, não pode haver dela uma primeira.

Toda essa *psicologia* de algo que é traduzido como *das massas* fracassa no que se trataria de ver aí, com um pouco mais de sorte: a natureza do *não todos* que a funda, natureza que é justamente a d'*a mulher*, a ser posta entre aspas, a qual, para o papai Freud, constituiu até o fim o problema, o problema do que ela quer. Já lhes falei disso. Voltemos ao que estou tentando lhes passar este ano.

Qualquer coisa pode servir para escrever o Um da repetição. Não é que ele não seja nada, é que se escreve com qualquer coisa, desde que seja fácil repeti-la como imagem. Para o ser encarregado de fazer com que, na linguagem, isso fale, nada é mais fácil de representar do que aquilo que ele é feito para reproduzir naturalmente, ou seja, como dizem, seu semelhante, ou seu tipo. Não que originalmente ele saiba fazer sua imagem, mas ela o marca, e ele pode devolvê-la, conferir-lhe a marca que é justamente o traço unário, ou seja, o suporte daquilo de que parti sob o nome de *estádio do espelho*, isto é, de *identificação imaginária*.

Ouvi dizer que eu fazia juízos de valor, tais como imaginário *cocô*, simbólico *nham-nham*. A marca como tal, o traço unário, aponta um suporte típico, isto é, imaginário, mas não só não constitui um juízo de valor, como também tudo o que eu disse, escrevi, inscrevi nos grafos, esquematizei num modelo óptico, na época, no qual o sujeito se reflete no traço unário, e no qual é somente a partir daí que ele se repete como *eu ideal*, tudo isso insiste justamente em que a identificação imaginária se efetua por uma marca simbólica. De modo que quem denuncia esse maniqueísmo na minha doutrina – o juízo de valor, bah! – demonstra somente o que ele é, por ter-me ouvido assim desde o início do meu discurso, do qual é contemporâneo, no entanto. Um porco, erguendo-se sobre as patas traseiras e bancando o porco ereto, nem por isso deixa de ser o porco que era originariamente. Mas só ele pode imaginar que não nos lembramos disso.

Voltando a Freud, de quem até aqui só fiz comentar a função que ele introduziu sob o nome de narcisismo, foi realmente do erro que ele cometeu, ao ligar o *eu* sem intermediação a sua *Massenpsychologie*, que decorreu a inacreditável instituição a partir da qual ele projetou o que chamou de *economia do psiquismo*, ou seja, a organização à qual julgou dever confiar o prosseguimento de sua doutrina.

Ele a quis assim por quê? Para constituir *a guarda de um núcleo de verdade*. Foi assim que Freud a pensou, e é assim mesmo que se expressam os que se revelam os frutos dessa concepção, para atraírem consideração para si, ainda que declarem modesto esse núcleo. No ponto em que agora estão as coisas na opinião pública, isso é cômico. Para evidenciá-lo, basta indicar o que implica esse tipo de garantia, qual seja, uma Escola de saber. É assim que sempre se teria chamado isso. *Será que ela é isso?* Ponto de interrogação.

Que é a sabedoria? Como diz claramente esse livro da sapiência que é o Eclesiastes, ela é o saber do gozo. Tudo o que se coloca como tal caracteriza-se como esoterismo, e podemos dizer que, afora a cristã, não há religião que não se adorne com ela, nos dois sentidos da palavra.* Em todas as religiões, tanto a budista quanto a maometana, sem contar as outras, existem esse aparato e essa maneira de se defender, digo, de marcar o lugar desse saber do gozo. Será que preciso evocar os tantras, numa dessas religiões, e os sufis, em outra? Também é com isso que se habilitam as filosofias pré-socráticas, e é com isso que Sócrates vem romper, substituindo-o – nominalmente, podemos dizer – pela relação com o objeto *a*, que não é outra coisa senão o que ele chama de *alma*.

Essa operação é suficientemente ilustrada pelo parceiro que lhe é dado no *Banquete*, sob a forma perfeitamente histórica de Alcibíades, ou, em outras palavras, do frenesi sexual a que normalmente leva o discurso do mestre, um discurso absoluto, digamos, isto é, que não produz nada senão a castração simbólica. Recordo a mutilação das hermas, como fiz em certa época, quando me servi desse *Banquete* para articular a transferência. A partir de Sócrates, o saber do gozo já não sobreviveria senão à margem da civilização, não sem que ela deixasse de se ressentir do que Freud chama pudicamente de seu mal-estar.

De vez em quando, um doido sai aos berros ao se descobrir na linhagem dessa subversão, o que só marca época quando ele é capaz de fazê-la ouvir no próprio discurso que produziu esse saber – o discurso cristão, para pôr os pingos nos is, já que, não tenhamos dúvida, ele é herdeiro do discurso socrático. É o discurso do mestre *up to date*, do mestre último modelo, e das mocinhas modelos-modelo que são sua prole. Há quem me garanta que, nesse gênero que chamo de modelo-modelo, que agora se enfeita com diversas iniciais, mas sempre começa por *m*, isso aparece a rodo. Sei disso porque assim me disseram. Porque, quanto a mim, daqui de onde estou, não me basta olhar para vocês para vê-las, porque, justamente, para começar, *nem todas* elas são modelos-modelo.

---

* O verbo usado por Lacan, *parer*, tem o sentido de adornar, embelezar, enfeitar etc., mas também o de aparar ou repelir (um golpe), usar para se proteger de algo. Em português, aliás, um dos sentidos de aparar é aprimorar, apurar, aperfeiçoar. (N.T.)

É evidente que isso faz efeito, marca época, esta observação de que houve subversão, quando é um Nietzsche que a profere. Simplesmente assinalo que ele só pôde proferi-la, digo, fazer-se ouvir, ao articulá-la no único discurso audível, isto é, aquele que determina o mestre *up to date* como sua descendência. Toda essa alta-roda se regala com ele, naturalmente, mas isso não modifica nada. Tudo que se produziu faz parte dele desde o começo. É claro que as próprias iniciais de que se tratou há pouco também estão aí desde o começo, mas isso só se descobre *nachträglich*.

Creio não ser inútil observar aqui que o *não todos* acaba de resvalar, como é natural, para *não todas*. Foi feito para isso. Todo o meu blá-blá-blá, eu só o produzo – hoje que podemos apontar algum movimento na emergência desse discurso – para assinalar que seu sentido continua problemático. Em especial, não se deve ouvir no que acabo de dizer um sentido da história, já que, como qualquer outro sentido, ele só se esclarece a partir do que acontece, e o que acontece só depende da sorte. Mas isto não quer dizer que tal sentido não seja calculável. Ele o é, a partir de quê? Do Um que encontramos nele. Só que não devemos enganar-nos quanto ao que aí encontramos do Um. Ele nunca é aquele que procuramos.

É por isso, como disse a partir de alguém que está na minha situação, que eu não busco, eu acho. A maneira, a única maneira de não nos enganarmos, é, a partir do achado, nos perguntarmos o que havia para procurar, se o tivéssemos desejado.

Qual é a fórmula com que um dia articulei a transferência? O desde então famoso *sujeito suposto saber*, meus artifícios de escrita demonstram haver nele um pleonasmo. Aí podemos escrever *sujeito* com um S barrado, o que lembra que um sujeito nunca é senão suposto, um *hypokeimenon*.

Uso a redundância apenas a partir da surdez do Outro. É claro que é o saber que é suposto, e ninguém jamais se enganou com isso. Suposto em quem? Certamente, não no analista, mas em sua posição. Quanto a isso, é possível consultar meus Seminários, porque é justamente isso que impressiona ao relê-los – nada de erros, diferentemente dos meus *Escritos*.

É que escrevo depressa. Nunca tinha dito isto a mim mesmo. Mas me dei conta de que é assim, porque me sucedeu falar recentemente com uma pessoa, desde a última vez em que alguns de vocês me ouviram no Sainte-Anne.

2

No Sainte-Anne formulei umas coisas a partir da teoria dos conjuntos, aqui invocada para pôr em questão esse Um de que falei há pouco.

Sempre corro meus riscos, não se pode dizer que não os tenha corrido daquela vez, com todo o humor necessário, ao escrever dois elevado a álefe índice zero menos um:

$$2^{\aleph_0 - 1}$$

Creio ter apontado suficientemente a diferença que há entre o índice 0 e a função do 0, quando ela é utilizada numa escala exponencial. Isso não quer dizer que eu não tenha ferido a suscetibilidade dos matemáticos que pudessem estar lá no meu auditório naquela noite. O que eu queria dizer, e enquanto espero que alguma coisa me retorne disso – era uma interpelação –, é que, subtraído o Um, todo esse edifício dos números, se o entendermos como produto de uma operação lógica, nominalmente a que provém da posição do 0 e da definição do sucessor, deveria desfazer-se de toda a cadeia, até voltar a seu ponto de partida.

É curioso que eu tenha precisado convocar alguém expressamente para ouvir, de sua boca, a fundamentação do que eu também havia enunciado da última vez, ou seja, que isso comporta não apenas o Um que se produz a partir do zero, mas um outro. Assinalei-o como situável como tal na cadeia da passagem de um número para outro, quando se trata de contar suas partes. É com isso que espero concluir.

Contento-me em observar que a pessoa que me confirmou dessa maneira foi aquela que, numa dedicatória que me deu a honra de me fazer, a propósito de um pequeno artigo em que ela própria se havia enunciado, destacou que eu escrevia depressa. Isso não me havia ocorrido, porque o que escrevo, refaço dez vezes. Mas é verdade que, na décima vez, escrevo muito depressa. É por essa razão que persistem erros, porque é um texto. Um texto, como indica o nome, só pode ser tecido em se dando nós. Quando damos nós, há alguma coisa que sobra e fica pendurada.

Peço desculpas por isso; nunca escrevi a não ser para pessoas que supostamente me ouviram, e quando, em casos excepcionais, primeiro eu escrevo, como o relatório de um congresso, por exemplo, nunca dou senão um discurso sobre o meu relatório. Basta consultarem o que disse em Roma para o congresso assim denominado. Fiz o relatório escrito que se sabe – ele foi publicado, no devido tempo –, e o que disse, não retomei em meu escrito, mas com certeza as pessoas ficarão mais à vontade com este do que com o relatório em si. Em suma, aqueles para quem eu tinha feito esse trabalho de recapitulação lógica que partiu do "Discurso de Roma", a partir do momento em que abandonam a linha crítica que resulta desse trabalho, para retornar aos seres dos quais demonstro, precisamente, que esse discurso deve se abster e para fazer deles o suporte do discurso do analisando, só fazem voltar ao falatório. É por isso que os que tomaram distância desse discurso, dito e feito: perderam completamente o sentido dele.

Ao perceber onde eles ficaram, uma vez desgarrados da linha em que eu os mantinha, constatou-se que eles emitem, ou melhor, que imprimem preto no branco, o que é pior, algo que mostra que não sabem mais nada do meu *sujeito suposto saber*. Passaram a dizer que supor esse saber na posição do analista é muito ruim, porque significa que o analista finge. Não há nisso nada além de uma coisinha que já apontei há pouco: é que o analista não finge [*fait semblant*], ele ocupa a posição do semblante.

O analista ocupa legitimamente a posição do semblante porque não há outra situação sustentável em relação ao gozo, tal como ele tem de apreendê-lo nos ditos daquele que, na condição de analisando, ele avaliza em sua enunciação de sujeito. É só por aí que se percebe até onde o gozo dessa enunciação autorizada pode ser levado, sem estragos muito notórios. Mas o semblante não se alimenta do gozo, que, no dizer dos que retornam ao discurso do ramerrão, ele ridicularizaria. Esse semblante dá noutra coisa que não ele mesmo, seu porta-voz, e justamente por se mostrar como máscara, abertamente usada, eu diria, como no teatro grego.

O semblante surte efeito por ser manifesto. Quando o ator usa a máscara, seu rosto não varia de expressões, não é realista. O *páthos* fica reservado ao coro, que se entrega a ele, caberia dizer, com grande satisfação. E por quê? Para que o espectador, refiro-me ao da cena antiga, encontre ali seu próprio mais-de-gozar comunitário. É justamente isso que dá ao cinema o valor que ele tem para nós. Nele, a máscara é outra coisa, é o irreal da projeção. Mas voltemos a nós.

É por dar voz a algo que o analista pode demonstrar que essa referência ao teatro grego é oportuna. Pois o que faz ele, ao ocupar como tal a posição do semblante? Nada senão demonstrar que o pavor sentido do desejo, pelo qual se organiza a neurose, isso a que chamamos *defesa*, não passa, em relação ao que se produz nela de trabalho como pura perda, de uma conjuração digna de pena. Nos dois extremos dessa frase vocês encontram o que Aristóteles aponta do efeito da tragédia sobre o espectador.

Onde foi que eu disse que o saber do qual provém essa voz é um semblante? Será que ela deve mesmo parecer-se com ele, assumir um tom inspirado? Nada disso; nada do semblante convêm ao analista. Só que, aí está, como esse saber não é o saber esotérico do gozo nem apenas o *savoir-faire* das expressões faciais, é preciso tomar a resolução de falar da verdade como posição fundamental, mesmo que não se saiba tudo dessa verdade, visto que a defino pelo fato de ela não poder ser mais do que meio-dita.

Mas, então, o que é o saber que se certifica da verdade? Esse saber não é nada senão aquele que provém da notação resultante do fato de postular a verdade a partir do significante. Essa postura é bem difícil de sustentar, mas se confirma por fornecer um saber não iniciático, posto que procedente, digam o que disserem, do sujeito que um discurso sujeita como tal à produção, desse sujeito que há matemáticos que qualificam de *criativo*. Resta deixar claro que é realmente de sujeito que se trata, o que é corroborado pelo fato de que, na minha lógica, o sujeito se exaure ao se produzir como efeito de significante, mantendo-se tão distinto deste, é claro, quanto um número real de uma sequência cuja convergência é racionalmente assegurada.

Dizer "saber não iniciático" é dizer um saber que se ensina por outras vias que não as vias diretas do gozo. Estas são todas condicionadas pelo fracasso fundador do gozo sexual, digo, daquilo pelo qual o gozo constitutivo do ser falante se separa e se demarca do gozo sexual. A eflorescência disso é certamente curta e limitada, e foi por isso que se pôde fazer, a partir do discurso analítico, o catálogo das vias diretas do gozo na lista perfeitamente finita das pulsões.

A finitude dessa lista tem estreita ligação com a impossibilidade que se demonstra no questionamento verdadeiro da relação sexual como tal. Exatamente, é na própria prática da relação sexual que se afirma o vínculo do impossível e do real que promovemos, nós, como seres falantes, em toda parte. O real não tem outra atestação.

Toda realidade é suspeita, mas não por ser imaginária, como me imputam dizer, pois é bastante patente que o imaginário, tal como surge da etologia animal, é uma articulação do real. O que temos de suspeitar em toda realidade é que ela seja fantasística. E o que permite escapar disso é, na fórmula simbólica que nos é permitido extrair daí, uma impossibilidade que demonstra seu real. Não é à toa que aqui nos serviremos da palavra *termo* para designar o simbólico em questão.

Afinal, o amor poderia ser tomado como objeto de uma fenomenologia. A expressão literária do que se emitiu sobre ele é profusa o bastante para podermos presumir que dela se extrairia alguma coisa. Mas é curioso que, à parte alguns autores, como Stendhal, Baudelaire – deixemos para lá a fenomenologia amorosa do surrealismo, cujo moralismo é de assustar, cabe dizer –, essa expressão literária seja tão curta que nem sequer possa evidenciar-se nela, para nós, a única coisa que nos interessaria, ou seja, a estranheza.

Se isso basta para designar tudo o que se inscreveu disso no romance do século XIX, dá-se o contrário com tudo o que veio antes. Consultem *L'Astrée*, que não foi pouca coisa para seus contemporâneos. É tão pouca a nossa compreensão do que foi o livro para eles, justamente, que nada sentimos além de tédio. De modo que nos é muito difícil fazer essa fenomenologia e, ao retomar o que constituiria o seu inventário, não podemos deduzir outra coisa senão a indigência daquilo em que ela se baseou.

Já a psicanálise, por sua vez, partiu para isso com toda a inocência. O que encontrou, a princípio, não foi muito alegre. Há que reconhecer que ela não se limitou a isso. O que lhe resta do que ela descortinou inicialmente de exemplar é o modelo de amor representado pelos cuidados que a mãe dispensa ao filho, o que também se inscreve no caractere chinês *Hao*, que quer dizer o bem, ou o que é bom. Ele não é outra coisa senão isto, que quer dizer *filho*, *Tseu*, e isto, que quer dizer *a mulher*:

子 女

Estender isso à filha que ama ternamente o pai senil, ou até àquilo a que faço alusão no final de minha "Subversão do sujeito", isto é, ao mineiro que é esfregado por sua mulher antes de transar com ela, não nos esclarecerá muito sobre a relação sexual.

O saber sobre a verdade é útil para o analista na medida em que lhe permite ampliar um pouco sua relação com esses efeitos do sujeito que eu disse que ele avaliza, ao deixar o campo livre para o discurso do analisando. Que o analista deva compreender esse discurso parece preferível, de fato. E *de onde* deve compreendê-lo? A resposta encontra-se na notação indicativa de que ele deve estar no discurso ocupando a posição do semblante.

Convém acentuar, é claro, que é como *a* que ele ocupa essa posição do semblante. O analista nada pode compreender senão em nome do que diz o analisando, ou seja, por se ver não como causa, mas como efeito desse discurso, o que não o impede por direito de se reconhecer nele.

É por essa razão que é melhor ele ter passado por isso na análise didática, que só pode ser segura não tendo sido iniciada em nome disso.

3

Há uma face do saber sobre a verdade que extrai sua força de negligenciar totalmente o conteúdo dela.

Isso permite asseverar que a articulação significante é de tal forma sua hora e seu lugar que a verdade não é nada senão essa articulação.

A verdade ser mostrada, no sentido passivo, revela assumir um sentido ativo e se impor como demonstração ao ser falante, que nesse momento não pode fazer mais do que reconhecer não apenas que habita o significante, mas que não é nada além da marca deste. A liberdade de escolher seus axiomas, isto é, o ponto de partida escolhido para essa demonstração, consiste apenas, com efeito, em dela sofrer como sujeito as consequências, as quais, por sua vez, não são livres.

A verdade pode ser construída unicamente a partir de 0 e 1. Isso só foi feito no início do século passado, em algum ponto entre Boole e De Morgan, com o despontar da lógica matemática.

Não se deve crer que 0 e 1 indiquem aqui a oposição entre a verdade e o erro. É a revelação que só adquire valor *nachträglich*, através de Frege e Cantor. Esse 0, chamado o zero do erro, foi um estorvo para os estoicos, que como tal o consideravam. Isso levava à encantadora loucura da implicação material, que não por acaso foi recusada por algumas pessoas. Ela consiste em postular que é verdadeira a implicação que, a partir do erro formulado, faz resultar a verdade. O erro que implica a verdade é uma implicação verdadeira.

Não há nada similar na posição, em lógica matemática, disto:

$$(0 \to 1) \to 1$$

Que o 0 implique 1 é uma implicação notável do 1, ou seja, do verdadeiro. O zero tem tanto de valor verídico quanto o 1, porque 0 não é a negação da verdade 1, e sim a verdade da falta que consiste em que em 2 falta 1. Isso significa, no plano da verdade, que a verdade só pode falar ao se afirmar, conforme a ocasião, como foi feito durante séculos, como *a verdade dupla*, mas nunca a verdade completa.

O zero não é negação de seja o que for, notadamente não de nenhuma multidão. Ele desempenha seu papel na edificação do número. Como todos sabem, é muito conciliador. Se só houvesse zeros, como as coisas correriam bem! Mas o que ele indica é que, quando é preciso haver 2, nunca há senão 1, e isso é uma verdade. O 0 que implica 1, o todo que implica 1, deve ser tomado não como o falso que implica o verdadeiro, mas como dois verdadeiros, um implicando o outro. Mas isto também equivale a afirmar que o verdadeiro nunca é a não ser quando lhe falta seu parceiro.

A única coisa a que o 0 se opõe, mas de forma resoluta, é a ter uma relação tal com 1 que o 2 possa resultar dela. Não é verdade, como assinalei com a barra adequada, que o 0, implicando 1, implique 2:

$$\overline{(0 \to 1) \to 2}$$

Então, como apreender o que se dá com esse 2, sem o qual está claro que não se pode construir número algum? Não falei em enumerá-los, mas em construí-los. Foi justamente por essa razão que, da última vez, eu os levei ao álefe. Foi para fazê-los perceberem, de passagem, que, na geração de um número cardinal para outro, na contagem dos subconjuntos, conta-se em algum lugar alguma coisa como tal, que é um outro Um, o que marquei com o triângulo de Pascal, salientando que cada algarismo que se vê marcando à direita o número das partes é feito pela adição do que corresponde a ele como partes no conjunto precedente.

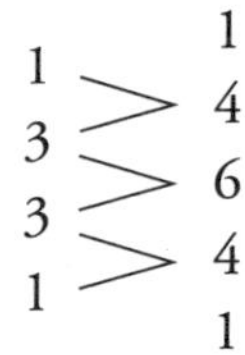

Contagem dos subconjuntos

É esse 1, o 1 que caracterizei quando se trata do 3, por exemplo, ou seja, do AB oposto ao C, e do BA, que vem do mesmo jeito. Quanto ao 4, é preciso que ao AB, ao BA e ao AC se acrescente o ABC. A justaposição dos elementos dos conjuntos precedentes entra em conta unicamente em razão do 1. Foi isso que chamei de mesmidade da diferença. De fato, é na medida em que nenhuma outra coisa em sua propriedade existe senão por ser diferença que os elementos que aqui vêm sustentar os subconjuntos são contados, eles mesmos, na geração das partes que vêm a seguir.

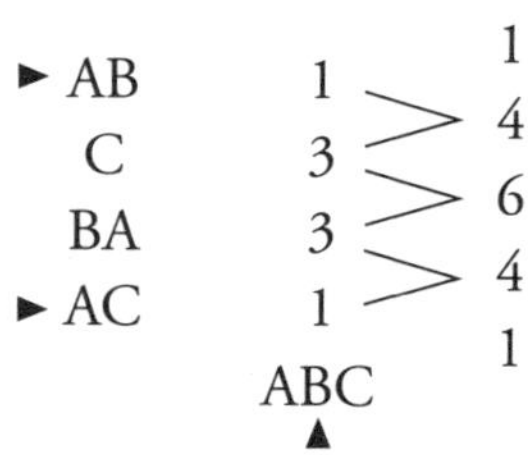

Ilustração da "mesmidade da diferença"

Insisto. O que está em questão é aquilo de que se trata quanto ao enumerado. É o Um a mais, enquanto contado como tal no enumerado, no álefe de suas partes, em cada passagem de um número para seu sucessor. Por se contar como tal a partir da diferença como propriedade, o Um, ao ser posto à prova do enumerável como $\aleph_0$, pela multiplicação que se exprime na função exponencial 2^{n-1} das partes do conjunto superior de sua bipartição, revela ser um outro Um. Com efeito, o que se constitui a partir do 1 e do 0 como inacessibilidade do 2 só se revela no nível do $\aleph_0$, ou seja, do infinito atual.

Para terminar, vou fazê-los perceberem isto, e de uma forma absolutamente simples. Trata-se do que se pode dizer de uma propriedade que seria a da acessibilidade, quanto ao que se passa com os inteiros.

Vamos defini-la pelo seguinte: que um número é acessível por poder ser produzido, quer como soma, quer como exponenciação de números menores que ele. Nessa condição, o começo dos números se confirma por não ser acessível, e precisamente até o 2. A coisa nos interessa muito especialmente quanto a esse 2, visto que, na relação do 1 com o 0, já assinalamos que o 1 é gerado pelo que o 0 marca de falta.

Com 0 e 1, quer vocês os adicionem, quer os coloquem um no outro, ou até um nele mesmo, numa relação exponencial, nunca se atinge o 2. Será que o número 2 é acessível, no sentido que acabo de enunciar? Pode ser gerado por uma soma ou uma exponenciação de números menores? A prova mostra-se negativa. Não há 2 que se gere por meio do 1 e do 0.

Uma observação de Gödel é esclarecedora neste ponto: é que o $\aleph_0$, ou seja, o infinito atual, mostra realizar a mesma situação do 1.

Inversamente, quanto a tudo o que concerne aos números inteiros a partir de 2, não há nenhum número que não se possa produzir por uma dessas duas operações, a partir de números menores que ele. Comecem no 3. O 3 se faz com 1 e 2. O 4 pode ser feito com um 2 elevado a sua própria potência. E assim sucessivamente.

É justamente isso que falta no nível do 1, e é por isso que se reproduz no nível do $\aleph_0$ essa falha da inacessibilidade. Nenhum número, quer nos sirvamos dele para fazer a adição infinita com todos os seus predecessores, ou com todos os seus sucessores, quer o elevemos a um expoente do tamanho que vocês quiserem, jamais alcançará o $\aleph_0$.

Resulta da construção de Cantor que não há $\aleph$ que possa ser tido como acessível a partir de $\aleph_0$. Nem por isso deixa de ser verdade que, na opinião dos que fizeram progredir essa dificuldade da teoria dos conjuntos, é somente pela suposição de que há inacessíveis nesses $\aleph$ que se pode reintroduzir nos números inteiros o que chamarei de consistência.

Por hoje devo deixar de lado essa suposição do inacessível que se produz em algum lugar dos $\aleph$, nem que seja para retomar o assunto, se isto interessar a alguns, num círculo mais reduzido.

Aquilo de que se trata, e de que parti, foi feito para lhes sugerir a utilidade de haver-um [*d'lun*], para que vocês saibam entender o que vem a ser essa bipartição, sempre fugidia, do homem e da mulher.

Será que tudo que não é homem é mulher? Tenderíamos a admitir que sim. Mas, já que a mulher é *não-todo*, por que tudo o que não é mulher seria homem?

Essa bipartição, a impossibilidade de aplicar o princípio da contradição nessa matéria do gênero, que seja preciso nada menos que admitir a inacessibilidade de alguma coisa além do $\aleph_0$, para que haja consistência e seja pertinente dizer que o que não é 1 é 0 e o que não é 0 é 1 – isto é o que lhes aponto como sendo o que deve permitir ao analista entender um pouco além das lentes do objeto *a*, o que se produz de efeito, o que se cria de Um, por um discurso que repousa tão somente na base do significante.

11 de maio de 1972

XIII

Na Base da Diferença dos Sexos

A gentileza das greves
Posição secundária da verdade e do sentido
Oscilação das partições sexuais
Teoria da caça
Diferença e atributo

A análise nos conduz a formular esta função, Φx, sobre a qual a questão é saber se existe um x que a satisfaça. Isso presume articular o que pode ser a existência.

É quase certo que, historicamente, a ideia de existência só tenha surgido com a intromissão do real matemático como tal. Mas isso não prova nada, porque não estamos aqui para fazer a história do pensamento. Não pode haver nenhuma história do pensamento, o pensamento é em si uma fuga. Projeta sob o nome de memória [*mémoire*] o desconhecimento de sua *moira* [*sa moire*].

Isso não impede que possamos tentar fazer certo mapeamento, partindo do que escrevi, não por acaso, em forma de função, Φx.

1

Comecei por enunciar um dito que lhes será útil, espero. Esse dito, eu o escrevi em forma de função. É uma função não relacionada com seja o que for que deles [*d'eux*], de dois [*deux*] funde o Um.

A astúcia toda está no subjuntivo [*fonde*], que pertence ao mesmo tempo ao verbo *fundar* [*fonder*] e ao verbo *fundir* [*fondre*]. *D'eles* [*d'eux*] não está fundido em Um, nem o Um é fundado por dois [*d'eux*].

É isso que diz Aristófanes, numa fabulazinha muito bonita do *Banquete*. Eles foram separados em dois, porque primeiro tinham a forma de um bicho de duas costas, ou bicho com dorso de ovo. É claro que, se a fábula pensasse minimamente, por um instante, em ser outra coisa que não uma fábula, ou seja, em ser consistente, isso não implicaria de modo algum que eles não refizessem filhos de duas costas, de costas de ovo – coisa que ninguém observa, e é bom que seja assim, porque mito é mito, e esse já diz muito.

É o mito que projetei inicialmente sob uma forma mais moderna, a de Φx. A função matemática apresenta-se a nós, em suma, como a espécie de discurso que lhes proponho como o modelo que nos permitiria, no tocante às relações sexuais, fundamentar algo diferente do semblante, *...ou pior*.

Hoje de manhã, comecei pelo pior e, apesar de tudo, não me parece supérfluo comunicar-lhes isto, nem que seja para ver até onde pode chegar.

Trata-se dessa pequena queda de energia que não sei se vocês tiveram, mas que eu tive até as dez horas. Ela me irritou enormemente, porque esse é o horário em que costumo reunir estas notinhas e repensar nelas, e isso não me facilitou a coisa. Além disso, em razão do mesmo corte de energia, quebraram-me um copo para escova de dentes a que eu era muito apegado. Se houver aqui gente que goste de mim, pode me mandar outro. Talvez assim eu passe a ter vários, o que me permitirá quebrar todos, menos aquele que eu preferir. Tenho um patiozinho que é perfeito para isso.

Então, eu disse a mim mesmo que, com certeza, esse corte não vinha de ninguém, mas de uma decisão dos trabalhadores. De minha parte, tenho um respeito que nem se pode imaginar pela gentileza dessa coisa chamada greve. Que delicadeza parar numa greve! A greve é o que há de mais social no mundo. Representa um respeito fabuloso pelo vínculo social. Mas nisso, nesse corte de energia que teve a significação de uma greve, houve um porém.

É que, de fato, foi justamente na hora em que ele deve ter chateado muito, tal como a mim, que preparava alguma coisa para comer, aquela que, sendo às vezes a mulher do trabalhador, é chamada, pela boca do próprio trabalhador – eu os frequento, afinal –, *a patroa* [*bourgeoise*].

E aí, comecei a devanear. Porque isso tudo está ligado. Eles são trabalhadores, explorados. Mas isso é bom, porque eles ainda o preferem à exploração sexual da burguesa [*bourgeoise*]. Aí está. Isso é pior. É o *...ou pior*. Compreendem?

A que leva isto: proferir articulações sobre coisas a respeito das quais não podemos fazer nada? Não podemos dizer que a relação sexual só se apresenta sob a forma da exploração, porque ela vem antes disso. É por causa disso que a exploração se organiza, porque não há nem mesmo essa exploração. Aí está. É o ...*ou pior*.

Isso não é grave. Não é grave, ainda que vejamos que é a isso que deveria conduzir um discurso que não fosse semblante. Mas é um discurso que acabaria mal. Não seria em absoluto um laço social, como convém ser um discurso.

Muito bem. Então, trata-se agora do discurso psicanalítico, e se trata de fazer com que aquele que nele desempenha a função de pequeno *a* ocupe a posição do semblante.

Já lhes expliquei isto da última vez, mas, naturalmente, isso passou por vocês como água correndo pelas penas de um pato. Mas, assim mesmo, enfim, alguns pareceram meio molhados. Dos que estão realmente interessados nisto, tive uns ecos, isso os abalou. Há uns psicanalistas que têm algo que os atormenta, que os angustia de vez em quando.

Se insisto no fato de que o objeto *a* deve ocupar a posição do semblante, não é para enchê-los de angústia, eu até preferiria que eles não a tivessem. Enfim, não é mau sinal que isso os angustie, porque significa que meu discurso não é completamente supérfluo, que pode ganhar um sentido. Mas isso não garante absolutamente nada, o fato de um discurso ter sentido, porque é preciso que se possa pelo menos situar esse sentido, não é? Enfim, vocês sabem disso muito bem: se seguirem o movimento browniano, verão que a cada instante ele tem sentido. É justamente isso que dificulta a posição do psicanalista. É que a função do objeto *a* é o deslocamento.

Não foi a propósito do psicanalista que fiz o objeto *a* descer do céu pela primeira vez. Num pequeno grafo, feito para dar um núcleo ou um referencial às formações do inconsciente, comecei a circunscrevê-lo num ponto do qual ele não podia se mover. Na posição do semblante, é muito mais difícil ficar, porque o objeto *a* escapole por entre as mãos em dois tempos. Como já expliquei, quando comecei a falar dele a propósito da linguagem, *o furão corre, corre* em tudo que vocês dizem. A todo instante está em outro lugar.

É por essa razão que tentamos apreender a partir de onde poderia situar-se algo que estivesse além do sentido, desse sentido que também faz com que eu não possa obter outro efeito a não ser a angústia, ali onde não é este o meu objetivo, de modo algum. É nisso que nos interessa que o real esteja ancorado.

Esse real, não é à toa que digo que ele é matemático, porque, acima de tudo, na experiência daquilo de que se trata, daquilo que se formula, daquilo que às vezes se escreve, podemos pôr o dedo em que há aí algo que resiste, ou seja, do qual não se pode dizer qualquer coisa. Não se pode dar um sentido qualquer ao real matemático.

Os que se aproximaram desse real em época recente tinham a ideia preconcebida de fazê-lo dar conta de seu sentido a partir da verdade. Houve um grande excêntrico no cerne dessa aventura. Vocês o conhecem de nome, porque ele fez lá seu barulhinho no mundo; chamava-se Bertrand Russell. Ele formulou algo assim: que a matemática se articula de tal maneira que, no fim das contas, não se sabe nem mesmo se aquilo é verdade ou se faz sentido.

O que prova o seguinte: que não se pode dar-lhe um sentido qualquer, nem na ordem da verdade, nem na ordem do sentido. Isso resiste, a ponto de levar ao seguinte resultado, que considero um sucesso, o próprio sucesso: a forma pela qual isso se impõe é a do real, justamente porque nele nem a verdade nem o sentido predominam; são secundários.

A posição secundária desses dois troços, chamados a verdade e o sentido, era inusitada para as pessoas, e lhes deu um pouco de tonteira quando elas se deram o trabalho de pensar. Era o caso de Bertrand Russell – ele pensava. Era uma mania de aristocrata, não é?, e realmente não havia razão alguma para se achar que houvesse nisso uma função essencial.

Não estou ironizando, mas aqueles que constroem a teoria dos conjuntos têm o bastante para fazer nesse real para não encontrarem tempo de pensar noutras coisas.

A maneira como as pessoas enveredaram por esse caminho, do qual não apenas não se pode sair, mas que leva a algum lugar de maneira necessária, e fecunda, ainda por cima, faz perceber que estamos lidando com algo inteiramente diferente do que tinha sido empregado no *initium* dessa teoria.

2

Partiu-se da interrogação do que era esse real, porque era impossível não ver que o número era real e que, já fazia algum tempo, havia uma confusão com o Um.

Aliás, não foi pouca coisa perceber que era possível questionar se o número real tinha alguma coisa a ver com o Um, o 1, o primeiro dos números inteiros, ditos naturais. É que se tivera tempo, desde o século XVII até o início do XIX, de abordar o número de maneira um pouquinho diferente do que tinham feito os antigos. Se parto daí, é justamente porque isso é essencial.

Não apenas *Há-um*, como também se vê que o Um, ele próprio, não pensa. Em particular, ele não pensa *logo existo*. Espero que se lembrem de que nem mesmo Descartes disse isso. Ele disse *Isso se pensa, "logo existo"*, entre aspas. O Um não se pensa, nem mesmo sozinho, porém diz alguma coisa, e é justamente isso que o distingue.

O Um não esperou que as pessoas se perguntassem, a seu respeito, o que isso quer dizer, do ponto de vista da verdade. Não esperou nem mesmo pela lógica. Porque a lógica é isso, é situar na gramática aquilo que assume a forma da posição de verdade, aquilo que torna a linguagem adequada para produzir verdade. *Adequada* não significa que ela sempre o conseguirá. Então, investigando bem suas formas, acredita-se chegar perto do que vem a ser a verdade. Mas, antes que Aristóteles se apercebesse da relação com a gramática, o Um já tinha falado, e não para não dizer nada. O Um diz o que tem para dizer no *Parmênides*. O *Parmênides* é o Um que se diz. Ele se diz almejando ser verdadeiro, donde a agitação que daí resulta.

Entre as pessoas que trabalham na cozinha do saber, não há nenhuma que não se sinta sempre levando uma boa surra. Isso quebra o copo da escova de dentes. Embora alguns tenham manifestado certa boa vontade, certa coragem em dizer que, afinal, isso podia ser admitido, embora fosse meio forçado, ainda não se conseguiu dar conta de algo que, no entanto, era simples, e que consiste em perceber que o Um, quando é verídico, quando diz o que tem a dizer, podemos ver aonde isso leva: em todo caso, à recusa total de qualquer relação com o Ser.

Quando o Um se articula, destaca-se exatamente isto: não há dois. Eu lhes disse, isto é um dizer. Vocês podem até encontrar aí, ao alcance da mão, a confirmação do que digo quando digo que a verdade só pode meio-dizer. Basta vocês decomporem a formulação. Para dizer isso, ele só pode dizer, ou bem *há* – e, como digo eu, *Há-um* –, ou bem *não dois*, o que se interpreta imediatamente por nós: não existe relação sexual. Já está, portanto, como vocês podem ver, ao alcance da nossa mão.

É claro que não está ao alcance da mão uniana do Um fazer disso alguma coisa no sentido do sentido. É por essa razão, aliás, que recomendo aos que querem ocupar a posição do analista – com o que isso comporta de saber não escorregar dessa posição – que se ponham em dia com o que poderia ser lido por eles no simples trabalho com o *Parmênides*.

Mas isso seria meio insuficiente, de qualquer modo. Quebramos a cara nisso, em vez de acontecer outra coisa, que torna perfeitamente clara – se nos obstinarmos um pouco, se nos acostumarmos com ele, se rompermos as barreiras – a distinção existente entre um real que é um real matemático e qualquer uma dessas brincadeiras que partem desse não sei quê que é nossa posição nauseante, e que se chama a verdade ou o sentido.

Isto não quer dizer que tal leitura não surtirá efeito, efeito de mensagem, efeito de revigoramento, de sopro, de limpeza, naquilo que nos parece exigível com respeito à verdade ou ao sentido. É o que espero. Formar-se na distinção do que vem a ser o Um e na aproximação desse real sustentado pelo número já permitirá muita coisa ao analista. Quero dizer que, nessa vertente em que se trata de interpretar e de renovar o sentido, pode suceder-lhe, por isso, dizer coisas um pouco menos evasivas, um pouco menos cambiantes do que todas as besteiras que podem nos ocorrer.

Eu lhes dei agora há pouco, *...ou pior*, uma amostra a partir daquilo que foi, para mim, apenas a contrariedade desta manhã. Poderia ter enfeitado um pouco a questão do trabalhador e sua patroa, e extraído disso uma mitologia. E aquilo os fez rir, aliás, porque o campo é vasto nesse gênero.

O sentido e a verdade, isto não falta, tornou-se inclusive a manjedoura universitária. Há em tal abundância, num leque tamanho, que um dia certamente se encontrará alguém para fazer do que eu lhes digo uma ontologia, porque eu disse que a fala era um efeito de preenchimento da hiância que articulo ao dizer: não existe relação sexual. É uma completa evidência. Interpretação subjetivista, não é? É por não poder triscá-la que ele precisa jogar sua conversinha. É simples.

O que eu tento é outra coisa. É fazer com que, no seu discurso, vocês ponham menos bobagens – refiro-me aos analistas –, e que, para isso, tentem arejar um pouco o sentido com elementos que sejam meio novos.

Está muito claro que não há nenhum meio de separar duas séries quaisquer – eu disse *quaisquer* – de atributos que componham uma série masculina, de um lado, e a série feminina, do outro.

Ainda vou-me estender nisso, para permanecer no pior. Evidentemente, isso é tentador, mesmo para mim. Da minha parte, eu me divirto. E tenho certeza de divertir vocês, ao lhes mostrar a inépcia do que é chamado de ativo, se é nisso que vocês se baseiam para distinguir o homem da mulher.

Essa é a moeda corrente: o homem é ativo, o queridinho. Mas, na relação sexual, parece-me que é a mulher que entra com mais vigor. Basta ver isso em situações que de modo algum chamaremos de primitivas, mas não é por elas serem encontradas no Terceiro Mundo [*tiers monde*], que é o mundo do sr. Thiers, não é?

Não é tão evidente que, na vida normal, o ativo e o passivo se distribuam como nos dizem. Não estou falando, é claro, dos caras da empresa de gás e eletricidade da França, que tomaram distância disso e se atiraram ao trabalho. Mas, numa vida como a que se vê por toda parte, exceto onde houve a nossa grande subversão cristã, o homem leva a vida na flauta, enquanto a mulher mói, tritura, costura, faz compras e, ainda por cima, nessas sólidas civilizações que não se perderam, ainda encontra disposição para rebolar o traseiro – estou falando de uma dança, é claro –, para radiante satisfação do cara que está lá. Então, em matéria de ativo e passivo, se vocês me dão licença...

Bem, é verdade que ele caça. E isso não é coisa para se fazer chacota, minhas crianças. É muito importante.

Já que vocês estão me provocando, vou continuar a me divertir. É uma pena, porque, desse jeito, não chegarei ao fim do que tinha para lhes dizer hoje a respeito do Um. Mas, como isso faz rir, a caça, não sei se não será absolutamente inútil ver nela justamente a virtude do homem. Na caça, com efeito, o homem mostra o que tem de melhor, ou seja, ser passivo.

Não sei se vocês percebem bem isso, porque aqui, é claro, vocês são todos uns inúteis. Aqui não há camponeses, ninguém caça. E, se houvesse camponeses, não adiantaria nada, porque eles caçam mal. Para o camponês – que não é forçosamente um homem, digam o que disserem –, a caça está lá para ser abatida, pou! pou! E leva-se tudo. A caça não é nada disso.

A caça, quando existe, só vendo os transes em que ela os deixava. Temos pequenos vestígios de tudo o que eles ofereciam de propiciatório a essa coisa, mesmo ela não estando mais lá. Vocês compreendem, afinal, eles não eram mais doidos que nós: um bicho morto é um bicho morto. Só que, se eles tinham conseguido matar o bicho, era por se haverem submetido perfeitamente a tudo o que tinha a ver com sua conduta, seu rastro, seus limites, seu território, suas preocupações sexuais, por se haverem justamente posto no lugar, eles mesmos, da não defesa, do não fechamento, dos não limites do animal – da sua vida, há que se dizer a palavra. E, quando eles tinham que tirar essa vida, depois de se haverem transformado a tal ponto nela, nessa própria vida, é compreensível que achassem que isso não só não era bonito, como era perigoso – e bem poderia acontecer com eles mesmos.

Talvez tenham sido até coisas assim que fizeram algumas pessoas pensarem, porque afinal, essas coisas continuam a ser sentidas. Ouvi formular-se curiosamente, por alguém de inteligência excepcional, um matemático, a ideia de que o sistema nervoso num organismo talvez não seja outra coisa a não ser o resultado de uma identificação com a presa. Bem, nesse ponto, o sujeito estava extrapolando, mas eu lhes forneço isto por ser excitante. Deixo-lhes a ideia assim, ofereço-a a vocês, ainda mais que ela não é minha, também me foi repassada. Façam dela o que quiserem, mas com isso se pode inventar uma nova teoria disparatada da evolução, que será um pouquinho mais engraçada que as anteriores. Tenho certeza de que isto excitará os cérebros ontológicos.

Isso também é verdade na pesca e, enfim, em tudo aquilo pelo qual o homem é mulher. Pensem em como o pescador passa a mão na barriga da truta que está embaixo da pedra. Deve haver aqui algum pescador de trutas, afinal, há uma possibilidade. Ele deve saber do que estou falando.

Enfim, nada disso nos situa numa separação bem clara a propósito do ativo e do passivo. Não vou me estender, porque basta eu confrontar cada um dos casais habituais com uma tentativa qualquer de partição bissexual para chegar a resultados igualmente burlescos.

Então, o que poderia realmente ser isso?

3

Não vejo por que eu não ficaria neste ponto, já que lhes falarei disto na quinta-feira, dia 1º de junho. Vocês se dão conta de que serei obrigado a voltar de alguns dias de férias para não faltar ao Sainte-Anne. Mas, quando digo que *Há-um*, convém eu varrer a entrada da minha porta.

Isto já deve ser sabido por muitos: *Há-um* não quer dizer que existe o indivíduo. É por isso mesmo que lhes peço para enraizarem esse

Há-um no lugar de onde ele vem. Ou seja, não há outra existência do Um a não ser a existência matemática. Há um argumento que satisfaz uma fórmula, e um argumento completamente esvaziado de sentido: é simplesmente o Um como Um.

Era isto que, no começo, eu tinha a intenção de deixar bem marcado para vocês na teoria dos conjuntos. Mas talvez eu possa lhes dar uma indicação disso antes de deixá-los.

Primeiro, há uma ideia para liquidar. Nem mesmo a ideia do indivíduo constitui o Um, de maneira alguma. Um bom número de pessoas imagina que a relação sexual se baseia nisto: em que, em princípio, tanto há indivíduos de um lado quanto do outro, pelo menos entre os seres falantes. O número de homens e mulheres se equilibra, salvo exceções; refiro-me a pequenas exceções, como nas ilhas britânicas, por exemplo, onde há um pouco menos homens que mulheres. Há também os grandes massacres de homens. Bom. Mas enfim, isso não impede que cada uma tenha o seu parceiro. Pois bem, o fato de eles caminharem um a um não basta, em absoluto, para justificar a relação sexual.

É até engraçado que haja uma espécie de impureza da teoria dos conjuntos em torno da ideia da correspondência biunívoca. Por aí se vê em que o conjunto se liga à classe.

A classe, como tudo que é rotulado por um atributo, tem a ver com a relação sexual. Ora, o que lhes peço para apreenderem, justamente, graças à função do conjunto, é que há Um distinto daquilo que, como atributo, unifica uma classe.

Há uma transição por intermédio da correspondência biunívoca, que significa que há tantos de um lado quanto do outro. Alguns baseiam nisso a ideia da monogamia. Nós nos perguntamos em que ela é sustentável, mas enfim, está no Evangelho. Há um número igual dos dois lados, até o momento em que ocorre uma catástrofe social, como parece ter sucedido na Alemanha em meados da Idade Média. Naquele momento, foi possível estatuir que a relação sexual podia ser outra coisa que não biunívoca.

Ainda assim é curioso que algumas pessoas tenham formulado como tal o problema da *sex ratio*, ou seja, existem tantos homens quantas são as mulheres?

Houve a esse respeito uma literatura realmente muito picante, pois esse problema se resolve, na maioria das vezes, pelo que chamaremos de seleção cromossômica. O caso mais frequente é a distribuição dos dois sexos numa quantidade de indivíduos reproduzidos em número igual em cada sexo. Mas é realmente lindo que se tenha formulado a questão do que acontece quando um desequilíbrio começa a se produzir. É fácil demonstrar que, em alguns casos desse desequilíbrio, a coisa só pode continuar a aumentar, se nos ativermos à seleção cromossômica, que não chamaremos de acaso, uma vez que se trata de uma divisão. A elegantíssima solução que se deu a isso é que, nesse caso, o desequilíbrio deve ser compensado pela seleção natural.

Aí vemos a seleção natural mostrar-se nua e crua. Ela se resume em dizer que os mais fortes são, forçosamente, os menos numerosos, e que, como são os mais fortes, eles prosperam, e por isso vão se juntar aos outros em número. A ligação da ideia da seleção natural com a relação sexual mostra bem que toda abordagem da relação sexual corre o risco de permanecer no nível do chiste. E, de fato, tudo o que se diz sobre ela é dessa ordem.

É importante podermos articular aqui algo diferente de uma coisa que faça rir, já que, para assegurar a posição do analista, procuramos algo diferente do que ela parece ser em muitos casos, ou seja, uma piada.

A partida na teoria dos conjuntos é dada pelo seguinte: existe a função do elemento. Ser um elemento num conjunto é ser algo que não tem nada a ver com pertencer a um registro qualificável de universal, isto é, a algo que se enquadre no âmbito do atributo. Essa é a tentativa da teoria dos conjuntos: dissociar, desarticular de maneira definitiva o predicado do atributo.

Até essa teoria, o que caracteriza a ideia em causa, no que concerne ao tipo sexual, na medida em que ele iniciaria algo de uma relação, é, precisamente, que o universal se baseia num atributo comum. Além disso, há o esboço da distinção lógica entre o atributo e o sujeito e, a partir daí, o sujeito se funda, e em relação a ele pode-se chamar de atributo alguma coisa que se distinga.

Dessa distinção do atributo, naturalmente, resulta que não se coloquem num mesmo conjunto esfregões e guardanapos, por exemplo. Em oposição a essa categoria, chamada classe, existe a do conjunto, na qual não só os esfregões e os guardanapos são compatíveis, como também, num conjunto como tal de cada uma dessas duas espécies, só pode haver um. Num conjunto, se nada distingue um esfregão de outro, só pode haver *um* esfregão, assim como só pode haver *um* guardanapo. O Um, como diferença pura, é aquilo que distingue a ideia do elemento. O Um como atributo, portanto, é diferente dela.

A diferença entre o Um de diferença e o Um de atributo é esta: quando, para definir uma classe, vocês se servem de um enunciado atributivo qualquer, o atributo, nessa definição, não vem como excedente.

Vocês dizem *o homem é bom*. Mas afirmar que o homem é bom não impede que tenhamos de dar conta de que ele nem sempre corresponde a essa denominação. Quem não é obrigado a dizê-lo? Sempre se encontram razões suficientes para mostrar que ele é passível de não corresponder a esse atributo, de mostrar uma incapacidade de cumpri-lo. Essa é a teoria que se faz, e então se passa a explicar – dispõe-se de todo o sentido para enfrentar isso – que, de vez em quando, ainda assim, ele é mau, porém isso não altera em nada o seu atributo. Seria possível, então, vir a fazer o balanço do ponto de vista do número – quantos são os que correspondem a esse atributo, e quantos são os que não correspondem? Mas o fato é que o atributo *bom* não entraria na balança como adicionado a cada um dos homens bons.

É exatamente essa a diferença do Um de diferença. Quando se trata de articular sua consequência, esse Um de diferença tem que ser contado como tal no que se enuncia daquilo que ele funda, que é conjunto e que tem partes. O Um de diferença é não apenas contável, como *tem* que ser contado nas partes do conjunto.

Estou chegando exatamente às duas horas. Assim, só posso lhes indicar o que será a continuação disto que, como de hábito, sou levado a cortar, isto é, muitas vezes mais ou menos de qualquer jeito, e hoje, sem dúvida, em razão de outro corte, que foi o da minha energia elétrica hoje de manhã, com suas consequências.

Assim, sou levado a só poder dar-lhes uma indicação do que será retomado sobre a afirmação-pivô que se segue.

Trata-se da relação desse Um que tem de ser contado a mais com aquilo que – no que enuncio não como suplementando, mas como se manifestando num ponto do lugar da relação sexual – se especifica pelo *existe*, não Φ de *x*, mas o dizer que esse Φ de *x* não é a verdade:

$$\exists x . \overline{\Phi x}$$

É daí que surge o Um que faz com que essa fórmula tenha de ser posta do lado daquilo que funda o homem como tal. E esse é o único elemento característico.

Será que isto quer dizer que esse fundamento o especifica sexualmente? É exatamente isto que deverá ser posto em questão na sequência, porque persiste o fato de que a relação com Φ de *x* define o homem atributivamente, nesse ponto, como *todo homem*.

$$\forall x . \Phi x$$

O que é esse *todo*, ou esse *todos*? O que vem a ser esse *todos os homens* como fundador de um lado dessa articulação de suplência?

A pergunta deve ser inteiramente reformulada a partir da função que se articula como *Há-um* [*Yad'lun*].

11 de maio de 1972

XIV

Teoria das Quatro Fórmulas

palestra

A relação do analista com o saber
O livre-pensamento no Vaticano
Só se pensa por meio do Um
As modalidades das fórmulas
O pai não assombra mais a família

Vocês sabem, aqui eu digo o que penso. É uma posição feminina, porque, afinal de contas, pensar é muito particular. Então, como de vez em quando eu lhes escrevo, anotei, durante uma viagenzinha que acabo de fazer, um certo número de proposições, das quais a primeira é que o psicanalista é colocado pelo discurso que o condiciona numa posição, digamos, difícil. Freud dizia impossível, *unmöglich*, o que talvez seja meio forçado – ele falava por si.

Segunda proposição. Por pouco que tenha praticado a psicanálise, o psicanalista sabe, por experiência própria, ter um denominador comum com o que eu digo. Isso independe do fato de ele estar ou não informado disto, pois o que digo leva a situar seu saber. É a história do *saber a verdade*.

$$\frac{a}{S_2} \quad \frac{\$}{S_1} \qquad \frac{\text{semblante}}{\text{verdade}} \quad \frac{\text{gozo}}{\text{mais-de-gozar}}$$

termos *lugares*

Embaixo, à esquerda, é o lugar da verdade. No alto, à esquerda, o do semblante. No alto, à direita, o do gozo. Embaixo, à direita, o do mais-de-gozar, que escrevo, abreviadamente, + *de-gozar*. Quanto ao gozo, incluiremos um G.

O difícil é a relação do analista com o saber, não com o que eu digo, visto que, no conjunto do *no man's land* psicanalítico, não sabem que eu o digo. O que não quer dizer que não saibam nada do que digo, pois isso sai da experiência, mas eles têm horror ao que se sabe disto.

Posso dizer simplesmente que os compreendo. *Posso dizer* quer dizer *Posso dizer, caso se faça questão*. Eu os compreendo, coloco-me em seu lugar, de maneira ainda mais fácil por estar nele. Compreendo-os com mais facilidade ainda na medida em que, como todo o mundo, escuto o que digo. Isto não me acontece todo dia, porque não é todo dia que falo. Na realidade, escuto o que digo nos poucos dias, digamos um ou dois, que antecedem imediatamente meu Seminário, porque é nesse momento que começo a escrever para vocês. Nos outros dias, pensar naqueles com quem lidei me assoberba. É raro eu voltar ao passado, mas preciso confessar-lhes isto: o que chamei na *Scilicet* de meu fracasso me domina. Aí está.

Recordo isto porque o que tenho para tratar aqui se coloca sob o título de *O saber do psicanalista*. *Do*, nesse caso, evoca o *o*, o artigo que chamamos de *definido*. Por que não *dos psicanalistas*, de acordo com o que eu lhes disse há pouco? Seria mais conforme ao meu tema deste ano, ou seja, *Há-um* [*Yad'lun*]. Há os que se dizem tais. Proponho-me ainda menos a discutir o dizer deles, na medida em que não há outros. Eu digo *do*, por quê? Porque é com eles que estou falando, apesar da presença de um grande número de pessoas, aqui, que não são psicanalistas.

Os psicanalistas, portanto, sabem o que eu digo. Sabem por experiência própria, por pouco que a tenham, mesmo que ela se reduza à psicanálise didática, o que é a exigência mínima para que os psicanalistas se digam tais. Ainda que o que chamei de *passe* não tenha dado certo para eles, ora, assim mesmo eles terão tido uma análise didática, o que basta, afinal de contas, para que saibam o que digo. Quando digo que o passe não deu certo – é sempre na *Scilicet* que isso tudo se encontra, esse é o lugar indicado –, isso não significa que eles não se tenham oferecido à experiência do passe. Este é, simplesmente, aquilo que proponho aos que são suficientemente dedicados para se exporem a ele, unicamente para efeito de informação sobre um ponto que é muito delicado, porque é completamente a-normal – objeto *a-normal* – que alguém que fez uma psicanálise queira ser psicanalista. É realmente preciso uma espécie de aberração, que valeria a pena oferecer a tudo o que pudéssemos acolher como testemunhos. Se instituí provisoriamente essa tentativa de coleta, foi para saber por que alguém que sabe o que é a psicanálise, por sua análise didática, ainda pode querer ser analista.

Não direi mais sobre o que vem a ser a posição dos psicanalistas, simplesmente porque escolhi *O saber do psicanalista* como título disto que propus para meu retorno ao Sainte-Anne este ano. Não é, de modo algum, para poupar os psicanalistas, porque eles não precisam de mim para ter a vertigem de sua posição, e não a aumentarei ao lhes dizer isto. O que se poderia fazer, e que talvez eu faça em outro momento, de uma forma picante, numa certa referência que só chamarei de histórica entre aspas, seria falar-lhes da palavra *tentação*. Digo isto para os espertinhos de plantão.

Aqui, falo apenas do saber, e observo que não se trata da verdade sobre o saber, mas do saber sobre a verdade. O saber sobre a verdade articula-se a partir do estímulo do que tenho enunciado este ano sobre o *Há-um*. *Há-um* e mais nada, porém se trata de um Um muito particular, aquele que separa o Um de dois, e isso é um abismo. Repito: a verdade só pode ser meio-dita. Quando houver passado o tempo de palpitação que fará com que eu possa respeitar a alternância, falarei da outra face, do meio-verdadeiro [*mi-vrai*]. Convém sempre separar o bom grão do joio [*mivrai*].*

Estou voltando da Itália, onde nunca pude senão me gabar da acolhida que tive, inclusive a de meus colegas psicanalistas. Graças a um deles, encontrei um terceiro que está inteiramente em dia com as novidades – enfim, as minhas, é claro. Ele opera com Dedekind, e descobriu isso totalmente sem mim. Não posso dizer que, na data em que ele começou a mexer com o assunto, eu já não o estivesse fazendo, mas enfim, é fato que falei disso depois dele, uma vez que só estou falando agora, e ele já tinha escrito todo um livrinho sobre o tema. Em suma, ele se apercebeu do valor dos elementos matemáticos para fazer emergir algo que concerne a nossa experiência de analistas.

---

* O *joio* do famoso provérbio é *ivraie* em francês, que Lacan modifica para jogar com a ideia da meia verdade ou semiverdade, presente em seu neologismo *mivrai*. (N.T.)

Como ele é perfeitamente bem-visto – fez tudo para isso –, conseguiu se fazer ouvir em lugares muito bem-situados da chamada IPA, a *Instituição psicanalítica reconhecida* [*avouée*], eu traduziria. Conseguiu fazer-se ouvir, mas o que é muito curioso é que não o publicam. Não o publicam, dizendo-lhe: *Você entende, ninguém compreenderá*. Devo dizer que fico surpreso com isso, porque de "Lacan", entre aspas, de coisas da veia que supostamente represento perante incompetentes de uma certa linguística, costuma-se ter pressa de entupir o *International Journal*. Quanto mais coisas há na lata de lixo, menos isso se discerne. Então, por que diabos, nesse caso, julgou-se que era preciso criar obstáculos? A mim me parece que isso é um obstáculo, e o fato de se dizer que os leitores não compreenderão é secundário. Não é necessário que todos os artigos do *International Journal* sejam compreendidos. Logo, há nisso alguma coisa que não agrada.

Uma vez que este que acabo de evocar – não de denominar, porque vocês ignoram profundamente o seu nome, ele ainda não conseguiu publicar nada – é perfeitamente situável, não perco a esperança de que, depois do que se filtrará de minhas colocações de hoje – e sobretudo se souberem que não o nomeei –, ele seja publicado. Ele parece fazer questão disso o bastante para que eu o ajude de bom grado. Se isso não acontecer, eu lhes falarei um pouco mais dele.

O psicanalista, portanto, tem uma relação complexa com aquilo que sabe. Ele o renega, *reprime*, para empregar o termo pelo qual se traduz em inglês o recalque, a *Verdrängung*, e até lhe sucede não querer saber nada dele. E por que não? Será que isso poderia chocar? Daqui eu escuto o blá-blá-blá de alguém que não tem a menor ideia da psicanálise. Ao que pode surgir deste *floor*, como dizem, respondo: será que é o saber que cura, seja ele o do sujeito ou o suposto na transferência, ou será que é a transferência, tal como se produz numa dada análise? Por que o saber, aquele do qual digo que todo psicanalista tem a dimensão, seria reconhecido?

Foi dessa pergunta, em suma, que Freud tirou a *Verwerfung*. Chamou-a de *juízo que, na escolha, rejeita*. Acrescentou *que condena*, mas eu o condenso. Não é pelo fato de a *Verwerfung* enlouquecer o sujeito, quando se produz no inconsciente, que a mesma, e com o mesmo nome de onde Freud a tomou emprestada, deixa de imperar no mundo como um poder racionalmente justificado.

Psicanalistas, diferentemente de *o* psicanalista. *Os* psicanalistas: prefere-se isso, eles mesmos se preferem, vejam vocês. Não são os únicos. Há quanto a isso uma tradição, a tradição médica. Em matéria de preferir-se, nunca se fez nada melhor, excetuados os santos, s.a.n.t.o.s.* Falam tanto dos outros com vocês que faço este esclarecimento. Os santos também se preferem, aliás, não pedem outra coisa, consomem-se para encontrar a melhor maneira de se preferirem, embora haja algumas muito simples, como também mostram os *medi-santos*. Enfim, estes não são santos, é óbvio.

Poucas coisas são tão abjetas de folhear quanto a história da medicina. Pode-se aconselhá-la como vomitório ou purgativo, serve para os dois. Para saber que o saber nada tem a ver com a verdade, não há nada mais convincente. Nem sequer podemos dizer que isso chegue a fazer do médico uma espécie de provocador. Como a plataforma deles, com o discurso da ciência, vinha se tornando mais exígua, os médicos deram um jeito de alinhar a psicanálise com seu passo. E disso eles entendem, ainda mais que o psicanalista, muito embaraçado com sua posição, ficava ainda mais disposto a receber os conselhos da experiência. Um artigo expresso de Freud, sobre a *Laienanalyse*, foi dirigido contra essa conspiração.

Faço questão de assinalar esse ponto da história, que é um ponto-chave no meu caso. Graças a essa conjuração que pôde produzir-se logo depois da guerra, eu já tinha perdido a partida antes de iniciá-la. Foi, muito precisamente, por saber muito bem que a havia perdido, na época, que comecei essa partida. Dou um testemunho disto esta noite – não o faço no Sainte-Anne por acaso, já que é nele que eu digo o que penso –, e gostaria que vocês acreditassem em mim nesta questão. Isto nada tem de heroico, vocês sabem. Há uma porção de partidas que começam nessas condições. Aliás, esse é um dos fundamentos da condição humana, como diz o outro, e seu sucesso não é menor que o de qualquer outra empreitada. Prova disso, hein...? A única coisa chata – mas só é chata para mim – é que isso não os deixa muito livres, o que digo de passagem para a pessoa que queria saber se eu acredito ou não na liberdade.

Quando lhes digo que eu tinha percebido muito bem que a partida estava perdida, peço-lhes que acreditem em mim, mas, afinal, vocês

* Nesse ponto e mais adiante, Lacan joga com a homofonia de *sains* [sãos, sadios] e *saints* [santos], homofonia que ressurge no final da palavra *médicos* [*médecins*] e no neologismo *méde-saints* [medi-santos]. (N.T.)

podem pensar que eu não era tão esperto assim, e que talvez tenha achado que era preciso meter a cara, e que joguei para o alto a Internacional psicanalítica reconhecida. Mas há outra declaração que quero fazer – hoje estou inclinado a isso –, e quanto a ela, ninguém pode dizer o contrário do que vou dizer: nunca abandonei nenhuma das pessoas que eu sabia que deveriam me deixar antes que elas mesmas se fossem. E isto também é verdade sobre o momento em que a partida foi perdida para a França, por ocasião daquele pequeno zum-zum-zum de uma conjuração de médicos/psicanalistas da qual saiu, em 1953, o começo do meu ensino.

Nos dias em que a ideia de dever continuar no referido ensino não me habita, ou seja, num bom número deles, é evidente que, como todos os imbecis, tenho a ideia do que poderia ter sido, para a psicanálise francesa, se eu tivesse podido ensinar lá onde, pela razão que acabo de dizer, eu não tinha a menor disposição de abandonar ninguém. Por mais escandalosas que fossem as minhas proposições sobre a *Função e campo*, patati, patatá, *da fala e da linguagem*, eu estava disposto a perseverar nesse trabalho durante anos, mesmo para as pessoas mais surdas. No ponto em que estamos, ninguém teria saído perdendo entre os psicanalistas.

Há muita gente que gosta de mim. A propósito, houve uma pessoa que me mandou um copo para escova de dentes. Digo isto para os que estavam no Panthéon da última vez. Gostaria de saber quem é essa pessoa, para lhe agradecer. Sou-lhe ainda mais grato na medida em que não é um porta-escovas, é um maravilhoso copinho vermelho, comprido e torneado, no qual eu poria uma rosa, quem quer que tenha enviado. Mas só recebi um, isto eu devo dizer. Enfim, deixemos para lá.

Há em toda parte pessoas que gostam um pouco de mim, até nos corredores do Vaticano. Por que não? Há gente muito fina por lá. Diga-se, a bem da pessoa que me interrogou sobre a liberdade, que só no Vaticano posso conhecer livres-pensadores. Da minha parte, não sou um livre-pensador, sou forçado a me ater ao que digo, mas lá, que descontração! Ah, é compreensível que a Revolução Francesa tenha sido veiculada pelos abades. Se vocês soubessem o que é a liberdade deles, meus bons amigos, sentiriam frio na espinha. Tento repô-los nos trilhos, mas não há o que fazer, eles escapam. Para eles, a psicanálise está ultrapassada. Vejam só para que serve o livre-pensamento: eles enxergam com clareza.

No entanto, era um bom trabalho, não é? Tinha lá seus lados bons. Quando eles dizem que isso está ultrapassado, sabem o que estão dizendo. Eles dizem *Danou-se* porque, afinal, devemos trabalhar um pouco melhor. Digo isto para avisar as pessoas que estão por dentro, e particularmente as que me seguem. É preciso olhar duas vezes antes de comprometer os descendentes com isto. É muito possível, do jeito que vão as coisas, que isso tudo desabe com um baque seco, assim. Enfim, digo-o unicamente para aqueles que têm que comprometer sua descendência com isso. Aconselho-os à prudência.

Prestemos também uma homenagem à psicanálise. No sentido como cataloguei quatro discursos, esse é o único que é tal que, nele, a canalhice leva necessariamente à besteira [*bêtise*]. Se soubéssemos de imediato que alguém que vem pedir uma psicanálise didática é um canalha, nós lhe diríamos: *Nada de psicanálise para você, meu caro, você vai ficar burro feito uma porta.* Mas não sabemos disso, posto que a canalhice não é hereditária segundo a psicanálise, mas se prende sempre ao desejo do Outro de que surgiu o interessado. Nem sempre é o desejo de seus pais, pode ser o dos avós, mas, quando o desejo de que ele nasceu é um desejo de gentalha, é uma gentalha, infalivelmente. Nunca vi exceção, e é por essa razão, aliás, que sempre fui muito meigo com as pessoas que eu sabia que teriam de me largar, pelo menos nos casos em que tinha sido eu a psicanalisá-las, porque eu sabia muito bem que elas se haviam tornado completamente burras.

Não posso dizer que eu tivesse feito de propósito, porque, como lhes disse, essa é uma transformação necessária quando se leva uma psicanálise até o fim, o que é o mínimo, na psicanálise didática. Se a psicanálise não é didática, então, é uma questão de tato, vocês devem deixar canalhice suficiente com o indivíduo para que, daí em diante, ele se safe de forma conveniente. Isso é propriamente terapêutico, vocês devem fazê-lo subsistir. Mas, quanto à psicanálise didática, não podem fazer isso, porque Deus sabe no que resultaria. Imaginem um psicanalista que continuasse a ser canalha; isso assombra o pensamento de todo o mundo. Mas fiquem tranquilos: ao contrário do que se supõe, a psicanálise é sempre realmente didática, mesmo quando quem a pratica é uma besta, e eu diria mesmo mais até. Enfim, tudo que se arrisca é ter psicanalistas burros. Mas, como acabo de lhes dizer, isso acaba não tendo inconvenientes, porque o objeto *a* no lugar do semblante é, de qualquer modo, uma posição sustentável. Também se pode ser burro de origem. É muito importante fazer essa distinção.

Quanto a mim, não encontrei nada melhor do que o que chamo de matema para abordar algo concernente ao saber sobre a verdade, já que foi na psicanálise, em suma, que se conseguiu dar-lhe um alcance profissional.

É muito melhor quando é Peirce quem cuida disso, e usa as funções 0 e 1 para designar os dois valores de verdade. Ele não imagina, inversamente, que se possa escrever V maiúsculo ou F maiúsculo para designar o verdadeiro e o falso. Já indiquei em algumas frases, no Panthéon, que em torno do *Há-um* existem duas etapas, o *Parmênides* e a teoria dos conjuntos, à qual foi preciso chegar para que se colocasse a questão de um saber que toma a verdade como simples função e que, longe de se contentar com isso, comporta também um real que não tem nada a ver com a verdade, e que é a matemática. Durante séculos, porém, há que acreditar que a matemática prescindiu de qualquer indagação sobre o Um, já que foi tardiamente, e por intermédio de uma interrogação lógica, que ela fez com que se desse um passo nessa questão central concernente à verdade, ou seja, a como e por que *Há-um*.

Em torno desse Um gira a questão da existência. Já fiz algumas observações a esse respeito, quais sejam, que a existência nunca foi abordada como tal, antes de uma certa era, e que se investiu muito tempo na extração da essência. Falei do fato de não haver em grego nada corrente que queira dizer *existir*, não que eu ignorasse o *ex-istemi*, *ex-istano*, mas por constatar que nenhum filósofo jamais se servira dele. No entanto, é aí que começa algo que pode nos interessar – trata-se de saber o que existe. Existe apenas o Um.

A teoria dos conjuntos é a interrogação: por que *Há-um*? O Um não circula pelas ruas, pensem vocês o que pensarem, inclusive com essa certeza totalmente ilusória, e ilusória há muito tempo – o que não impede que as pessoas se prendam a ela –, de que vocês são Um, vocês também. No entanto, bastaria tentarem sequer levantar o dedo mindinho para perceberem que não apenas vocês não são Um, como são, ah, são inumeráveis, inumeráveis cada um por si, inumeráveis a ponto de lhes haverem ensinado, o que talvez seja um dos bons resultados do afluente psicanalítico, que vocês são, no que concerne aos homens, inteiramente finitos. Nisso, a coisa é clara – finitos, finitos, finitos. Quanto às mulheres, elas são enumeráveis. Vou tentar explicar-lhes brevemente algo que começa a lhes abrir um caminho nesse aspecto, já que essas não são coisas que saltem aos olhos, sobretudo quando não se sabe o que querem dizer *finito* e *enumerável*. Mas, se seguirem um pouco as minhas indicações, vocês lerão qualquer um dos livros sobre a teoria dos conjuntos, porque agora há uma profusão deles, inclusive para se ficar contra ela.

Alguém muito gentil, que espero ver daqui a pouco, para me desculpar por não havê-lo trazido de volta para ele hoje, passou-me da última vez um livro que eu tinha feito tudo para encontrar, e que está esgotado. Chama-se *Cantor está errado* [*Cantor a tort*], e é um ótimo livro. É evidente que Cantor está errado, de um certo ponto de vista, mas é incontestável que ele tem razão, pelo simples fato de que aquilo que formulou teve uma descendência incontável na matemática. É o quanto basta para que a coisa seja defensável.

Ainda que Cantor esteja errado, do ponto de vista daqueles que decretam, não se sabe por que, que em matéria de número, eles sabem o que ele é, toda a história da matemática, muito antes de Cantor, demonstrou que não há lugar em que seja mais verdadeiro que o impossível é o real. Isso começou com os pitagóricos, a quem um dia veio à cabeça o que eles deviam saber muito bem, já que também não se deve tomá-los por bebês: que $\sqrt{2}$ não era comensurável. Isso foi retomado por filósofos, e não é por ter chegado a nós através do *Teeteto* que devemos achar que os matemáticos da época não estavam à altura disso e foram incapazes de responder, quando foi pela percepção de que existia o incomensurável que se começou a levantar a questão do que vinha a ser o número.

Não vou contar-lhes toda a história do número. Há um certo caso da $\sqrt{-1}$, que mais tarde, não se sabe por quê, veio-se a chamar de *imaginário*. Não há nada menos imaginário que $\sqrt{-1}$, como provou o que veio depois, já que foi daí que saiu o número complexo, isto é, uma das coisas mais úteis e mais fecundas que já se criaram na matemática. Em suma, quanto mais se objeta a essa entrada pelo Um, isto é, pelo número inteiro, mais se demonstra que, na matemática, é justamente do impossível que se gera o real. Pelo fato de, através de Cantor, ter sido possível gerar algo que não é nada menos do que toda a obra de Russell, e uma infinidade de outros pontos extremamente fecundos na teoria das funções, não há dúvida de que, no tocante ao real, é Cantor que está na linha direta daquilo de que se trata.

Se sugiro a vocês, refiro-me aos psicanalistas, que se atualizem um pouco nessa matéria, é em razão de que há algo a extrair disso no que concerne ao seu pecadilho. Digo isto porque vocês lidam com seres que pensam – que pensam, é claro, por não poderem fazer outra coisa –, os quais, como Telêmaco, ou pelo menos o Telêmaco descrito por Paul-

Jean Toulet, *pensam na despesa*. Pois bem, a questão de que se trata é saber se vocês, analistas, e aqueles que vocês conduzem despendem ou não o seu tempo em vão.

O *pathos* de pensamento que pode resultar para vocês de uma breve iniciação na teoria dos conjuntos – embora também não convenha ela ser breve demais – é bem apropriado para fazê-los refletirem sobre ideias como a da existência, por exemplo. É claro que foi somente a partir de uma certa reflexão sobre a matemática que a existência adquiriu sentido. Tudo o que se pudera dizer dela antes, por uma espécie de pressentimento, em especial religioso, ou seja, que Deus existe, não tem rigorosamente nenhum sentido senão para enfatizar o seguinte. Devo enfatizar isto, porque há pessoas que me tomam por um mestre de pensamento. Creiam vocês em Deus ou não – por mim, não acredito, mas não vem ao caso, pois para aqueles que acreditam, dá na mesma –, guardem bem no ouvidinho o que digo, com Deus, em todos os casos, é preciso contar. Isso é inevitável.

Foi por essa razão que reescrevi no quadro as fórmulas em torno das quais tentei fazer girar o que concerne à pretensa relação sexual.

$\exists x.\overline{\Phi x}$	existência	$\overline{\exists x}.\overline{\Phi x}$
contradição	falta falha	indecidível
$\forall x.\Phi x$	desejo objeto *a*	$\overline{\forall x}.\Phi x$

$\exists x.\overline{\Phi x}$, existe um x tal que o que há de sujeito determinável pela função que domina a relação sexual, ou seja, a função fálica, diz não a essa função. Vocês já podem ver que a questão da existência está ligada a um dizer, um *dizer não*. Eu até diria mais, um *dizer que não*. Isto é capital, e nos indica a que ponto se deve tomar, na nossa formação de analistas, o que é enunciado pela teoria dos conjuntos – *há pelo menos um que diz que não*.

Mas esse é um referencial que não se sustenta nem por um instante, que de modo algum ensina ou pode ser ensinado, se não o juntarmos à inscrição quantificadora dos quatro termos.

O chamado quantor universal, $\forall x.\Phi x$, é o ponto a partir do qual se pode dizer, como é enunciado na doutrina freudiana, que não existe desejo, libido – é a mesma coisa –, senão masculino. É um erro, mas tem todo o seu valor de referencial.

$\overline{\exists x}.\overline{\Phi x}$, não existe esse x, para dizer que não é verdade que seja a função fálica que domina a relação sexual.

Por outro lado, num nível complementar, devemos escrever – não digo que possamos fazê-lo – $\overline{\forall x}.\Phi x$, a função do *não-todo* como essencial a um certo tipo de relação com a função fálica, na medida em que esta fundaria a relação sexual.

É isso que faz dessas quatro inscrições um conjunto. Sem esse conjunto, é impossível nos orientarmos corretamente no que vem a ser a prática da análise, no que ela lida com esse algo que é correntemente definido como sendo o homem, por um lado, e por outro, o correspondente geralmente qualificado de *mulher*, que o deixa sozinho. Não é culpa do correspondente, é culpa do homem.

Culpa ou não, este é um assunto que não temos que decidir de imediato. O que importa, por ora, é interrogar o sentido do que podem ter, para formar um conjunto, essas quatro funções, que são apenas duas, posto que são diversificadas por seu pareamento quantificado.

O $\exists x.\overline{\Phi x}$, isto é, negação de Φx, designa há muito tempo – desde uma origem tão remota que chega a ser confuso que Freud o tenha ignorado – o *ao menos um*. É o Um sozinho, que se determina por ser efeito do *dizer que não* à função fálica. Para que a história de *Totem e tabu* seja outra coisa que não um mito, é preciso pormos aí tudo o que se disse dela até hoje.

Isso tem ainda mais interesse na medida em que ali não se trata de gênese nem de história, nem de seja o que for que se assemelhe a um acontecimento, embora pareça, em certos momentos, que teria sido enunciado por Freud nessa categoria. Aquilo que nos é apresentado como anterior a toda a história não poderia ser um acontecimento. Não há acontecimento senão a partir do que se conota em algo que se enuncia. Não se trata de acontecimento, mas de estrutura. O mito de *Totem e tabu* foi feito, da maneira mais patente, para podermos falar de *todo homem* como estando sujeito à castração.

Será que é necessário voltar a funções matemáticas para enunciar esse fato lógico? Ou seja, que, se é verdade que o inconsciente é estruturado como uma linguagem, a função da castração é exigida por isso. Isto é exatamente o que implica alguma coisa que escapa aí. O que quer que escape aí não é, forçosamente, algo de humano. Por que não? Isso está no mito. Por que não ver o Pai do assassinato primevo como um orangotango? Muitas coisas coincidem na tradição judaica, da qual surgiu a psicanálise. Como pude enunciar no ano em que não quis fazer nada além do meu primeiro seminário sobre os Nomes-do-Pai, tive tempo de acentuar que o que é sacrificado no sacrifício de Abraão é, efetivamente, o Pai, o qual não é outro senão um carneiro. Como em toda linhagem humana que se respeita, sua descendência mítica é animal.

No final das contas, é disso que se trata na função da caça no homem, da qual lhes falei outro dia. Eu poderia ter-lhes dito mais sobre o fato de que o caçador gosta da sua caça tal como os filhos que, no chamado evento primordial da mitologia freudiana, matam o Pai, exatamente como aqueles cujos vestígios vocês veem nas grutas de Lascaux. Mataram-no, meu Deus, porque gostavam dele, é claro, como provou o que veio depois. A continuação é triste. A continuação é, precisamente, que todos os homens, $\forall x$ – a universalidade dos homens – estão sujeitos à castração.

Do ponto de onde falamos, essa exceção, não a chamaremos de mítica. Essa exceção é a função inclusiva. Que enunciar do universal, senão que ele é circunscrito pela possibilidade negativa? A existência desempenha aqui o papel do complemento, ou, para falar mais matematicamente, do limite. Em algum lugar, portanto, há um *todo x* que se torna o A invertido de $\forall$, toda vez que se encarna no que podemos chamar de *um ser*, que só se coloca como ser e, nominalmente, como homem.

É na outra coluna que se articula uma fórmula na qual nosso *x* se alinha na condição de mulher, para quem souber pensar com esses símbolos, $\overline{\exists x}.\overline{\Phi x}$. No enunciado de que não é verdade que a função fálica domine o que concerne à relação sexual, não há uma só mulher que se oponha. Para permitir que vocês se situem nisso por meio de referências que lhes sejam um pouquinho mais familiares, e já que há pouco falei do Pai, direi, meu Deus, que esse *não existe x que se determine como sujeito no enunciado do dizer que não à função fálica* concerne, propriamente falando, à virgem. Vocês sabem que Freud destacou o tabu da virgindade, bem como outras histórias loucamente folclóricas em torno desse assunto, do fato de que, antigamente, as virgens não eram possuídas por qualquer um, era preciso pelo menos um grande sacerdote ou um pequeno senhor.

A função do *vir* é impressionante, no sentido de que nunca é senão de uma mulher que se diz que ela é viril. Se algum dia vocês tiverem ouvido falar, pelo menos em nossa época, de um varão que o seja, mostrem-mo, porque isso me interessará. Se o homem é tudo que vocês quiserem no gênero *virtuose*, *virar a bombordo*, *virar por davante*, *virar o que você quiser*, o viril fica do lado da mulher. Ela é a única a acreditar nisso. Ela pensa. Aliás, isso é o que a caracteriza. É por essa razão que a *virgo* não é enumerável. É que ela se situa entre o 1 e o 0, ao contrário do Um, que fica do lado do Pai. O que fica entre o 1 e o 0 é muito conhecido e, mesmo quando se está errado, demonstra-se na teoria de Cantor de um modo que acho absolutamente maravilhoso.

Aqui há pelo menos algumas pessoas que sabem do que estou falando, de modo que vou indicá-lo brevemente. Isso é demonstrado graças aos algarismos decimais. Suponham que o que há entre o 1 e o 0 seja enumerável. O chamado método da diagonal permite forjar sempre uma nova série decimal tal que não esteja seguramente inscrita no que foi enumerado. É rigorosamente impossível construir esse enumerável, dar sequer uma maneira, por mínima que seja, de ordená-lo, o que, aliás, é o que há de menos importante, porque o enumerável se define por corresponder à série dos números inteiros.

Portanto, é de uma suposição que partimos, pura e simplesmente. Quanto a isso, como é feito no livro *Cantor está errado*, é muito comum acusar-se Cantor de haver forjado um círculo vicioso. Um círculo vicioso, meus bons amigos, ora, por que não? Quanto mais vicioso é um círculo, mais divertido ele é, sobretudo quando dele podemos fazer sair algo como esse pombinho chamado o não enumerável, que realmente é uma das coisas mais eminentes, mais astuciosas e mais aderidas ao real do mundo que já foram inventadas até hoje. As Onze Mil Virgens, como se diz em *A legenda dourada*, são uma forma de exprimir o não enumerável. Porque onze mil, vocês entendem, são um número enorme, principalmente para virgens, e não apenas nos tempos atuais.

Depois de apontar esses fatos, tratemos agora de compreender o que advém desse *não-toda* que é o ponto essencial, o ponto original do que escrevi no quadro, porque, até o presente, em parte alguma da lógica essa função havia sido citada como tal.

Na medida em que o modo do pensamento é, digamos, subvertido pela falta de relação sexual, só se pensa por meio do Um. O universal é aquilo que resulta do envolvimento de certo campo por alguma coisa que é da ordem do Um, exceto que se trata do sujeito, grafado como

S barrado e definido como efeito de significante, ou, dito de outra maneira, aquilo que um significante representa para outro significante. Esta definição, com a qual, infelizmente, não posso dizer que não tenha nada a ver, é a verdadeira significação da ideia matemática do conjunto. As pessoas menos indicadas para evidenciar o que vem a ser o sujeito viram-se, digamos, necessitadas de fazê-lo, num certo momento da história. O conjunto nada mais é que o sujeito. É justamente por isso que nem sequer poderia manejar-se sem o acréscimo do conjunto vazio.

Eu diria que, até certo ponto, o conjunto vazio, em sua necessidade, demarca-se por poder ser tomado por um elemento do conjunto, sem o que é absolutamente impensável qualquer manejo dessa função. Esta foi feita, num certo momento, para interrogar do ponto de vista lógico, mas no nível da linguagem comum – não há metalinguagem alguma imperando aqui –, tudo o que concerne à incidência do número na própria linguagem. O número não tem nada a ver com a linguagem, e é mais real do que qualquer coisa, como manifestou suficientemente o discurso da ciência.

O *não-todo* não resulta de que nada o limite, porque nele o limite é situado de outra maneira. Ao contrário da inclusão no $\exists x.\overline{\Phi x}$ da existência do Pai, cujo *dizer que não* o situa em relação à função fálica, é na medida em que há no $\overline{\exists x}.\overline{\Phi x}$ o vazio, a falta, a ausência de seja o que for que negue a função fálica, que, inversamente, não há nada a não ser o *não-todo* na posição da mulher em relação à função fálica. Ela, com efeito, é *não toda*. O que não quer dizer que negue essa função, seja sob que incidência for.

Também não direi que ela seja Outro, porque ela não existe nessa função, por negá-la. Ela é aquilo que, no meu grafo, inscreve-se pelo significante do Outro barrado. A mulher não é o lugar do Outro. Mais ainda, inscreve-se como não sendo o Outro na função que dou ao grande A, a função de lugar da verdade. Eu havia traduzido a existência do *dizer que não* pela função do conjunto vazio. Do mesmo modo, traduzirei a inexistência do que poderia negar a função fálica pelo fato, eu diria, de se ausentar. A mulher é um *centro gozoso* [*jouis-centre*] conjugado com o que não chamarei de uma ausência, mas de uma *dessência* [*dé-sence*].* É por isso, aliás, que ela se faz significante de que

* O primeiro neologismo lacaniano, *jouis-centre*, acrescenta à quase homofonia com gozo (*jouissance*) a ideia de centro. No segundo, *dé-sence*, o prefixo *dé* indica privação, falta (de sentido, *sens*, homófono de *sence*), e também se sugere uma homofonia com *décence* (decência, pudor, decoro). (N.T.)

não apenas o grande A não está aí, não é ela, mas também de que ele está inteiramente alhures, no lugar onde se situa a fala.

Já que vocês têm a paciência de continuar a me ouvir, quando já são onze horas, resta-me denotar a hiância que separa cada um desses termos ao serem enunciados, ponto capital num certo número de temas cristalizadores que lhes empurro no fim do ano.

Entre o *existe*, $\exists x.\overline{\Phi x}$, e o *não existe*, $\overline{\exists x}.\overline{\Phi x}$, não há como se enrolar: a hiância é a existência.

Entre o *existe um que é*, $\exists x.\overline{\Phi x}$, e o *não há um que não seja*, $\forall x.\Phi x$, existe a contradição. Quando Aristóteles destaca as proposições particulares para opô-las às universais, ele institui a contradição entre uma particular positiva e uma universal negativa. Aqui é o contrário, a particular é negativa e a universal é positiva.

Entre este $\overline{\exists x}.\overline{\Phi x}$, que é a negação de alguma universalidade, e a universalidade do $\forall x$, temos o indecidível.

Entre os dois $\forall x$, $\forall x.\Phi x$ e $\overline{\forall x}.\Phi x$, sobre os quais toda a nossa experiência nos mostra suficientemente que a situação não é simples, trata-se do que chamaremos de falta, de falha, de desejo. Para ser mais rigoroso, vamos chamá-lo de objeto *a*.

Agora, a questão é saber como, em meio a tudo isso, funciona algo que possa assemelhar-se a uma circulação. Para isso, é preciso nos interrogarmos sobre o modo como são colocados esses quatro termos.

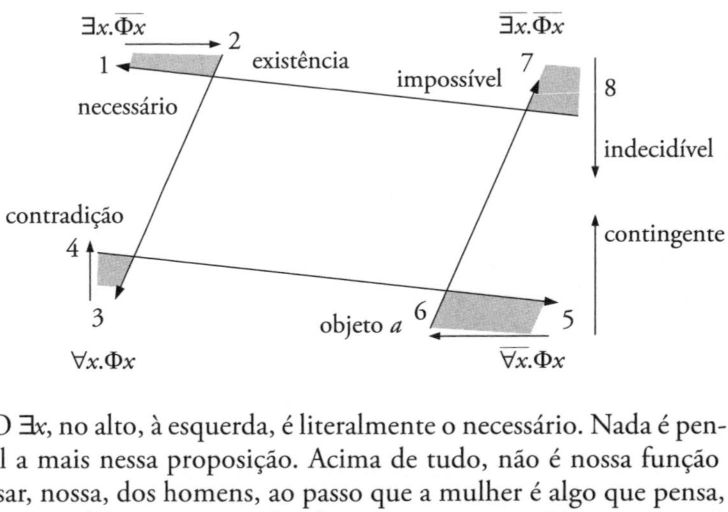

O $\exists x$, no alto, à esquerda, é literalmente o necessário. Nada é pensável a mais nessa proposição. Acima de tudo, não é nossa função pensar, nossa, dos homens, ao passo que a mulher é algo que pensa, pensa até, de vez em quando, *logo existo*, no que ela se engana, é claro. Mas enfim, no que concerne ao necessário, ele é absolutamente necessário.

É isso que Freud nos dá com sua história para boi dormir de *Totem e tabu*. Se quisermos pensar seja o que for das relações que chamamos de *humanas*, não se sabe por quê, na experiência que se instaura a partir do discurso analítico, é absolutamente necessário afirmar que existe um para quem a castração não se sustenta. Castração quer dizer o quê? Quer dizer que tudo deixa a desejar, não quer dizer outra coisa. Para pensar isso, ou seja, pensá-lo a partir da mulher, é absolutamente necessário que haja um para quem nada deixe a desejar. Essa é a história do mito de *Totem e tabu*. Se vocês perderem isso, não vejo absolutamente o que lhes permita se situarem de alguma forma. Ora, é importante nos situarmos.

Em que esse $\exists x$ é necessário? Ora, agora há pouco eu escrevi ali a palavra *indecidível*. Não poderíamos dizer absolutamente nada que se assemelhasse a qualquer coisa que pudesse exercer a função de verdade se não admitíssemos esse necessário, *há ao menos um que diz não*. Insisto um pouco, porque hoje não pude – fomos perturbados pelos diversos barulhos que se fazem ouvir lá fora – contar-lhes todas as graças que teria pretendido dizer-lhes a este respeito. Mas eu tinha uma que era muito boa e, já que estão me provocando, vou soltá-la para vocês assim mesmo. É a função do *é-pater*.*

Muitas interrogações se fizeram sobre a função do *pater familias*. Conviria centrar melhor o que podemos exigir da função do pai. Essa história de carência paterna, como a turma se compraz com isso! Há uma crise, isso é fato, não é inteiramente falso. Em suma, o *é-pater* não nos assombra mais. Essa é a única função verdadeiramente decisiva do pai. Já assinalei que não era o Édipo, que isso já era, que, se o pai fosse legislador, daria como filho o presidente Schreber, nada mais. Em qualquer plano, o pai é aquele que deve assombrar a família. Se o pai não assombra mais a família, naturalmente, vai-se encontrar coisa melhor. Não é obrigatório que seja o pai carnal, sempre haverá quem assombre a família, a qual todos sabem ser um rebanho de escravos. Haverá outros que a assombrem.

Vocês estão vendo como a língua francesa pode servir para muitas coisas. Eu já lhes explicara isto da última vez, ao começar por *fundir*

* Com esse neologismo, calcado no verbo *épater* (assombrar, surpreender, espantar, deixar pasmo, escandalizar etc.), Lacan cria um trocadilho com um pai assombroso, impactante. (N.T.)

[*fondre*] ou *fundar* [*fonder*] *deles um Um*. No subjuntivo, a palavra é a mesma. Para fundar, é preciso fundir. Há coisas que só podem ser expressas na língua francesa, é justamente por essa razão que existe o inconsciente. Somente os equívocos fundam/fundem [*fondent*], nos dois sentidos da palavra. Se vocês se perguntarem sobre o *todos*, procurando saber como isso se exprime em cada língua, encontrarão uma porção de coisas sensacionais. Inquiri muito o chinês, porque não posso fazer um catálogo das línguas do mundo inteiro. Graças à encantadora tesoureira da nossa Escola, também fiz perguntas a alguém que pediu a seu pai para escrever como se dizia *todos* em iorubá. É maluquice, faço isto por amor à arte, já que sei muito bem que, de qualquer maneira, vou descobrir que em todas as línguas há um meio de dizer *todos*.

A mim, o que me interessa é o significante como Um, e o único interesse do significante são os equívocos que podem sair dele, da ordem do *fundir dois em Um* e outras bobagens desse tipo. Essa é a única coisa interessante, porque, no que concerne ao *todos*, vocês sempre o encontrarão expresso. O *todos* é forçosamente semântico. O simples fato de eu dizer que gostaria de interrogar todas as línguas resolve a questão, já que as línguas, justamente, são *não todas*, esta é sua definição. Ao contrário, quando lhes pergunto pelo *todos*, vocês compreendem. A semântica é do âmbito da tradutibilidade. Que outra coisa eu poderia dar como definição? A semântica é aquilo graças ao qual um homem e uma mulher só se compreendem quando não falam a mesma língua. Digo-lhes isto para fazê-los se exercitarem, e também, talvez, para lhes abrir um pouquinho a cachola sobre o uso que faço da linguística.

Vou terminar.

Quanto àquilo que necessita da existência, partimos da hiância do indecidível, entre o *não-todo* e o *não uma*. Depois, isso chega à existência. E então, depois disso, chega ao fato de que todos os homens estão em poder da castração. Isso chega ao possível, porque o universal nunca é outra coisa. Quando vocês dizem que *todos os homens são mamíferos*, isso quer dizer que todos os homens possíveis podem sê-lo. E depois, isso vai para onde? Vai para o objeto *a*. É com o objeto *a* que nos relacionamos. E em seguida, vai para onde? Vai para onde a mulher se distingue por não ser unificante. Já não resta senão completar aqui, para chegar à contradição e voltar ao *não todas*, que, em suma, não é nada além da expressão da contingência.

Como já assinalei em tempo hábil, a alternância entre a necessidade, o contingente, o possível e o impossível não está na ordem fornecida por Aristóteles, porque aqui é do impossível que se trata, ou seja, no final das contas, do real.

Sigam bem este caminhozinho, que nos será útil mais adiante. Também convém indicar os quatro triângulos nos cantos e a direção das flechas.

É isso. Acho que fiz o suficiente por hoje. Não desejo terminar numa peroração sensacionalista. Isto é uma preparação do terreno. Mas, sim, está muito bem-escrito – necessário, impossível, possível e contingente. Vocês entenderão a continuação, quando eu fizer meu próximo seminário no Panthéon. Não tenho certeza de que não será o último.

1º de junho de 1972

Coda

XV
O Desejo de Dormir

Criação do verbo uniar
O sonho em Freud
O acesso do corpo ao gozo
A poluição representada na existência
Objeção à demonstração pelo absurdo

Dado o que chamarei de mescla das comunicações que possa ter sido feita entre meu público daqui e o do Sainte-Anne, suponho que agora eles estejam unificados, caberia dizer. Portanto, vocês puderam ver que, do que um dia chamei aqui de um predicado formado para sua utilização, o *Uniano*, passamos na última vez, no Sainte-Anne, a uma função que poderíamos designar por um termo de outra lavra, que seria promovido pela forma verbal *uniar* [*unier*].*

O que formulei é o eixo que tomamos na ordem que se funda a partir do Um. Coloquem *funda*, fundam-no, enfim, para que isso seja fundado/fundido. Pedi-lhes, em suma, que esse fundado não lhes pareça fundamental demais. É o que chamarei de deixá-lo na fusão, esse *uniar* que se funda.

Existe um que diz que não. Isso não é de modo algum o mesmo que negar, mas, a partir dessa cunhagem do termo *uniar* como um verbo conjugável, poderíamos dizer que, no que tange à função representada na análise pelo mito do Pai, ele *unia*.

Foi isso que ouviram os que conseguiram escutar em meio aos estouros do Sainte-Anne, e é o ponto do qual hoje eu gostaria de permitir, digamos, que vocês se sirvam.

---

* O neologismo criado por Lacan associa unir e negar. (N.T.)

1

Portanto, o Pai *unia*.

No mito, ele tem esse correlato do *todas, todas as mulheres*. É aí, se seguirmos minhas inscrições quânticas, que há margem para introduzir uma modificação. Ele as une, com certeza, mas *não todas*.

Aqui tocamos no que não é da minha lavra dizer, ou seja, no parentesco entre a lógica e o mito. Isso marca apenas que um possa corrigir o outro.

É um trabalho que resta diante de nós. Por ora, o que me permiti de aproximações do Pai com o que escrevi sobre o *é-pater** mostra-lhes que o caminho que liga ocasionalmente o mito e a derrisão não nos é estranho. Isso em nada afeta o estatuto fundamental das estruturas envolvidas.

É divertido que haja pessoas que descobrem tardiamente o significante, o signo, a significação, a semiótica. Do meu lugar, realmente posso dizer que é geral toda essa efervescência, essa turbulência que se produz em torno desses termos. Tudo isto ocupa o centro do palco, no momento. São curiosos os atrasos singulares que se mostram aí.

Há uma revistinha ótima, enfim, não pior que qualquer outra, chamada *L'Atelier d'Écriture*, na qual vejo surgir um artigo, meu Deus, que não é pior que outros, sob o título de "A agonia do signo". Isso é sempre muito comovente, a agonia. *Agonia* quer dizer *luta*. Mas quer dizer também que se está desfalecendo. A agonia do signo é algo patético. Eu teria preferido que isso tudo não girasse em torno do patético.

A coisa parte de uma invenção encantadora, da possibilidade de forjar um novo significante, que seria *fourmidable*.** Com efeito, todo o artigo é *fourmidable*, e começa por fazer uma pergunta: qual pode ser o estatuto de *fourmidable*?

Por mim, gosto disso, ainda mais que se trata de alguém que, afinal, está prevenido há muito tempo sobre um certo número de coisas que enuncio. Mas ele se julga obrigado, no começo do artigo, a bancar o inocente, ou seja, a hesitar, a propósito de *fourmidable*, em classificá-lo na metáfora ou na metonímia, e em dizer que há alguma coisa negligenciada na teoria jakobsoniana, a saber, a figura que consistiria em

* O pai que assombra, cf. nota na p.200. (N.T.)

** O significante combina *fourmi* (formiga) e *formidable* (formidável, surpreendente, extraordinário etc.). (N.T.)

engatar as palavras umas nas outras. Faz muito tempo que expliquei isso. Escrevi "A instância da letra" expressamente para isso, S maiúsculo sobre *s* minúsculo, com o resultado 1 sobre *s* minúsculo, o efeito de significação. É o deslocamento, é a condensação, é o caminho pelo qual se pode, com efeito, criar *uniar*, o que, afinal, é um pouquinho mais divertido do que *fourmidable*.

Além disso, *uniar* serve para alguma coisa, é útil. Serve para lhes explicar por outra via o que renunciei inteiramente a abordar pela do Nome-do-Pai. Renunciei porque me impediram de fazê-lo num dado momento, e quem me impediu foram justamente as pessoas para quem isso poderia ter tido serventia. Poderia ter tido serventia para elas em sua intimidade pessoal, pois são pessoas particularmente envolvidas pelo lado do Nome-do-Pai. Há no mundo uma patota muito especial, que podemos destacar por uma tradição religiosa, e são essas pessoas que isso teria arejado, mas não vejo por que eu me dedicaria especialmente a elas.

Assim, retomei a história que Freud abordou como pôde, justamente para evitar sua própria história, em particular *El Shaddaï*. Esse é o nome com que se designa aquele cujo nome não se diz. Freud recorreu aos mitos, e depois fez algo, em suma, muito limpo, meio asséptico. Não o levou mais adiante, mas é disso mesmo que se trata.

Deixaram-se passar as oportunidades de retomar aquilo que o orientava, e que deveria fazer com que o psicanalista estivesse agora em seu lugar no seu discurso. Como já disse, sua chance passou.

2

Por causa disso, onde estamos?

No avião que me trouxe de Milão, de onde voltei ontem à noite, deparei com um pequeno artigo muito, muito bonitinho, num treco chamado *Atlas*, que é distribuído a todos os viajantes pela companhia Air France. Não o tenho aqui, esqueci-o em casa, e isto é uma sorte, porque ele me levaria a ler trechos para vocês, e não há nada mais chato do que ouvir alguém ler. Enfim, desse artigo se destacava que existem psicólogos do mais alto nível que, nas Américas, dedicam-se a fazer pesquisas sobre os sonhos. Porque sonho se investiga, não é?

Investiga-se e se constata que são muito raros os sonhos sexuais. Essa gente sonha com tudo, sonha com esporte, sonha com um monte de balelas, sonha com quedas, enfim, não há uma esmagadora maioria de sonhos sexuais. Como a concepção geral da psicanálise, dizem-nos nesse texto, é crer que os sonhos são sexuais, pois bem, o grande público da difusão psicanalítica – vocês também, vocês são um grande público – vai ficar aborrecido, naturalmente, e todo o suflê vai arriar, achatar-se no fundo da forma.

Nesse suposto grande público – porque tudo isso é suposição –, é verdade, no nível de uma certa ressonância, que Freud teria dito que todos os sonhos eram sexuais. Só que ele nunca disse isso. Nunca, nunca. Ele disse que os sonhos eram sonhos de desejo. Nunca disse que era desejo sexual.

A relação que há entre o fato de os sonhos serem sonhos de desejo e a ordem do sexual que se caracteriza pelo que estou enunciando, precisei de tempo para abordá-la.

Era preciso eu não provocar uma desordem no espírito daquelas pessoas encantadoras que fizeram com que, depois de eu passar dez anos lhes contando coisas, elas só pensassem numa coisa: voltar para o seio da Internacional psicanalítica. Tudo que eu lhes pudera dizer eram, claro, belos exercícios, exercícios de estilo. Mas elas levavam as coisas a sério. E o sério era a Internacional psicanalítica. Foi isso que fez com que agora eu possa enunciar, e que se ouça, que não existe relação sexual.

É por essa razão que há toda uma ordem que funciona no lugar em que haveria essa relação. É aí, nessa ordem, que alguma coisa é consequente como efeito de linguagem, a saber, o desejo. Mas talvez se pudesse avançar um pouquinho mais. Quando Freud dizia que o sonho é a satisfação de um desejo, é uma satisfação em que sentido?

Quando penso que ainda estou nesse pedaço e que, entre toda essa gente que se empenha em confundir o que eu digo, em fazer barulho com isso, ninguém jamais teve a ideia, até hoje, de enunciar isto que, no entanto, é a consequência rigorosa de tudo que articulei da maneira mais precisa, se não me falha a memória, em 1957 – esperem, nem isso! – em 1955, a propósito do sonho da injeção de Irma.

Para mostrar como se trata um texto de Freud, eu lhes expliquei bem o que havia nele de ambíguo. Justamente, não é de modo algum no inconsciente, mas no nível das preocupações atuais, que Freud interpreta esse sonho de desejo, que nada tem a ver com o desejo sexual, mesmo que haja todas as implicações transferenciais que nos convêm.

A expressão *imisção dos sujeitos*, formulei-a em 1955. Imaginem só, dezessete anos. Preciso publicar aquele Seminário. Se ainda não o fiz, foi por ter ficado absolutamente enojado com a maneira pela qual ele foi retomado num certo livro, lançado sob o título de *A autoanálise de Freud*. Era meu texto, remetia a ele, de maneira a que ninguém entendesse nada.

O que faz um sonho? Não satisfaz o desejo, por razões fundamentais que não vou tratar de desenvolver hoje, porque isso equivale a quatro ou cinco seminários. A razão é simplesmente esta, e é tangível: o que Freud diz é que o único desejo fundamental no sono é o desejo de dormir.

Isto os faz rir, porque vocês nunca o ouviram. Muito bem. Mas está em Freud.

Como é que não lhes vem prontamente à cabeça em que consiste isto: dormir? Consiste em que se trata de suspender o que está ali na minha tétrade, o semblante, a verdade, o gozo e o mais-de-gozar. É para isso que serve o sono, basta qualquer um observar um animal dormindo para se dar conta disso – o que se trata de suspender é a ambiguidade que há na relação do corpo com ele mesmo, é o gozar.

Se há uma possibilidade de o corpo ter acesso ao gozar de si mesmo – isso está em toda parte, evidentemente –, é quando ele bate em alguma coisa, quando se machuca. É isso o gozo. O homem tem aí umas portinhas de entrada que os outros não têm, pode fazer delas uma meta. Em todo caso, quando ele dorme, isso acaba.

Quando dormimos, a questão é justamente fazer com que esse corpo se enrole, forme uma bola. Dormir é não ser perturbado. O gozo, no entanto, é perturbador. Naturalmente, o homem é perturbado, mas, enfim, enquanto dorme, pode esperar não ser perturbado. É por isso que, a partir daí, todo o resto se esvai. Já não se trata de semblante nem de verdade – já que tudo isso se conserva, é a mesma coisa – nem de mais-de-gozar.

Só que, vejam, o que Freud diz é que o significante, por sua vez, continua a saltitar durante esse tempo. É por isso que, mesmo quando estou dormindo, preparo meus seminários. Já o sr. Poincaré descobria as funções fuchsianas.

3

[*Ruídos diversos.*]

O que houve?

ALGUÉM: – *Uma poluição!*

Quem disse esse termo? O senhor deve ser particularmente inteligente.

Já me alegrei publicamente pelo fato de uma de minhas analisandas – não sei se ela está aí, é uma pessoa particularmente sensível – ter falado, a propósito do meu discurso, com efeito, em poluição intelectual. Essa é uma dimensão muito fundamental, vejam bem, a poluição. Provavelmente, hoje não conviria levar as coisas até esse ponto. Mas o senhor está com um ar tão orgulhoso por ter feito surgir esse termo, que desconfio que não deve compreender nada dele. Mesmo assim, verá que não só vou fazer uso dele imediatamente, como também me alegrar pela segunda vez por alguém tê-lo feito surgir, porque é precisamente essa a dificuldade do discurso analítico.

Destaco esta interrupção, pulo em cima dela, trago a bordo uma coisa que, na urgência de um final de ano, descobrirei ter, portanto, a oportunidade de dizer.

É no lugar do semblante que o discurso analítico se caracteriza por situar o objeto *a*. Imagine só, o senhor que acredita ter realizado um feito notável, o senhor fala em exata conformidade com o que tenho a enunciar, ou seja, que a poluição mais característica deste mundo é, exatamente, o objeto *a* de que o homem extrai sua substância, e do qual o senhor também retira a sua.

Dessa poluição que é o efeito mais certeiro do homem na superfície da terra, ter que fazer uma representação dela no próprio corpo, na existência de analista, é algo para se examinar mais de uma vez. Os coitadinhos ficam doentes com isso, e devo dizer-lhes que eu mesmo, nessa situação, não fico mais à vontade que eles.

O que tento demonstrar a eles é que de modo algum é impossível fazê-lo com um pouco de decência. Graças à lógica, se eles quisessem deixar-se tentar por ela, eu conseguiria lhes tornar suportável a posição que eles ocupam como pequeno *a* no discurso analítico. Isto lhes permitiria conceber que não é pouca coisa elevar essa função a uma posição de semblante, que é a posição-chave de todo discurso. É aí que fica a mola do que sempre tentei fazer com que se percebesse como a resistência do analista a exercer verdadeiramente a sua função. Ela é mais do que compreensível.

Não se deve acreditar que a posição do semblante é fácil para quem quer que seja. Ela só é realmente sustentável no nível do discurso científico, e por uma razão simples: é que, ali, o que é levado à posição de comando é algo totalmente da ordem do real, na medida em que tudo que tocamos do real é a *Spaltung*, a cisão, ou, em outras palavras, a maneira pela qual defino o sujeito. Se isso se sustenta, é por ser o S barrado que está na posição-chave do discurso científico.

No caso do discurso universitário, é o saber. Ali, a dificuldade é ainda maior, por causa de uma espécie de curto-circuito, porque, para fingir saber, é preciso saber fingir. E isso se desgasta depressa.

Em Milão, de onde estou voltando, como lhes disse há pouco, tive, evidentemente, uma plateia muito menos numerosa que a de vocês, digamos, um quarto dela, porém lá havia muitos desses jovens que estão no chamado movimento. Havia até um personagem absolutamente respeitável e de status bem alto, que vem a ser o representante disso por lá. Só depois me disseram que ele estava presente. Eu não quis interrogá-lo, mas, será que ele sabe ou não que, estando nesse ponto elevado, o que ele quer, como todos os que aqui se interessam um pouco pelo movimento, é restituir ao discurso universitário o seu valor? Como o nome indica, isso desemboca nos créditos.* Eles gostariam que se soubesse um pouco melhor como fingir saber. É isso que os guia.

De fato, isso é respeitável. E por que não? O discurso universitário tem um status tão fundamental quanto qualquer outro. O que assinalo é, simplesmente, que ele não é o mesmo discurso que o psicanalítico.

Meu Deus, como lidar com um novo auditório, sobretudo quando ele é capaz de confundir? Tentei explicar-lhes um pouquinho qual era o meu lugar na história. Comecei por dizer que os meus *Escritos* eram uma *publixação*, que não lhes convinha acreditar que eles poderiam situar-se a partir deles. Havia, porém, a palavra *Seminário*, e é claro que fui forçado a confessar que o Seminário não é um seminário, é uma coisa que eu matraqueio sozinho há anos, meus bons amigos, mas que houve época, antigamente, em que isso merecia seu nome, em que havia pessoas que intervinham.

Ser obrigado a chegar a esse ponto me deixou fora de mim. E, como alguém me pressionou na viagem de volta – *E então, como era na época em que era como um seminário?* –, eu disse a mim mesmo: *Hoje, na penúltima vez em que vejo vocês, meu Deus, que venha alguém dizer alguma coisa.*

Nisso, recebi uma carta do sr. Recanati. Não estou inventando histórias, não estou fingindo fazer surgir do *floor* uma intervenção;

* Os créditos obtidos por aprovação em disciplina são chamados, em francês, *unités de valeur*, cuja tradução literal seria "unidades de valor". (N.T.)

estou apenas dizendo que recebi uma carta, que, aliás, foi uma resposta a uma das minhas. Meu correspondente, que está aí, me provou, para minha grande surpresa, ter entendido alguma coisa do que eu disse este ano. Então, vou passar-lhe a palavra.

Ele vai lhes falar de uma coisa que tem as mais estreitas relações com o que tento descortinar, notadamente com a teoria dos conjuntos e com a lógica matemática, ele lhes dirá qual delas.

[*A exposição do sr. Recanati, que retomou a temática de Lacan a partir do lógico Peirce, foi publicada na revista* Scilicet *n.4, p.55-73 (Seuil, 1973). Retenho das intervenções de Lacan o que vem a seguir.*]

Creio que aqui é preciso ressaltar que a barra colocada sobre os dois termos, $\overline{\exists x}$ e $\overline{\Phi x}$, cada um como negado, é um *não é verdade que*, utilizado com frequência na matemática, já que ele é o ponto-chave a que conduz a chamada demonstração da contradição. Trata-se, em suma, de saber por que se aceita na matemática, mas somente na matemática, que seja possível basear qualquer coisa de afirmável num *não é verdade que*. Em todos os outros lugares, como vocês poderiam fundamentar assim alguma coisa?

É justamente aí que vem do interior da matemática a objeção ao uso da demonstração pelo absurdo. A questão é saber como, na matemática, a demonstração pelo absurdo pode fundamentar alguma coisa, que se demonstraria como tal por não levar à contradição. É aí que se especifica o campo próprio da matemática.

É com esse *não é verdade que* que se trata de dar o status da barra negativa, que é aquela de que me sirvo num ponto do meu esquema para dizer: *não existe x que satisfaça Φx negado.*

Foi preciso eu ir a Milão para sentir a necessidade de obter uma resposta. Acho que a que acabo de obter é mais do que suficientemente satisfatória para que vocês também possam satisfazer-se com ela por hoje.

14 de junho de 1972

XVI
Os Corpos Aprisionados pelo Discurso

O gentil Umberto Eco
O autoconhecimento é a higiene
O suporte corporal na análise
Jurisprudência e bons sentimentos
Racismo e fraternidade

Que se diga, como fato, fica esquecido
por trás do que é dito,/ no que se ouve.

Este enunciado é assertivo por sua forma,
e pertence ao modal
pelo que emite de existência.

Hoje me despeço de vocês, daqueles que vieram, e também dos que não vieram e que chegaram para esta despedida. Não há grandes motivos para comemorar, não é?

O que posso fazer? Resumir-me, como dizem, está fora de cogitação. Então, marcar alguma coisa, um ponto, um ponto de suspensão. Eu poderia dizer que continuei a abraçar esse impossível no qual se reúne o que é para nós, no discurso analítico, fundamentável como real.

No último momento, e palavra que foi por acaso, tive o testemunho de que aquilo que digo é ouvido, em razão daquele que teve a gentileza, e isso é um grande mérito, de falar no último momento deste ano e de me provar que, para alguns, para mais de um, por veios que sou absolutamente incapaz de prever por que vertente se produzem, descobre-se interesse pelo que tento enunciar. Assim, agradeço à pessoa que me deu esse depoimento, e não apenas a mim. Espero que haja um número suficiente de outras para quem isso tenha feito eco, que tenham percebido que pode ser produtivo. É sempre difícil saber até onde isso se estende.

A propósito, não me parece supérfluo aludir ao encontro que tive na Itália com alguém que considero muito gentil, que trabalha, não sei, com a história da arte, com a ideia da obra. O que se enuncia a respeito da estrutura lhe interessa, e em particular o que eu mesmo pude produzir. Interessa-lhe não se sabe por quê, mas podemos chegar a compreender que é em razão de problemas pessoais.

Essa ideia da obra, essa história da arte, esse veio escraviza, com certeza. Isso é palpável quando se vê o que alguém que não era crítico nem historiador, mas criador, formou como imagem desse veio – o escravo, o prisioneiro. Um certo Michelangelo nos mostrou isso. Então, à margem, há os historiadores e críticos que rezam pelo escravo. É uma pantomima como outra qualquer, uma espécie de ofício divino que se pode praticar. Visa fazer esquecer quem manda, porque a obra vem sempre sob um comando, até para Michelangelo.

Quem manda é isso que tentei inicialmente produzir para vocês, este ano, sob o título de *Há-um*. O que comanda é o Um. O Um cria o Ser. Pedi-lhes que procurassem isso no *Parmênides*. Alguns de vocês talvez tenham aquiescido. O Um constitui o Ser como a histérica constitui o homem. Evidentemente, o Um não é o Ser, ele *constitui* [*fait*] o Ser. É isso que sustenta certa enfatuação criativista.

A pessoa de que estou falando, e que foi realmente muito gentil comigo, explicou-me com clareza como se descobrira apegada ao que chamou de meu sistema, para denunciar seus pontos espinhosos, e é também por isso que hoje o destaco, para evitar uma certa confusão. Ele se apegou ao fato de achar que faço ontologia demais.

Não creio que se pense o mesmo aqui, embora não tenhamos apenas ouvidos abertos, e sim, como em toda parte, uma quantidade de surdos. Dizer que faço ontologia, de qualquer modo, é engraçado. E colocá-la nesse grande Outro que mostro como devendo ser barrado, e destacado pelo próprio significante dessa barragem, é curioso.

O que é preciso ver na repercussão, na resposta que se obtém, é que, no fim das contas, as pessoas reagem com seus problemas. O problema dele é que a ontologia e até o Ser lhe estão atravessados na garganta.

É em razão disto: se a ontologia não é, simplesmente, senão a careta do Um, é porque, evidentemente, tudo o que se faz sob um comando é dependente do Um, e isso, meu Deus, isso o aborrece. Assim, ele gostaria muito que a estrutura estivesse ausente.

E seria mais cômodo, de fato, para o passe de mágica. O que se gostaria é que o escamoteio que tem lugar, e que é a obra de arte, não precisasse dos copinhos dos dados. Basta vê-lo num quadro de Hieronymus Bosch. Ele é um pintor que está muito acima disso, não dissimula como é feita a coisa, a cativação dos passantes.

Não é disso que nos ocupamos aqui. Nós nos ocupamos do discurso analítico.

1

Sobre o discurso analítico, achei que não seria mau, de qualquer modo, antes de deixá-los, apontar algo que lhes dê a ideia de que ele não apenas não é ontológico, mas também não é filosófico, é apenas exigido por uma certa posição, aquela em que acreditei poder condensar a articulação de um discurso.

A questão seria mostrar-lhes o que isso tem a ver com o fato de os analistas se relacionarem, afinal – e vocês estariam errados em crer que eu o desconheço –, com uma coisa chamada ser humano. Sim. Com certeza. Mas eu, por mim, não o chamo desse modo, para que vocês não imaginem coisas, para que permaneçam exatamente onde é preciso, na medida em que forem capazes de perceber quais são as dificuldades que se oferecem ao analista.

Não falemos mais de conhecimento. A relação do homem com um mundo seu – é evidente que partimos disso há muito tempo, como que desde sempre, aliás – nunca foi mais que uma presunção a serviço do discurso do mestre/senhor. Não há mundo seu além do mundo que o mestre faz funcionar, em estrita obediência a suas ordens.

Quanto ao famoso autoconhecimento que supostamente faria o homem *gnothi seauton*, partamos disto, que afinal é simples e palpável: que sim. Bom. Se quisermos. Se quisermos, ele se dá. Ele se dá no corpo. O conhecimento de si mesmo, não é?, é a higiene. Partamos daí.

Portanto, durante séculos, restou a doença. Todos sabem que ela não é regida pela higiene, a doença, e que é realmente uma coisa agarrada ao corpo. A doença durou séculos, o médico é que supostamente deveria conhecê-la, digo, no sentido do conhecimento. Durante uma de nossas últimas conversas, já nem sei onde, penso ter suficientemente assinalado, às pressas, o fracasso dessas duas vertentes. Tudo isso é patente na história. Estampa-se nela em toda sorte de aberrações.

E lá está o analista, com ar de dar continuidade a esse processo. Fala-se de doença, e ao mesmo tempo se diz que ela não existe, que não há doença mental, por exemplo. Isso é dito com razão, no sentido de ela ser uma entidade nosológica, como se falava antigamente. Ela não tem nada de *entitária*, a doença mental. Antes, é a mentalidade que tem falhas, expressemo-nos assim, sucintamente.

Então, tratemos de ver, por exemplo, o que pressupõe o que está escrito ali, e que supostamente enuncia onde se situa uma certa cadeia que, com toda certeza e sem nenhuma espécie de ambiguidade, é a estrutura.

$$\frac{a}{S_2} \rightarrow \frac{\$}{S_1}$$

O discurso analítico

Aí vemos sucederem-se dois significantes, e o sujeito só está presente na medida em que um significante o representa para o outro significante. E então, resulta daí algo que desenvolvemos amplamente ao longo dos anos, com razões suficientes para justificar que lhe demos a notação de objeto *a*. Evidentemente, se isso está aí nessa forma de tétrade, não se trata de uma topologia que seja desprovida de qualquer espécie de sentido.

Foi essa a novidade trazida por Freud, e não é pouca coisa.

Alguém fez algo muito bom ao cristalizar o discurso do mestre/senhor, em razão de uma iluminação histórica que pudera captar. Foi Marx. Isso é um passo, que não há razão alguma para reduzir ao primeiro. Também não há razão para fazer uma mistura entre os dois. Podemos indagar em nome de que seria absolutamente necessário eles concordarem. Eles não concordam, mas são perfeitamente compatíveis. Eles se encaixam e, além disso, certamente há um que tem seu lugar com toda a comodidade: é o de Freud.

Em suma, o que ele trouxe de essencial? Trouxe a dimensão da sobredeterminação. É disso que dou a imagem, com meu modo de formalizar da maneira mais radical a essência do discurso, na medida em que ele ocupa uma posição giratória em relação ao que acabo de chamar de suporte.

Foi do discurso, aliás, que Freud fez surgir a constatação de que o que se produzia no nível do suporte tinha a ver com o que se articulava pelo discurso. O suporte é o corpo.

Mas é preciso prestar atenção quando se diz que é o corpo. Não é forçosamente *um* corpo. A partir do momento em que partimos do gozo, isso quer dizer que o corpo não é inteiramente só, que há um outro. Não é por isso que o gozo é sexual, pois acabo de lhes explicar, este ano, que o mínimo que se pode dizer é que ele não é indireto, esse gozo. É o gozo corpo a corpo. É próprio do gozo que, quando há dois corpos, e muito mais quando há mais, não se sabe, não se pode dizer qual deles goza. É isso que faz com que possa haver nessa história vários corpos aprisionados, e até séries de corpos.

Comecei meio que a me reler, Deus sabe por quê, não importa, e aos poucos achei um seminário que eu tinha feito no começo do último trimestre do ano sobre o chamado caso do presidente Schreber. Foi em 11 de abril de 1956, logo depois dos dois primeiros trimestres que estão resumidos no que escrevi sob o título de "De uma questão preliminar a todo tratamento possível da psicose". Eu disse então o que era a estrutura, e depois a chamei por seu nome, o nome que isso recebe em meu discurso. Nem sempre é isso que pensa uma gente fútil, mas está perfeitamente dito nesse nível.

Publicar esse seminário me divertiria, se a datilógrafa não tivesse deixado um grande número de pequenos furos, por não ter ouvido direito. Que bom se ela houvesse ao menos reproduzido corretamente a frase em latim que eu tinha escrito no quadro... Agora não sei mais a que autor ela pertence, e redescobri-lo certamente me fará perder tempo, mas não tem importância, vou fazê-lo para o próximo número da *Scilicet*. Tudo que eu disse do significante naquele momento, no qual não se pode realmente dizer que ele estivesse na moda, ficou cunhado num metal em que nada tenho a retocar.

O que digo a esse respeito, muito precisamente, é que o significante se distingue por não ter nenhuma significação. Digo-o de forma decisiva, porque, naquele momento, era preciso eu me fazer entender por meu auditório. Imaginem vocês que, ainda por cima, eram médicos que me escutavam. Que importância podia ter isso para eles? Simplesmente, estavam ouvindo coisas de Lacan. Enfim,

Lacan… essa espécie de *clown*, não é?, que era maravilhoso em seu trapézio. Durante aquele tempo, eles já estavam de olho em como poderiam retornar à sua digestão, porque não se pode dizer que sonhassem, seria bom demais. Eles não sonhavam, digeriam. Afinal, era uma ocupação como outra qualquer.

O que Freud introduziu, e há quem imagine que desconheço isso, porque falo do significante, foi o retorno a esse fundamento que está no corpo e que faz com que, independentemente dos significantes com que os articulemos, sejam quatro os polos determinados a partir da emergência como tal do gozo, justamente como inapreensível. É isso que faz surgir os outros três e, em resposta, o primeiro, que é a verdade.

A verdade já implica o discurso. O que não quer dizer que ela possa ser dita. Eu me mato dizendo que ela não pode se dizer, ou só pode ser meio-dita. O gozo, este sim, existe. É preciso que possamos falar dele. Com o quê, existe uma coisa que é diferente, e que se chama o dito.

Pois bem, em suma, expliquei-lhes durante um ano, o ano passado, algo que empenhei bastante tempo em articular. Isso se prende a uma necessidade que é minha, à maneira como procedo. O que tenho para articular, nunca posso articulá-lo como uma verdade. Conforme o que é o destino de todos vocês, é preciso contorná-lo, ou, mais exatamente, ver como isso gira, como isso oscila, como oscila a partir do momento em que o tocamos, e como, inclusive, até certo ponto, é suficientemente instável para se prestar a toda sorte de erros.

Seja como for, se emiti – o que, aliás, é meio raçudo – o título *De um discurso que não fosse semblante*, foi para fazê-los sentirem, e vocês o sentiram, que o discurso como tal é sempre discurso do semblante. Se há em algum lugar alguma coisa que se autorize pelo gozo, é justamente o simular [*faire semblant*]. É por esse ponto de partida que é possível vir a conceber essa coisa que só podemos captar aí, o mais-de-gozar.

Mas, se há alguém que captou o que vinha a ser o mais-de-gozar, de um modo já muito seguro, alguém cuja memória é preciso saudar – a memória tal como a escrevo, dando ao *me* o mesmo sentido do *me* de *méconnaissance* [desconhecimento] –, alguém tão bem memorizado que mais se trata de fazer chacota de suas palavras, é justamente Platão.

Ele captou alguma coisa que faz pensar que Platão não é apenas uma questão de Ideias e de Forma, porém de tudo o que se obtém com uma certa grade, a minha, que traduz esses enunciados. Admito que isto é apenas verossímil. Mas Platão foi aquele que expôs a função da díade como sendo o ponto de corte em que tudo passa, tudo escapa – não há maior sem menor, mais velho sem mais jovem. O fato de a díade ser o lugar da nossa perda, o lugar da fuga, obriga-o a forjar o Um da Ideia, da Forma, esse Um que, por outro lado, logo se desmultiplica. Está, como todos nós, imerso nesse suplemento único.

Sim, falei disso tudo no seminário de 11 de abril de 1956: do suplemento e da diferença que há entre o suplemento e o complemento. Enfim, eu já tinha dito tudo isto, muito, muito bem, desde o ano de 1956, e isso deveria ter servido, ao que parece, para cristalizar alguma coisa do lado dessa função a ser exercida, a do analista, que parece ser tão impossível, mais que outras, que só se pensa em camuflá-la.

Há o que acabo de enunciar: o gozo, a verdade, o semblante e o mais-de-gozar. É aí que isso gira. E há o suporte, o que acontece no nível do corpo – de onde surge todo o sentido –, mas não constituído, como que servindo de base, de *ground*, como se expressou outro dia a pessoa que teve a bondade de vir aqui nos falar de Peirce, por ter sido no diapasão deste que ela entendeu o que eu dizia.

É desnecessário dizer-lhes que foi mais ou menos na mesma época que produzi os quadrantes de Peirce. O que, é claro, não serviu para absolutamente nada. Vocês podem muito bem imaginar que as observações sobre a ambiguidade total do universal, seja ele afirmativo ou negativo, e também do particular, o que é que isso podia representar para aqueles que só pensavam, nisso tudo, em reencontrar o seu bordão?

Portanto, o *ground* está aí. Trata-se, com efeito, do corpo, com seus sentidos radicais, sobre os quais não há influência alguma.

2

Não é com a verdade, o semblante, o gozo nem o mais-de-gozar que se faz filosofia. Faz-se filosofia a partir do momento em que há alguma coisa que enche esse suporte, que só é articulável a partir do discurso. Enche-o de quê? Há que dizer que é disso de que vocês são feitos, ainda mais que vocês são meio filósofos.

Ser filósofo, às vezes acontece, mas enfim, é raro. Vocês são sobretudo *astudados* [*astudés*], como eu disse um dia. Estão no lugar em que o discurso universitário os situa. São apanhados como *a-formar*. De uns tempos para cá, produziu-se uma crise, mas falaremos disso daqui a pouco, porque é secundário.

Vocês realmente precisam se dar conta de que aquilo de que dependem mais fundamentalmente – porque, afinal, a Universidade não nasceu ontem – é do discurso do mestre/senhor, que foi o primeiro a surgir, e além disso, é ele que perdura e que tem pouca probabilidade de ser abalado. Ele poderia ser compensado, equilibrar-se com algo que fosse, no dia em que isso vier a ser, o discurso analítico. No nível do discurso do mestre/senhor, é perfeitamente possível dizer o que há entre, de um lado, as funções do campo do discurso, tais como se articulam por S_1, S_2, o S barrado e o pequeno *a*, e de outro, esse corpo que os representa aqui e ao qual, como analista, eu me dirijo.

Quando alguém me procura no meu consultório pela primeira vez e eu escando nossa entrada na história com algumas entrevistas preliminares, o importante é a confrontação de corpos. É justamente por isso partir desse encontro de corpos que este não entra mais em questão, a partir do momento em que entramos no discurso analítico. Mas persiste o fato de que, no nível em que funciona o discurso que não é o discurso analítico, coloca-se a questão de como esse discurso conseguiu aprisionar corpos.

No nível do discurso do mestre/senhor, isso fica claro. No discurso do mestre/senhor, vocês, como corpos, estão petrificados. Não dissimulem de vocês mesmos, sejam quais forem as suas cabriolas, o que chamarei de sentimentos e, mais precisamente, bons sentimentos. Entre o corpo e o discurso há algo com que os analistas se deleitam, chamando-o, pretensiosamente, de afetos. É evidente que vocês são afetados numa análise. Mas eles têm ainda a pretensão de que seja isso que produz uma análise. Precisam estar numa situação muito favorável, em algum lugar, para ter certeza de não escorregar. De que são feitos os bons sentimentos? É forçoso chegar a isso: no nível do discurso do mestre/senhor, são feitos de jurisprudência. Num momento em que sou hóspede da Faculdade de Direito, aliás, é bom não desconhecer que os bons sentimentos, é a jurisprudência que os funda, e nada mais.

Sejamos claros. Quando, de repente, uma coisa lhes comove o coração, por vocês não saberem muito bem se não são meio responsivos na maneira como uma análise correu mal, se não houvesse deontologia, se não houvesse jurisprudência, onde ficaria essa dor no coração, esse afeto, como se diz? De vez em quando, conviria tentar dizer um pouco a verdade.

Um pouco significa que o que acabo de dizer não é exaustivo. Eu também poderia dizer outra coisa, incompatível com o que acabo de dizer, e *também* seria a verdade. É exatamente o que acontece quando, simplesmente, em decorrência não de um quarto de volta, mas de uma meia-volta completa, os dois vetores oblíquos se invertem, acarretando o deslizamento correlato dos elementos-funções do discurso.

De fato, verifica-se que há nessa tétrade vetores cuja necessidade podemos muito bem estabelecer. Eles não se prendem à verdade, nem ao semblante, nem a coisa alguma dessa espécie; prendem-se ao fato de que a tétrade são 4. Sob a única condição de exigir que haja vetores nos dois sentidos, ou seja, de serem dois que chegam e dois que partem, ou um que chega e um que parte, é absolutamente necessário vocês descobrirem de que maneira eles estão engatados [*accrochés*] aqui. Isso se prende ao número 4, e a nada mais. Naturalmente, o semblante, a verdade, o gozo e o mais-de-gozar não se adicionam. Portanto, não podem somar quatro por si sós. É justamente nisso que consiste o real – é que o número 4, por sua vez, existe sozinho.

Isto também é uma coisa que eu disse no dia 11 de abril de 1956, mas eu ainda não tinha exposto tudo isto, nem sequer o havia construído, aliás. Mas o que me prova que estou no caminho certo é o fato de eu ter dito, naquele momento, que era essencial nos lembrarmos do número 4. O que prova que eu estava na direção certa é que, mesmo agora, não vejo nada supérfluo em torno disso. Eu o disse no momento em que convinha, no momento em que estava em questão a psicose.

Não se agitem por causa das pessoas que estão saindo. Elas têm algo a fazer neste horário, têm que ir às exéquias de alguém cuja memória eu saúdo aqui, e que era alguém da nossa Escola a quem eu estimava muito. Lamento não poder, eu mesmo, em vista dos meus compromissos, juntar-me a elas.

O que há no discurso analítico, entre as funções de discurso e o suporte corporal, que não é a significação do discurso, que não se prende a nada do que é dito? Tudo que é dito é semblante. Tudo que é dito é verdade. Ainda por cima, tudo que se diz faz gozar. E, como reescrevi hoje no quadro, *que se diga, como fato, fica esquecido por trás do que é dito.*

O que é dito não está noutro lugar senão no que se ouve. É isso a fala. O dizer é outra coisa, é outro plano, é o discurso. É aquilo que é feito de relações, e que mantém todos vocês juntos, com pessoas que não são forçosamente as que estão aqui. É isso que se chama de relação, de *religio*, de engate [*accrochage*] social. Isso se passa no nível de um certo número de capturas que não se dão por acaso, que exigem, excetuadas pouquíssimas errâncias, essa ordem certa na articulação significante.

E, para que uma coisa seja dita nela, é preciso algo diferente do que vocês imaginam sob o nome de realidade – porque a realidade decorre, muito precisamente, do dizer.

O dizer tem seus efeitos, dos quais se constitui o que chamamos de fantasia, isto é, a relação entre o objeto *a*, que é o que se concentra por efeito do discurso para causar o desejo, e esse algo que se condensa em volta, como uma fenda, e que se chama sujeito. É uma fenda porque o objeto *a*, por sua vez, está sempre entre cada um dos significantes e o que se segue. É por isso que o sujeito está sempre não entre, mas, ao contrário, hiante.

Em Roma, onde eu estava, pude me deter no efeito muito cativante, e no qual me reconheci muito bem, das placas de couro em que um certo Fontana – que morreu, ao que parece, depois de demonstrar enorme capacidade como construtor, escultor etc. – dedicou seus últimos anos a fazer o que se chama, em italiano, de *spaccatura*. Não sei italiano e pedi que me explicassem a palavra – é uma fenda. Ele fazia fendas em placas de couro.

Isso produz certo efeito para os que são um tanto sensíveis. Não é preciso ter ouvido meu discurso sobre a *Spaltung* do sujeito para ser sensível a isso; a primeira pessoa que passa, principalmente se for do sexo feminino, pode ter uma pequena hesitação.

Há que se acreditar que Fontana não era dos que desconheciam totalmente a estrutura nem dos que a julgavam ontológica demais.

3

Então, de que se trata na análise?

A acreditarem em mim, as pessoas devem achar que, como o enuncio, se existe algo que se chame discurso analítico, é porque o analista como corpo, com toda a ambiguidade motivada por esse termo,* instala o objeto *a* no lugar do semblante. O que quer dizer isso? No ponto em que nos encontramos, isto é, onde começamos a ver esse discurso ganhar forma, vemos que – como discurso, e não no que é dito, no seu dizer – ele nos permite apreender o que vem a ser o semblante.

---

* *En corps*, a expressão usada por Lacan, é homófono a *encore*, o *ainda* ou *de novo* que remete à repetição. (N.T.)

É aí que é notável ver formular-se uma pergunta, ao cabo de uma tradição cosmológica, como nos fizeram perceber da última vez: como pode ter nascido o universo? A pergunta não lhes parece meio datada? Datada do primórdio das eras, sem dúvida, mas nem por isso menos datada. O impressionante é que isso leva Peirce a uma articulação puramente lógica, ou até logicista. É um ponto de desvinculação entre o fruto na árvore e uma certa articulação ilusória, eu diria, que, do primórdio das eras, havia desembocado nessa cosmologia, unida a uma psicologia, a uma teologia, a tudo que veio depois.

E eis que aportamos, como lhes enunciei da última vez, no fato de que não há discurso sobre a origem afora abordar a origem de um discurso; não há outra origem que se possa capturar a não ser a origem de um discurso. É isso que nos importa quando se trata do surgimento de outro discurso, o discurso analítico. Em relação ao discurso do mestre/senhor, cujos termos e sua respectiva disposição vou reconstituir, esse outro discurso comporta a dupla inversão dos vetores oblíquos.

$$\frac{S_1}{\$} \rightarrow \frac{S_2}{a}$$

O discurso do mestre

Isso tem toda a sua importância. O que Peirce ousa nos articular, na junção de uma antiga cosmologia, é a plenitude daquilo de que se trata no semblante do corpo. É o discurso, diz ele, em sua relação com o nada. Ou seja, aquilo em torno do qual gira necessariamente todo discurso.

Por esse caminho, e ao promover este ano a teoria dos conjuntos, tento sugerir aos que exercem a função do analista que se exercitem e se formem no veio explorado pelos enunciados que se formalizam a partir da lógica. Formem-se em quê? Em distinguir o que chamei há pouco de enchimento, de tamponamento do intervalo, da hiância que existe entre o nível do corpo, do gozo e do semblante e o discurso. Isto para perceberem que aí se coloca a questão do que deve ser introduzido. Não são os bons sentimentos nem a jurisprudência. Lidamos aqui com outra coisa, que tem nome: a interpretação.

Isso foi posto no quadro para vocês, outro dia, sob a forma do chamado triângulo semiótico. Nele vocês encontram o *representa-*

men, o interpretador e o objeto. A relação é sempre ternária. O par *representamen*-objeto tem sempre que ser reinterpretado, é disso que se trata na análise. O interpretador é o analisando.

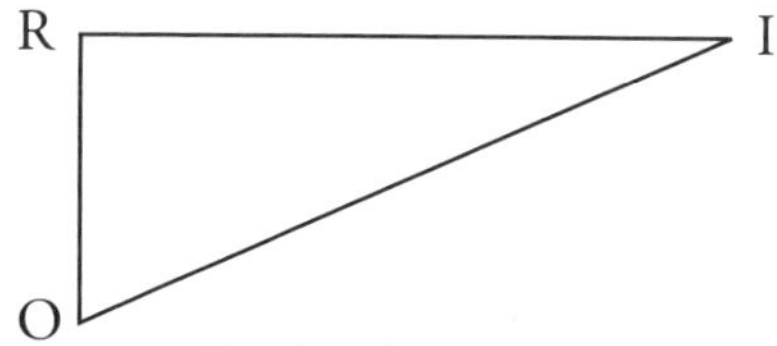

O triângulo semiótico

Isto não quer dizer que o analista não esteja ali para ajudá-lo, para empurrá-lo um pouco no sentido de se interpretar, o que não se pode fazer no nível de um único analista. A razão é simples. Se o que digo é verdade, ou seja, que a análise só progride pelo veio da lógica, da extração das articulações daquilo que é dito, e não do dizer, pois bem, basta que o analista em sua função não saiba – quero dizer, como corpo – colher o suficiente do que ouve do interpretador, que é aquele a quem ele dá a palavra sob o nome de analisando, para que o discurso analítico permaneça, sem mover uma linha, no que foi dito por Freud. A partir do momento em que isso faz parte do discurso comum, como é o caso agora, entra na armadura dos bons sentimentos.

Segundo o esquema de Peirce que lhes foi exposto da última vez, a interpretação só é possível e só progride em função da relação entre a interpretação e o objeto. De que objeto se trata em Peirce? Não tem fim aquilo a que a nova interpretação pode chegar – exceto por haver um limite, precisamente, que é aquele a que deve chegar o discurso analítico, desde que ele não fique estagnado em seu atoleiro atual.

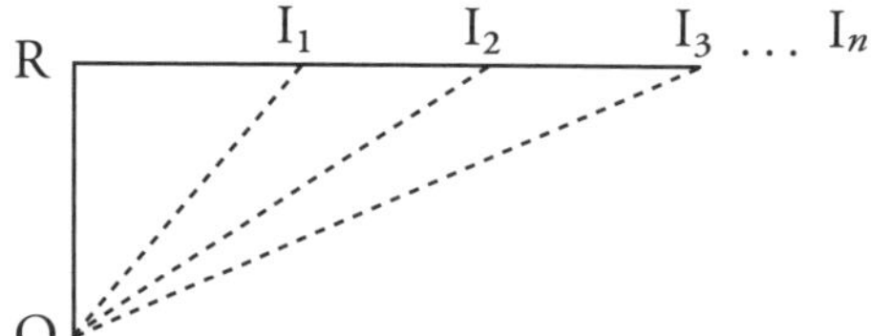

A interpretação sem fim

O que deve vir no lugar do esquema de Peirce, para que isso combine com minha articulação do discurso analítico? É o que há de mais simples. O efeito daquilo que está em pauta no tratamento analítico não é outro *representamen* senão o objeto *a*, do qual o próprio analista se faz o *representamen*, no lugar do semblante.

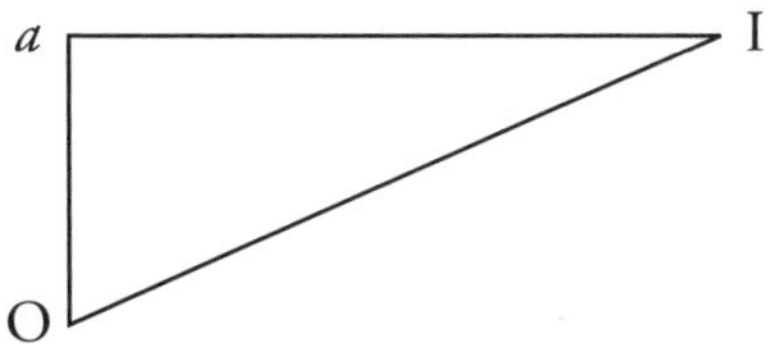

Onde estou no dizer?

O objeto de que se trata não é outra coisa senão o que interroguei aqui, com minhas duas fórmulas escritas no quadro. Não é nada além do fato do dizer como esquecido. É isso que é o objeto do que constitui a questão para cada um. *Onde estou no dizer?* É precisamente aí que a neurose se exibe.

Isso nos explica a oscilação do que Freud formulou acerca do desejo e, em especial, do desejo no sonho. Existem sonhos de desejo, é verdade, mas, quando Freud analisa um de seus sonhos, bem vemos de que desejo se trata – é do desejo de formular a equação do desejo com um = *0*.

Numa época não muito posterior à de 11 de abril de 1956, precisamente em 1957, analisei o sonho da injeção de Irma. Isso foi transcrito, do jeito que vocês podem imaginar, por um universitário, numa tese em que a coisa circula atualmente por aí. Não estou lhes falando da maneira como ela foi, não direi ouvida, porque a pessoa não estava presente, trabalhou a partir de notas, e achou possível acrescentar-lhes coisas da sua lavra. Mas, assim mesmo, fica claro que o sublime, divino sonho da injeção de Irma permite mostrar algo que, desde a época em que o anunciei, deveria ter sido explorado por qualquer pessoa na análise. Deixei para lá porque, afinal, essa coisa não tem tantas consequências assim, se, como lembrei recentemente, a essência do sono é justamente a suspensão da relação do corpo com o gozo. É perfeitamente evidente que o desejo, que, por sua vez, fica pendurado no mais-de-gozar, nem por isso será posto entre parênteses.

Vemos com clareza como e com que o sonho trabalha, com que ele tricota. Ele o faz com os elementos da véspera, como diz Freud, ou seja, com o que ainda está bem na superfície da memória, e não nas profundezas. A única coisa que liga o desejo do sonho ao inconsciente é a maneira como é preciso trabalhar para resolver o problema de uma fórmula com = *0*, para encontrar a raiz graças à qual se anule o modo como isso funciona. Quando isso não é anulado, como dizem, há o despertar, com o que o sujeito continua a sonhar em sua vida.

Se o desejo tem interesse no sonho, como aponta Freud, é na medida em que há casos em que não se pode resolver a fantasia, isto é, perceber que o desejo – permitam que eu me exprima assim, já que estou no final – não tem razão de ser. É que se produziu algo que é o encontro do qual provém a neurose, a cabeça da Medusa, a fenda de agora há pouco, diretamente vista, ao passo que ela, por sua vez, não tem solução. É justamente por isso que, nos sonhos da maioria das pessoas, trata-se realmente da questão do desejo, porquanto ela se reporta a muito mais longe, à estrutura graças à qual é o pequeno *a* que é a causa da *Spaltung* do sujeito.

Então, que é que nos liga àquele com quem embarcamos, ultrapassada a primeira apreensão do corpo? Será que o analista está ali para censurá-lo por não ser suficientemente sexuado, por não gozar suficientemente bem? E o que mais? O que nos liga àquele que embarca conosco na chamada posição do paciente?

O termo *irmão* está em todos os muros, *Liberdade, igualdade, fraternidade*. Mas eu lhes pergunto, na situação da cultura em que nos encontramos: de quem somos irmãos? De quem somos irmãos, em todos os discursos que não o discurso analítico? Será que o patrão é irmão do proletário? Não lhes parece que a palavra *irmão* é justamente aquela a que o discurso analítico dá sua presença, nem que seja por trazer de volta a tralha familiar? Vocês acham que é simplesmente para evitar a luta de classes? Estão enganados, isso decorre de muitas outras coisas que não a barulheira familiar. Somos irmãos de nosso paciente na medida em que, como ele, somos filhos do discurso.

Para representar esse efeito que designo pelo objeto *a*, para nos acostumarmos com esse *des-ser* de ser o suporte, o dejeto, a abjeção a que pode agarrar-se aquilo que, graças a nós, vai nascer de um dizer, um dizer que seja interpretador, convido o analista, para ser digno da transferência, a ter como suporte aquele saber que, por estar no lugar da verdade, pode interrogar-se como tal sobre o que é, desde sempre, a estrutura dos saberes, desde as habilidades [*les savoir-faire*] até o saber da ciência. A partir daí, é claro, interpretamos. Mas quem pode fazê-lo, a não ser aquele que se engaja no dizer e que, do irmão que somos, certamente, vai nos dar a exaltação?

O que nasce de uma análise nasce no nível do sujeito, do sujeito que fala, do analisando, por meio – o homem pensa, dizia Aristóteles, *com* sua alma – da merda que o objeto *a* lhe propõe na figura de seu analista. É com isso que deve nascer essa coisa fendida, que não é nada além, no final das contas – para retomar algo que lhes foi formulado outro dia a propósito de Peirce –, do fiel com que se pode estabelecer uma balança, um equilíbrio, e que se chama *justiça*. Nosso irmão transfigurado, é isso que nasce da conjuração analítica, e é isso que nos liga àquele que chamamos, impropriamente, de nosso paciente.

Esse discurso *parassexual* pode ter seus revertérios. Eu não gostaria de deixá-los unicamente com um torrãozinho de açúcar. Ao voltar ao nível de um discurso, a ideia de irmão, tão solidamente tamponada durante séculos, graças a toda sorte de jurisprudências, também terá seus retornos ao nível do suporte.

Em tudo isto, não lhes falei em absoluto do pai, porque considerei que isso já lhes tinha sido suficientemente dito e explicado, ao lhes mostrar que é em torno daquele que *unia*, daquele que diz não, que pode basear-se, que deve basear-se, que não pode deixar de se basear tudo o que há de universal. E, quando voltamos à raiz do corpo, se revalorizarmos a palavra *irmão*, ela voltará a todo pano para o nível dos bons sentimentos.

Já que é preciso, de qualquer modo, não lhes pintar unicamente um futuro cor-de-rosa, saibam que o que vem aumentando, o que ainda não viu suas últimas consequências, e que, por sua vez, se enraíza no corpo, na fraternidade do corpo, é o racismo.

Vocês ainda não ouviram a última palavra a respeito dele.

21 de junho de 1972

Anexos

Jacques Lacan

Resumo do Seminário 19

Publicado no Anuário da Escola Prática de Estudos Superiores, 1972-1973

Título de uma escolha. Outros s'...uspioram.* Proponho não me vangloriar dele. Trata-se do sentido de uma prática, que é a psicanálise.

Noto que dupliquei esse seminário com um outro, intitulado o "saber do psicanalista", conduzido com o ar de sarcasmo que me inspirava o Sainte-Anne, para onde eu estava retornando.

Em que meu título da Escola de Estudos Superiores justifica que, na Paris I-II, de onde eu era hóspede, eu tenha falado do Um? É o que me poderiam ter perguntado, já que foi tácito.

Que a ideia não tenha ocorrido a ninguém prende-se ao avanço que me atribuem no campo da psicanálise.

Aqueles que designo como s'...uspiorando, é ao Um que isso os leva.

De resto, eu não fazia do Um pensamento, mas, a partir do dizer que "Há-Um", ia aos limites que seu uso demonstra, para dele fazer psicanálise.

O que já está no *Parmênides*, isto é, no diálogo de Platão, por uma curiosa vanguarda. Indiquei sua leitura a meus ouvintes, mas, será que a fizeram? Quero dizer: será que o leram como eu? Isso não é indiferente para este resumo.

A data do discurso analítico recomenda aplicar a um real tal como o triângulo aritmético, matemático por excelência, ou seja, transmissível fora do sentido, a análise com que Frege gerou o Um do conjunto vazio, nascido por sua época – ou seja, onde ele desliza para o equívoco do nome do número zero, para instaurar que zero e um, isso faz dois.

* O neologismo verbal de Lacan, *s'...oupirent*, homófono de *soupirent* (suspiram), joga com o título do Seminário e poderia igualmente significar *s'...oupioram*. (N.T.)

Donde Cantor questiona toda a série dos números inteiros e remete o enumerável ao primeiro infinito, álefe chamado, o primeiro Um outro a transportar do primeiro o gume: aquele que de fato o corta do dois.

Foi isso mesmo que Leibniz pressentiu com sua mônada, mas que, por não a haver desembaraçado do ser, deixou na confusão plotiniana, aquela que beneficia a defesa e a ilustração do mestre.

É aí que s'...uspioram os analistas que não conseguem acostumar-se a ser promovidos como abjeção ao lugar definido pelo fato de que o Um o ocupa por direito, com o agravante de que esse lugar é o do semblante, ou seja, ali onde o ser... banca a letra [*fait la lettre*], podemos dizer.

Como se acostumariam eles a ser do lado do analisando que se admite o Um, ainda que ali ele seja posto para trabalhar (cf. mais adiante)?

O que eles suportam ainda menos é o inabalável do Um na ciência moderna, não que nele se mantenha o universo, mas porque a constância da energia faz dele um pivô, a ponto de nem mesmo as recusas da univocidade pela teoria quântica refutarem essa constância única, ou de a probabilidade promover o Um como o elemento mais próximo da natureza, o que é cômico.

É que fazer-se um ser de abjeção pressupõe o analista enraizado de outra maneira numa prática que joga com outro real: justamente aquele que é nossa aposta dizer.

E é diferente da observação de que a abjeção no discurso científico tem status de verdade, nada menos. Isso, manifesto desde a origem na histeria de Sócrates e nos efeitos da ciência, ressurge mais cedo do que se pode imaginar.

Mas o que censurar no ao-menos-eu dos analistas, quando é a isso que resisto?

Por que soube Freud dar conta de a filha de alguém ser muda? Pela cumplicidade de que acabamos de falar, a da histeria com a ciência. De resto, a questão não é a descoberta do inconsciente, que no simbólico tem sua matéria pré-formada, mas a criação do dispositivo cujo real toca no real, ou seja, o que articulei como o discurso analítico.

Essa criação não podia produzir-se a não ser a partir de uma certa tradição da Escritura, cuja articulação deve ser sondada com o que ela enuncia da criação.

Resulta daí uma segregação contra a qual não me coloco, embora a ela prefira uma formação que se dirija a todos os homens, ainda que, a serem seguidas minhas formulações, nem toda mulher ela inclua.

Não que uma mulher seja menos dotada para se sustentar aí, muito pelo contrário, e justamente por ela não s'...uspiorar pelo Um, por ser do Outro, se tomamos os termos do *Parmênides*.

Para dizer cruamente a verdade que se inscreve a partir dos enunciados de Freud sobre a sexualidade, não existe relação sexual.

Essa formulação faz sentido por resumi-los. Pois, se o gozo sexual se injeta a tal ponto nas relações daquele que extrai o ser da fala – porque é isso o ser falante –, não será por ele não ter com o sexo, como especificador de um parceiro, nenhuma relação quantificável, eu diria, para indicar o que a ciência exige (e aplica ao animal)?

É perfeitamente concebível que a ideia universitária embrulhe isso, por classificá-lo no pansexualismo.

Já se a teoria do conhecimento, durante muito tempo, não passou de uma metáfora das relações do homem com a mulher imaginada, é justamente em oposição a ela que se situa o discurso analítico. (Freud rejeita Jung.)

Que da inconsistência dos antigos ditos do amor caiba à análise a tarefa de fazer a crítica, isso é o que resulta da própria ideia do inconsciente, no que ele se revela como saber.

O que nos traz a experiência exposta da análise é que a mais ínfima vertente dos ditos do analisando nos dá, quanto a isso, uma apreensão mais direta que o mito, que só combina com o genérico na linguagem.

Isso é voltar ao estado civil, com certeza, mas por que não essa via de humildade?

Se há solidariedade – e mais nada a enunciar – entre a não relação dos sexos e o fato de que um ser seja falante, essa é uma maneira, tão válida quanto as errâncias da consciência, de situar a suposta obra-prima da vida, ela mesma suposta como uma ideia reprodutora, quando o sexo se liga igualmente à morte.

Portanto, é nos nós do simbólico que o intervalo situado por uma não relação deve ser situado em sua orografia, a qual, por criar um mundo para o homem, pode igualmente dizer-se muro, e procedente do (a)muro.

Daí a palavra de ordem que dou ao analista, de não negligenciar a disciplina linguística na abordagem dos referidos nós.

Mas não é para que ele se esquive, à maneira que se finge de saber no discurso universitário, daquilo que, no campo delimitado como linguístico, existe de real.

O significante Um não é um significante entre outros, e supera [*surmonte*] aquilo pelo qual é apenas no entre-dois desses significantes que o sujeito é suponível, em minhas palavras.

Mas é aí que reconheço que esse Um é apenas o saber superior ao sujeito, ou seja, inconsciente, na medida em que se manifesta como ex-sistente – o saber, digo eu, de um real do Um sozinho, inteiramente só, onde se diria estar a relação.

A menos que tenha apenas zero de sentido o significante pelo qual o Outro se inscreve no sujeito por ser barrado, S(A), escrevo isto.

É por isso que chamo de nadas* os Uns de uma das séries laterais do triângulo de Pascal. Esse Um se repete, mas não se totaliza por essa repetição, o que se apreende dos nadas de sentido, feitos de contrassenso, a serem reconhecidos nos sonhos, nos lapsos ou até nas "palavras" do sujeito, para que ele se dê conta de que esse inconsciente é o seu.

Seu como saber, e o saber como tal afeta, sem dúvida.

Mas o quê? Esta é questão em que as pessoas se enganam.

– Não o "meu" sujeito (aquele de que falei há um momento: o que ele constitui em seu semblante, sua letra, como eu disse).

– Tampouco a alma, como imaginam os imbecis, ou pelo menos o fazem supor, quando deparamos, ao lê-los, com essa alma com que o homem pensa, segundo Aristóteles, essa alma reconstruída por um certo *Uexküll* sob a forma de um *Innenwelt* que é o traço-retrato do *Umwelt*.

Por mim, digo que o saber afeta o corpo do ser que só se faz ser pela fala, e isto por fragmentar seu gozo, por recortá-lo desse modo até produzir as sobras de que faço o (*a*), que se deve ler como objeto pequeno *a*, ou então abjeto, o que se dirá quando eu tiver morrido, ocasião em que enfim me entenderão, ou ainda como *a*-causa primária de seu desejo.

Esse corpo não é o sistema nervoso, embora tal sistema sirva ao gozo, na medida em que no corpo aparelha a predação, ou melhor, o gozo do *Umwelt* tomado sob a forma de presa – que do *Umwelt*, portanto, não figura o traço-a-traço, como se persiste em sonhá-lo por um resíduo de vigília filosófica, cuja tradução por "afeto" marca o não analisado.

É verdade que o trabalho (do sonho, entre outros) prescinde de pensar, de calcular, até de julgar. Sabe o que tem a fazer. É sua definição: ele supõe um "sujeito", é *Der Arbeiter*.

* Esclareçamos: a mônada, portanto, é o Um que se sabe inteiramente só, ponto-de-real da relação vazia; a nada é essa relação vazia insistente; resta a hénada inacessível, o *álefe* da série dos números inteiros, pelo qual o dois que a inaugura simboliza na língua o sujeito suposto do saber. (Nota do autor.)

O que pensa, calcula e julga é o gozo, e o gozo, sendo do Outro, exige que o Um (gozo), aquele que do sujeito exerce a função, seja simplesmente castrado, isto é, simbolizado pela função imaginária que encarna a impotência, ou, em outras palavras, pelo falo.

Trata-se, na psicanálise, de elevar a impotência (aquela que explica a fantasia) à impossibilidade lógica (aquela que encarna o real). Ou seja, de completar o quinhão dos signos no qual se joga o fado humano. Basta saber contar até 4, os 4 para os quais convergem as três grandes operações numéricas, 2 mais 2, 2 vezes 2, 2 elevado a 2.

Mas o Um que situa pela não relação não faz parte desses 4, justamente por só fazer deles o conjunto. Não o chamemos mais de mônada, porém de Um-dizer, porquanto é dele que vêm a ex-sistir aqueles que in-sistem na repetição, donde é preciso haver três para fundá-la (eu o disse alhures), o que vem a isolar muito bem o sujeito dos 4, subtraindo-lhe seu inconsciente.

É isto que o ano deixa em suspenso, conforme o comum do pensamento, que nem por isso se excetua do gozo.

Donde se evidencia que pensamento só procede pelo caminho da ética. Mas é preciso alinhar a ética com a psicanálise.

Será que o Um-dizer, por se saber Um-sozinho, fala sozinho? Não há diálogo, disse eu, mas esse não diálogo tem seu limite na interpretação – por onde se assegura, como, quanto ao número, o real.

Daí resulta que a análise inverte o preceito "fazer o bem e deixar falar", a ponto de o bem-dizer satis-fazer, já que somente ao mais-dizer [*plus-en-dire*] corresponde o não bastante.

É o que a língua francesa ilustra com o *com-bien*? [quanto], para questionar a quantidade.

Digamos que a interpretação do signo dá sentido aos efeitos de significação com que a bateria significante da linguagem substitui a relação que não se pode cifrar.

Mas em troca, o signo produz gozo pela cifra que os significantes permitem: o que cria o desejo [*d-és-ir*] do matemático de cifrar além do gozo-sentido [*jouis-sens*].

O signo é obsessão que cede, cria obcessão (escrita com c) ao gozo que decide sobre uma prática.

Bendigo aqueles que me comentam, por enfrentarem a tormenta que sustenta um pensamento digno, ou seja, não contente em ser batido em veredas do mesmo nome.

Que constituam estas linhas rastro de feliz acaso [*bon-heur*], delas sem saber.

Biblioteca do Seminário 19

DOMÍNIO GREGO

– Quanto às referências de Lacan a Platão (*Parmênides*, em primeiro lugar, e também *Ménon*, *Crátilo*, *Teeteto* e o *Banquete*), deve-se consultar a edição bilíngue da editora Belles Lettres; o mesmo quanto a Aristóteles (*Analíticos Primeiros*, *Física*, *Metafísica*). Desde então foi publicada a excelente tradução de Luc Brisson, com a obra completa de Platão em um volume, pela Flammarion, 2008; na língua inglesa, encontramos Aristóteles inteiro em dois volumes, traduções revisadas por Jonathan Barnes, da Oxford University Press, 1984.

– Euclides, citado na p.141: os *Elementos* foram publicados em francês pela PUF; Lacan dispunha da edição da Dover.

– Arquimedes, citado na p.137: sobre seu uso do método exaustivo, que se deveu a Eudóxio, ver suas obras *Da esfera e do cilindro*, *Da medida do círculo* e *Quadratura da parábola*, nos dois primeiros volumes de suas obras, publicadas pela editora Belles Lettres em 1970 e 1971; há uma excelente síntese em *A Manual of Greek Mathematics*, de *Sir* Thomas L. Heath (Oxford: Clarendon Press, 1931; Dover, 1963).

– Boécio da Dácia, citado na p.80: ver o artigo de Roman Jakobson, "Glosses on the Medieval Insight into the Science of Language", no volume VII de seus *Selected Writings*, Mouton, 1999 (p.192 e 193); pode-se consultar o artigo de Sten Ebbesen, "Theories of Language in the Hellenistic Age and in the Twelfth and Thirteenth Centuries", in D. Frede e B. Inwood (orgs.), *Language and Learning*, Cambridge University Press, 2008.

– Apuleio, citado na p.103: *L'Âne d'or*, Gallimard, 1975; sobre sua lógica, pode-se consultar Mark V. Sullivan, *Apuleian Logic: The Nature, Sources, and Influence of Apuleius's Peri Hermeneias*, North-Holland, 1967.

– Fontes secundárias: Karl Ludwig Michelet, citado na p.28, é um filósofo alemão (1801-1893); seu *Examen critique de l'ouvrage d'Aristote intitulé Métaphysique*, escrito diretamente em francês e publicado pela editora J. Albert Mercklein, em Paris, em 1836, pode agora ser consultado no Google Livros. O artigo de Jacques Brunschvicg, citado na p.103, foi publicado nos *Cahiers pour l'analyse* 10, Seuil, 1969. Sobre os pitagóricos, citados na p.137, e sobre a incomunicabilidade da diagonal do quadrado, ver, por exemplo, o artigo de J.-T. Desanti, "Une crise de développement exemplaire: la 'découverte' des nombres irrationnels", in *Logique et connaissance scientifique*, Encyclopédie de la Pléiade, 1967. Sobre a modalidade em Aristóteles, Lacan leria, no decorrer dos anos seguintes, a contribuição de Jaakko Hintikka, *Time and Necessity: Studies in Aristotle's Theory of Modality*, Oxford University Press, 1973 (disponível no Google Livros).

LÓGICA E MATEMÁTICA

– Pascal: seu "Traité sur le triangle arithmétique" (1654) pode ser lido, por exemplo, na edição de La Pléiade.

– Cauchy e Fourier são citados na p.138 a propósito da história do cálculo infinitesimal; ver sobre o assunto o livro clássico de Carl B. Boyer, *The History of the Calculus and Its Conceptual Development* (Hafner, 1949; Dover, 1959); ver também Margaret E. Baron, *The Origins of the Infinitesimal Calculus* (Oxford, 1969).

– Boole e De Morgan são mencionados na p.168 por seu papel no surgimento da lógica matemática; Lacan utilizava a obra dos Kneale, *The Development of Logic*, Clarendon Press, 1962, e também J.M. Bochenski, *A History of Formal Logic*, Notre Dame, 1961.

– Frege: seu *Begriffschrift*, de 1879, está disponível em francês desde 1999 na editora Vrin, sob o título de *Idéographie*; o mesmo acontece com seus *Grundlagen*, de 1884 (*Les Fondements de l'arithmétique*, Seuil, 1970), e com seu artigo "Sinn und Bedeutung", de 1892 (na coleção *Écrits logiques et philosophiques*, Seuil, 1971).

– Dedekind, p.187: ver, por exemplo, seu livro *La Création des nombres*, Vrin, 2008. Os *Cahiers pour l'Analyse* editaram *Les nombres, que sont-ils et à quoi servent-ils?*, com prefácio de J.-T. Desanti, introdução de Mohammed-Allal Sinaceur, tradução de Judith Milner e Hourya Sinaceur.

– Peirce: Lacan utilizava as obras completas do autor em inglês; ver, em francês, a coletânea publicada pela editora Seuil em 1978, *Écrits sur le signe.*

– Poincaré, citado nas p.87 e 209: ver o capítulo V de *La Science et l'Hypothèse*, Flammarion, 1902.

– Cantor: a maioria das obras de Cantor traduzidas para o francês pode ser consultada no *site* Gallica, da Bibliothèque nationale de France; ver também J.W. Dauben, *Georg Cantor*, Harvard, 1979, e o estudo de inspiração lacaniana de Nathalie Charraud, *Infini et inconscient, essai sur Georg Cantor*, Economica, 1994.

– Russell: Lacan tinha pelo menos conhecimento dos seguintes livros: *The Principles of Mathematics*, os *Principia Mathematica*, e *Meaning and Truth*.

– Brouwer: na p.166 Lacan faz alusão a sua teoria do "*creative subject*" [sujeito criativo] na matemática; ver, por exemplo, de Brouwer, "Consciousness, Philosophy and Mathematics", nos *Proceedings of the 10th International Congress of Philosophy*, North-Holland, 1948, e o estudo de W.P. van Stigt, *Brouwer's Intuitionism*, North-Holland, 1990.

– Gödel, p.40 e 171: podemos consultar o livro de Raymond Smullyan, *Gödel's Incompleteness Theorems*, Oxford Logic Guides, 1992 (traduzido pela editora Dunod, 2000); do mesmo autor, também pela Oxford e pela Dunod, e de fácil acesso sob a forma de "quebra-cabeças lógicos", *Forever Undecided*, 1988, e *The Lady or the Tiger?*, 1992.

– Bourbaki, p.30: *Les Éléments de mathématiques* foram publicados pela editora Hermann; ver também *Éléments d'histoire des mathématiques*, Hermann, nova ed., 1974.

– René Thom: pode-se consultar seu livro *Stabilité structurelle et morphogenèse*, Interéditions, 1972; e também sua entrevista publicada em *Ornicar?, Bulletin périodique du Champ Freudien* 16 (Navarin, distribuição da Seuil).

– Nas p.138-9, a evocação da teoria ingênua dos conjuntos remete ao livro de Paul Halmos, *Naïve Set Theory*, Springer-Verlag, 1960.

– *Cantor a tort*, mencionado na p.193, tem por autor Georges Antoniadès Metrios (reeditado pela Sival-Presse, 1968).

OS CAPÍTULOS, UM POR UM

I

Lacan se refere a seu artigo dos *Escritos*, "Diretrizes para um Congresso sobre a sexualidade feminina". Sobre as Preciosas, ele certamente leu o livro clássico de René Bray, *La Préciosité et les Précieux*, Paris: Albin Michel, 1948; agora podemos ler, de Myriam Dufour-Maître, *Les Précieuses. Naissance des femmes de lettres en France au XVIIe siècle*, Honoré Champion, 1999. O livro *Os mamilos de Tirésias*, referência frequente de Lacan, está disponível numa edição atual, ou nas *Oeuvres complètes* de Apollinaire, na editora Pléiade. Como dicionário etimológico, Lacan dispunha do *Französisches etymologisches Wörterbuch*, de von Wartburg, numa edição condensada em dois volumes (a obra completa, em 25 volumes, só foi concluída em 2002). O Damourette & Pichon, constantemente manuseado por Lacan, é o tratado desses autores que se intitula *Des mots à la pensée. Essai de grammaire de la langue française*, 1911-1946, disponível na editora Vrin.

II

Se a questão do escrito está "na ordem do dia", isso se deve, em particular, a Jacques Derrida (*L'Écriture et la Différence*, Seuil, 1967; *De la grammatologie*, Minuit, 1967). "A instância da letra no inconsciente" pode ser lido nos *Escritos*. Quem tiver interesse na lógica da Idade Média lerá com proveito a coletânea de N. Kretzmann, A. Kenny e J. Pinborg, *The Cambridge History of Late Medieval Philosophy*, 1982. Assinalo também os livros de Alain de Libera.

III

"Os últimos passos da biologia": Lacan pensava, sem dúvida, na descoberta da estrutura do DNA por Crick e Watson e nos resultados que valeram a Jacob, Lwoff e Monod o Prêmio Nobel em 1965; ele tinha lido *La Logique du vivant, une histoire de l'hérédité*, de François Jacob (Gallimard, 1970). August Weismann: sabemos que Freud se refere a ele em *Além do princípio do prazer*; consultar em francês, por exemplo, seu *Essai sur l'hérédité et la sélection naturelle*, 1883 (traduzido pela editora Reinwald, 1892). As variações sobre *eu a amo* encontram-se no texto de Freud sobre o presidente Schreber; foram comentadas por Lacan, notadamente, em seu "Discurso de Roma" (nos *Outros escritos*).

IV

O aluno que "descobriu sozinho" a formulação é o psicanalista Octave Mannoni, citado por seu artigo "Je sais bien, mais quand même", republicado em *Clés pour l'imaginaire*, Seuil, 1969. "A significação do falo" figura nos *Escritos*. A declaração anticantoriana de Kronecker é frequentemente citada: "Deus fez os números naturais; todo o resto é obra do homem." O "livrinho" de datilonomia árabe: eu o dera a Lacan, mas não encontro o título; consultar o livro clássico de Karl Menninger, *Number Words and Number Symbols*, MIT Press, 1969 (1ª ed. alemã, 1934), e as referências fornecidas em minha nota sobre Al-Uqlidisi, em *Ornicar?* 16, 1978. A elucubração de Leibniz sobre a identidade encontra-se nos *Nouveaux essais sur l'entendement humain*, vol.IV, 7, 10, Garnier-Flammarion, 1993.

V

Os quatro discursos são expostos em "Radiofonia", nos *Outros escritos*. "Função e campo da fala e da linguagem em psicanálise" foi reproduzido nos *Escritos*. Sobre os arquétipos, ver, por exemplo, Jung, *Métamorphoses de l'âme et ses symboles*, Le Livre de Poche, 4ª ed., 1912. Roman Jakobson: Lacan alude várias vezes à série de conferências que seu amigo proferia na mesma época no Collège de France, a convite de Lévi-Strauss. O livro de Van Gulik, *La vie sexuelle dans la Chine ancienne*, foi reeditado na coleção Tel da editora Gallimard, 1987. Sobre André Gide, ver "Juventude de Gide ou a letra e o desejo", de Lacan, nos *Escritos*. Publicaram-se várias edições dos manuscritos de Leonardo da Vinci. A "*carta de amuro*" foi inventada por Lacan durante sua terceira palestra no Sainte-Anne (ver *Je parle aux murs*, Seuil, 2011). "A metáfora do sujeito" figura nos *Escritos*, no Apêndice II. Chaïm Perelman é o autor, com Lucie Olbrechts-Tyteca, do *Traité de l'argumentation* (1958; nova ed. 2001, pela Universidade de Bruxelas).

VI

"Não toque no machado": célebre réplica do general de Montriveau em *A duquesa de Langeais* (Balzac). A citada Antonella traduzia Lacan para o italiano; ele a chamou de A. em seu "Prefácio a uma tese", nos *Outros escritos*. O célebre aforismo de Wittgenstein é o último de seu *Tratado lógico-filosófico*. Alexandre Kojève é o conhecido mestre e amigo de Lacan, autor da famosa *Introduction à la lecture de Hegel*, editada por Queneau (Gallimard, 1947). Sobre o *potlatch*, ler "Essai sur le don", de Marcel Mauss (disponível na editora PUF, 2007) e *La Part maudite*, de Georges Bataille (Minuit, 1967). G.-T. Guilbaud era um matemático amigo de Lacan, que este consultava frequentemente; em particular, havia popularizado na França a teoria dos jogos no pós-guerra. Lacan ofereceria amplas elaborações do nó borromeano a partir de seu Seminário 22, *RSI*.

VII

Le deuxième sexe, de Simone de Beauvoir, está disponível em dois volumes na coleção Folio, da Gallimard, 1986. Sobre Sócrates, ver, em especial, o Seminário 8, *A transferência*.

VIII

Hogarth: o S, de acordo com ele, é o emblema da beleza; ver seu livro *The Analysis of Beauty*, Londres, 1753, e o resumo do Seminário 23, p.243. Lacan reivindicou muitas vezes ter sido o primeiro a assinalar a importância e a estabelecer o sentido do *nachträglich* (só-depois) freudiano (cf., em particular, o caso do Homem dos Lobos). Descartes: Lacan comentou muitas vezes o *cogito* e brincou de modificá-lo; ver, em especial, os Seminários 12 e 14. "A Coisa freudiana" figura nos *Escritos*, com a prosopopeia da Verdade. Lacan utilizava a *Fenomenologia do espírito* em alemão e na tradução de seu amigo Jean Hyppolite, que continua disponível na editora Aubier; desde então, foi lançada pela mesma editora a excelente tradução de Jean-Pierre Lefebvre; ver também a de Bernard Bourgeois na Vrin. Sobre os acontecimentos que conduziram à "excomunhão" de Lacan na IPA (International

Psychoanalytical Association), ver "Introduction aux Noms-du-Père", in *Des Noms-du-Père* (Seuil, 2005), com minhas "Indicações biobibliográficas", e a primeira lição do Seminário 11, *Os quatro conceitos fundamentais da psicanálise*. Lacan tinha sido vítima de uma agressão armada em seu consultório; foi atingido por um murro na garganta, que o deixou rouco por vários dias; a identidade dos dois agressores era conhecida; ele não deu queixa.

IX

Stuart Mill cometeu *A System of Logic, Ratiocinative and Inductive* em 1843 (reedição: Honolulu: University Press of the Pacific, 2002). No seminário, Lacan se havia atrapalhado com o nome dos subconjuntos; dei-lhe a fórmula que aparece nos *Principes de combinatoire*, de Claude Berge (Dunod, 1968).

X

Plínio, o Velho: vários livros da *História natural* foram publicados pela editora Belles Lettres; ver também a escolha de H. Zehnacher em Folio nº 3090.

XI

O *brrom-brrom-uap-uap* deve-se à primeira mulher de Lacan, Marie-Louise, *née* Blondin. De Berkeley, podemos ler os *Principes de la connaissance humaine*, Garnier-Flammarion, 1993, e consultar Martial Guéroult, *Berkeley. Quatre études sur la perception et sur Dieu*, Aubier, 1956. Leeuwenhoek e Swammerdam, dois cientistas holandeses do século XVII, estiveram na origem do uso do microscópio na observação biológica; são tidos como precursores da microbiologia e da biologia celular. Sobre a biologia da cópula, Lacan consultou, em especial, o tratado de Charles Houillon, *Sexualité*, Hermann, 1967. O célebre comentário de Galileu sobre o infinito encontra-se em seus *Discours concernant deux sciences nouvelles* (PUF, 1995).

XII

Freud se refere a Gustave Le Bon em sua *Massenpsychologie*. O *einziger Zug* figura no capítulo VII, sobre a identificação. Lacan se refere à mutilação das hermas em seu seminário sobre a *Transferência* e em seu escrito "Proposição de 9 de outubro de 1967 sobre o psicanalista da Escola" (*Outros escritos*). Podemos supor que o nome de Nietzsche remeta a *L'Antéchrist*, por exemplo (Folio, Gallimard). Aristóteles trata da tragédia em sua *Política* (numerosas edições publicadas). Podemos supor que, ao se referir ao surrealismo, Lacan tenha pensado em *L'Amour fou*, de Breton (Gallimard); quanto a Stendhal, a *De l'amour* (Gallimard); quanto a Baudelaire, ele deve ter pensado, em particular, em *Choix de maximes consolantes sur l'amour* (1846); *L'Astrée* ["Astreia"], o romance de Honoré d'Urfé (1607-27), foi editado por Jean Lafond na coleção Folio da Gallimard. A referência ao mineiro que é esfregado pela mulher encontra-se em "Subversão do sujeito e dialética do desejo", nos *Escritos*. A observação "esclarecedora" de Gödel está em seu artigo "La logique mathématique de Russell", nos *Cahiers pour l'Analyse* n.10.

XIII

A observação de Russell, citada com frequência por Lacan, está em *Misticismo e lógica* (1918): "*Mathematics may be defined as the subject in which we never know what we are talking about, nor whether what we are saying is true*"; ele escreveu sua autobiografia.

XIV

Como indiquei, as três primeiras palestras de Lacan no âmbito do "Saber do psicanalista" foram editadas à parte, no livro *Estou falando com as paredes*. O psicanalista evocado por sua utilização da teoria dos conjuntos chamava-se Ignácio Matte Blanco; seu livro, *The Unconscious as Infinite Sets*, foi publicado em 1975 pela editora Karnac, em Londres. Em época anterior, Lacan tinha assinalado que, imediatamente após seu relatório sobre a "Função e campo...", o *International Journal* havia publicado considerações sobre a linguagem de seu ex-analista, Rudolph Loewenstein. A palavra *Verwerfung* figura no caso Schreber (ver as páginas nos *Escritos*). Sobre o número imaginário, denominação devida a Descartes, 1637, ver *Histoire des nombres complexes*, de Dominique Flament, editora do CNRS, 2003. Paul-Jean Toulet é um poeta querido da juventude de Lacan; suas obras completas foram publicadas na coleção Bouquins da editora Robert Laffont, em 1986; Lacan se refere às *Contrerimes* ["Contrarrimas"], p.26: "*Comme les dieux gavant leur panse,/ Les Prétendants aussi./ Télémaque en est tout ranci:/ Il pense à la dépense.*"* *La Légende dorée* [*A legenda áurea*], de Jacques de Voragine (c.1260), está disponível em livro de bolso na editora Seuil e nos clássicos da Garnier; há uma bela edição ilustrada da editora Diane de Selliers, 2009. Lacan refere-se a seu grafo em "Subversão do sujeito...", nos *Escritos*.

XV

O artigo "L'Agonie du signe" ["A agonia do signo"] é de Jean Paris, em *L'Atelier d'écriture*, revista *Change* n.11, ed. Seghers-Laffont, maio de 1972. O Seminário de 1954-1955 é o Seminário 1, *Os escritos técnicos de Freud*, onde aparece o comentário do sonho da injeção de Irma. A tese estigmatizada é a de Didier Anzieu, *L'Auto-Analyse de Sigmund Freud*, publicada em 1959 (nova ed. PUF, 1998). O próprio Henri Poincaré contou, diante da Sociedade de Psicologia, as circunstâncias de sua invenção das funções fuchsianas, especialmente durante uma noite de insônia ("L'Invention en mathématiques", in *Science et méthode*, Flammarion, 1908); a história foi retomada pelo matemático Jacques Hadamard em seu *Essai sur la psychologie de l'invention dans le domaine mathématique* (primeira edição francesa: Albert Blanchard, 1959; reedição: Jacques Gabey, 1975). Lacan tinha feito conferências em Milão a convite de seus alunos italianos.

* Tradução livre: "Como os deuses enchendo a pança,/ Também a enchem os Pretendentes./ Telêmaco sente todo o seu ranço:/ Ele pensa na despesa." (N.T.)

XVI

A frase que aparece no quadro (como no encontro anterior) abre o artigo em que Lacan esclarece e amplia as elaborações de *...ou pior*, isto é, "O aturdito", compilado nos *Outros escritos*; as quatro fórmulas quantificadas são ali designadas como as fórmulas "da sexuação". Umberto Eco permaneceu amigo de Lacan, que foi assistir a uma conferência dele no Instituto Italiano de Paris no fim da década de 1970; Eco evoca seu encontro com Lacan em *La Pendule de Foucault*, de 1988 (Le Livre de Poche). O quadro de Hieronymus Bosch é *O escamoteador*, do museu de Saint-Germain-en-Laye; é atribuído ao ateliê do pintor. Sobre Marx, ver, em especial, "Radiofonia", nos *Outros escritos*. O Seminário de 1955-56, o terceiro da série, intitulado *As psicoses*, foi publicado em 1981, pouco depois do falecimento de Lacan; a frase em latim era de Cícero (ver "O aturdito", *Outros escritos*). Os quadrantes de Peirce são comentados e utilizados no Seminário 9, *A identificação*; servem para demonstrar a universal e a particular, afirmativas e negativas. Lucio Fontana (1899-1968) havia fundado o "espacialismo", escola que pretendia revelar a terceira dimensão do espaço pictórico, fazendo arranhões, perfurações e incisões na tela; Lacan tinha visto em Roma algumas obras da série "*Concetto spaziale, Attese*".

NB: Com respeito ao campo chinês, agradeço à Sra. Fang Ling por sua ajuda. Ela reconstituiu a fórmula da p.106 (2º parágrafo, linha 2), que se escreve 每個人都吃飯.

JAM

EDIÇÕES EM PORTUGUÊS DAS OBRAS INDICADAS

Anzieu, D., *A auto-análise de Freud e a descoberta da psicanálise*, trad. Francisco Franke Settineri, São Paulo: Artes Médicas, 1989.

Apuleio, *O burro de ouro*, Lisboa: Cotovia, 2007.

Aristóteles, *Física*, livros I e II, trad. Lucas Angioni, Campinas: Unicamp, 2009; *Metafísica*, 3 vols., trad. Giovanni Reale, São Paulo: Loyola, 2002.

Balzac, H., *A duquesa de Langeais*, trad. Paulo Neves, São Paulo: L&PM Pocket, 2006.

Baudelaire, C., *Seleta de máximas consoladoras sobre o amor*, in *Poesia e Prosa*, trad. Alexei Bueno, Antonio Paulo Graça *et al.*, Rio de Janeiro: Nova Aguilar, 1995.

Beauvoir, S., *O segundo sexo*, trad. Sergio Milliet, Rio de Janeiro: Nova Fronteira, 2 vols., 11ª reimp., 2001.

Derrida, J., *Escritura e diferença*, trad. Maria Beatriz M. Nizza da Silva *et al.*, São Paulo: Perspectiva, 4ª ed. 2009; *Gramatologia*, trad. Miriam Schnaiderman e Renato Janine Ribeiro, São Paulo: Perspectiva, 1999.

Eco, U., *O pêndulo de Foucault*, trad. Ivo Barroso, Rio de Janeiro: Best Seller, 2009.

Euclides, *Os elementos*, trad. Irineu Bicudo, São Paulo: Unesp, 2009.

Jacob, F., *A lógica da vida, uma história da hereditariedade*, trad. Ângela Loureiro de Souza, Rio de Janeiro: Graal, 2ª ed. 2001.

Kneale, W. e M. Kneale, *O desenvolvimento da lógica*, Lisboa: Fundação Calouste Gulbenkian, 3ª ed. 1991.

Kojève, A., *Introdução à leitura de Hegel*, trad. Estela dos Santos Abreu, Rio de Janeiro: Contraponto, 2001.

Lacan, J., *Estou falando com as paredes*, trad. Vera Ribeiro, Rio de Janeiro: Zahar, 2011; *Nomes-do-Pai*, trad. André Telles, Rio de Janeiro: Zahar, 2005.

Mannoni, O., *Chaves para o Imaginário*, trad. Lígia M. Pondé Vassallo, Petrópolis: Vozes, 2ª ed. 1973.

Nietzsche, F., *O Anticristo*, trad. Robson Achiamé, São Paulo: CCS-SP, 2006.

Platão, *O Banquete*, trad. Carlos Alberto Nunes, Belém: UFPA, 2011; *Crátilo*, Lisboa: Instituto Piaget, 2002; *Diálogos: Teeteto e Crátilo*, trad. Carlos Alberto Nunes, Belém: UFPA, 1988; *Teeteto*, Lisboa: Fundação Calouste Gulbenkian, 3ª ed. 2010; *Mênon*, trad. Maura Iglesias, Rio de Janeiro/São Paulo: Editora PUC-Rio / Loyola, 2001; *Parmênides*, trad. Maura Iglesias Rio de Janeiro/São Paulo: Editora PUC-Rio / Loyola, 2003.

Poincaré, H., *A ciência e a hipótese*, Brasília: UnB, 1988.

Russell, B., "A matemática pode ser definida como o assunto em que nunca sabemos do que estamos falando nem se o que dizemos é verdade", in *Misticismo e lógica: e outros ensaios*, trad. Alberto Oliva e Luiz Alberto Cerqueira, Rio de Janeiro: Zahar, 1977; *Significado e verdade*, Rio de Janeiro: Zahar, 1978.

Smullyan, R., *A dama ou o tigre?*, Rio de Janeiro: Zahar, 2004.

Stendhal, H., *Do amor*, trad. Herculano Villas-Boas, Porto Alegre: L&PM, 2007.

O escamoteador, *Hieronymus Bosch*
Musée d'Art et d'Histoire, Saint-Germain-en-Laye

Concetto spaziale, Attese, *Lucio Fontana*

Índice Onomástico

1ª EDIÇÃO [2011] 5 reimpressões

ESTA OBRA FOI COMPOSTA POR MARI TABOADA EM
ADOBE GARAMOND E HELVETICA E IMPRESSA EM OFSETE PELA
GRÁFICA BARTIRA SOBRE PAPEL ALTA ALVURA DA SUZANO S.A.
PARA A EDITORA SCHWARCZ EM MARÇO DE 2023

FSC
www.fsc.org
MISTO
Papel produzido a partir de fontes responsáveis
FSC® C105484

A marca FSC® é a garantia de que a madeira utilizada na fabricação do papel deste livro provém de florestas que foram gerenciadas de maneira ambientalmente correta, socialmente justa e economicamente viável, além de outras fontes de origem controlada.